铁路工程施工技术

铁路隧道工程施工技术

（下　册）

高　军　主编

中国铁道出版社

2014年·北　京

内 容 简 介

为适应铁路隧道工程施工的需要，组织编写了《铁路隧道工程施工技术》(上册、下册)，本书纳入了现行铁路隧道工程施工规范、规程、指南，选用了成熟的施工技术，内容上也力求与时俱进。

本书为下册，共有9章内容：特殊岩土及不良地质地段隧道施工，辅助坑道，附属设施施工，风水电供应，通风、防尘与降噪，TBM掘进，盾构施工，大断面铁路隧道施工方法，施工安全风险管理。

本书可作为工程技术人员、施工人员的施工技术资料用书。

图书在版编目(CIP)数据

铁路隧道工程施工技术.下册/高军主编.—北京：中国铁道出版社，2014.8

(铁路工程施工技术)

ISBN 978-7-113-18859-7

Ⅰ.①铁… Ⅱ.①高… Ⅲ.①铁路隧道—隧道施工 Ⅳ.①U459.1

中国版本图书馆CIP数据核字(2014)第140886号

书　　名：铁路工程施工技术
铁路隧道工程施工技术(下册)

作　　者：高　军

策　　划：江新锡　曹艳芳

责任编辑：曹艳芳　　**编辑部电话**：010-51873017

封面设计：崔　欣

责任校对：龚长江

责任印制：郭向伟

出版发行：中国铁道出版社(100054，北京市西城区右安门西街8号)

网　　址：http://www.tdpress.com

印　　刷：北京尚品荣华印刷有限公司

版　　次：2014年8月第1版　2014年8月第1次印刷

开　　本：787 mm×1 092 mm　1/16　印张：13.5　字数：338千

书　　号：ISBN 978-7-113-18859-7

定　　价：35.00元

前　　言

为适应铁路隧道工程施工的需要和工程技术人员的便利，在各铁路工程业主单位和施工单位的大力支持下，我们组织一批有丰富现场施工经验的技术人员编写了《铁路隧道工程施工技术》(上册、下册)。上册主要介绍了隧道技术标准、施工准备及测量、超前地质预报与监控量测、隧道掘进与支护、衬砌作业和施工防排水；下册主要介绍了特殊岩土及不良地质地段隧道施工、施工辅助技术、TBM 和盾构施工、大断面隧道施工以及施工安全风险管理等。各分册均纳入了现行铁路隧道工程施工规范、规程、指南，选用了成熟的施工技术，内容上也力求与时俱进。

本书为下册共有 9 章内容。内容包括：第 1 章特殊岩土及不良地质地段隧道施工；第 2 章辅助坑道；第 3 章附属设施施工；第 4 章风水电供应；第 5 章通风、防尘与降噪；第 6 章 TBM 掘进；第 7 章盾构施工；第 8 章大断面铁路隧道施工方法；第 9 章施工安全风险管理。

本书撰写分工如下：武广高速铁路有限公司高军负责撰写第 1 章、第 6 章、第 8 章；武广高速铁路有限公司李利方负责撰写第 2 章；西安铁一院监理公司王熙东负责撰写第 3 章；中铁十一局娄良彪负责撰写第 4 章；武广高速铁路有限公司蔡荣喜负责撰写第 5 章；武广高速铁路有限公司杨海滨负责撰写第 7 章；武广高速铁路有限公司罗东青负责撰写第 9 章。本书由高军负责统稿整理。

在编写本书的过程中，石家庄铁道大学黄守刚、李向国、康拥政、吴景龙、周亮、张力霆、王建西、张慧丽、温少芳、孙海龙、吕希奎、王晨、孙明磊对本书的编写提出了宝贵意见，中国铁道出版社石家庄铁道大学发行分部赵春虎、于超、杨晓燕参与了本书的策划、资料搜集和校对工作，对此一并表示感谢。

限于编者水平有限，书中谬误之处敬请读者批评指正。

编者

2014 年 2 月

目　　录

第1章　特殊岩土及不良地质地段隧道施工

1.1　概　　述

隧道通过松散地层、断层、溶洞、膨胀性岩层、岩爆等不良地质地段，在开挖、支护和衬砌过程中都可能发生大量坍塌，坑道受压变形，破坏衬砌结构，严重影响施工进度、安全和质量，因此，必须针对不良地质情况，正确选择施工方法，做好地质调查与预报工作，并贯彻先排水、短开挖、弱爆破、强支护、快衬砌、勤检查的防治措施。

施工前要认真研究分析工程及水文地质资料，结合现场实际情况，作出风险评估，制定完整的施工技术方案，并结合专项应急救援预案，做好人员组织、技术、物资、机械的储备，预防地质灾害的发生。软弱破碎围岩宜积极采用岩土控制变形分析法施工技术。软弱及不良地质隧道仰拱距开挖工作面距离宜控制在40 m以内，洞口段、浅埋段、断层破碎带，二次衬砌应及时施作。隧道施工中发生地质灾害时应立即启动应急救援预案。根据超前地质预报和监控量测的结果及时调整施工方案。

1.2　富水软弱破碎围岩

富水软弱破碎围岩的特点是结构松散、稳定性差，在施工中极易发生坍塌。在这类地层中施工，主要是减少对围岩的扰动，其常用的施工手段有：先护后挖，密闭支撑，边挖边封闭的办法。

(1)富水软弱破碎围岩隧道的开挖应符合下列规定：

1)根据超前地质预报分析结果，采取防塌预防措施，保证开挖工作面的稳定。

2)洞内涌水对周边生态环境影响较大时，宜采用注浆堵水措施。当隧道埋深在20 m以内时，可采用地表注浆；当隧道埋深超过20 m时，则应采用开挖工作面预注浆。

3)单线隧道宜采用台阶法预留核心土环形开挖；双线和多线隧道宜采用中隔壁法、交叉中隔壁法或双侧壁导坑法，并尽早使初期支护封闭成环。

4)开挖循环进尺宜为0.5～1.5 m。

(2)富水软弱破碎围岩隧道的二次衬砌施工应符合下列规定：

1)二次衬砌在初期支护完成后应尽快施作，并予以加强。

2)仰拱必须超前施作，尽早形成闭合结构。

在承压水地段，若容许限量排水，衬砌背后的排水管道必须顺畅地连接到隧道排水沟，防止地下水在衬砌背后聚集对其形成压力；若不容许排水，应修筑抗水压衬砌。

1.2.1　松散地层的超前支护

隧道开挖前，先向岩体内插入钎、管、板等构件，用以预先支护围岩、防止坑道掘进时岩体发生坍塌。

1. 超前支护的类型

(1)超前锚杆或超前小钢管

1)悬吊式超前锚杆

采用这种方法是在爆破前,将超前锚杆或小钢管打入掘进前方稳定的岩层内,末端支承在拱部围岩内专为超前锚杆提供支点的径向悬吊锚杆,或支承在作为支护的结构锚杆上,使其起到支护掘进进尺范围内拱部上方,有效地约束围岩在爆破后的一定时间内不发生松弛坍塌,为大断面开挖与喷锚支护创造了条件。

施工中,因超前锚杆与悬吊锚杆外露端往往不易直接相交,故以 ϕ22 mm 的横向短钢筋焊在邻近的悬吊锚杆上,再焊在超前锚杆的末端上。

2)格栅拱支撑超前锚杆

超前锚杆或小钢管的末端支承在格栅拱支撑上。

(2)超前管棚法

适用于围岩为砂黏土、黏砂土、亚黏土(黏土含黏土粒一般大于 60%,砂黏土含黏土粒 10%~30%,黏砂土含黏土 10%以下)、粉砂、细砂、砂夹卵石夹黏土等非常松软、破碎的土壤,凿孔后极易坍孔的地层。

超前管棚法使用外径 ϕ40 mm、ϕ80 mm、ϕ108 mm 或其他直径的无缝或普通焊接钢管插入围岩,插入的倾角较超前锚杆略为减小。一般在十分软弱的地层可直接将管顶入,或借助于手动液压千斤顶、凿岩机、液压钻的冲击力,将钢管顶入末端开挖的地层中去。

(3)超前小导管预注浆法

此法适用于中砂或粗砂、砾石层等空隙率较大的松散地层。钢管前端做成尖楔状,在管前部 2.5~4 m 范围内按梅花形布置,钻好 ϕ6 mm 的注浆孔,以便钢管顶入地层后对围岩空隙注浆。

2. 超前支护法的参数选择

(1)超前锚杆(钢管)的长度(L)

超前锚杆(钢管)的长度计算示意图见图 1-1。

$$L=a+b+c$$

式中 L——超前锚杆(钢管)的长度(m);

a——开挖后留在围岩内的超前锚杆(钢管)长度(m),一般不小于 0.7 m;

b——开挖总进尺(m);

c——开挖前打入围岩的超前锚杆(钢管)外露的长度(m)。

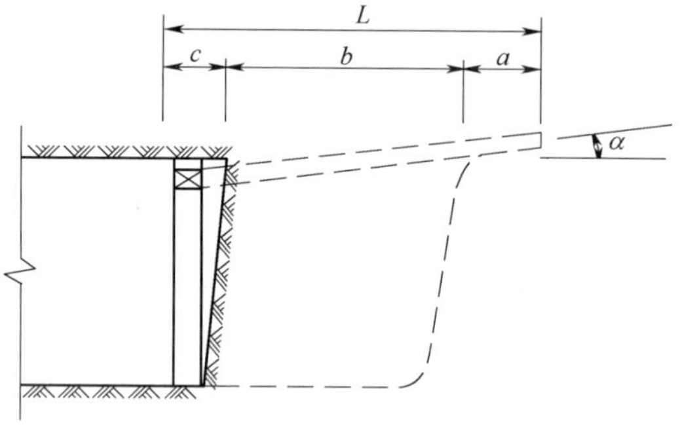

图 1-1 超前锚杆(钢管)的长度计算示意图

超前锚杆(钢管)的长度应根据地质情况、锚杆拉拔试验强度、钻孔机械类型、供给钢筋或钢管长度、开挖循环次数等因素综合考虑确定。一般锚杆(钢管)多采用 3.5~5.0 m。最短者 2.5 m,最长者 7.0 m。

(2)超前锚杆(钢管)的倾角

一般选用 6°~12°。超前管棚的倾角,一般选用 5°~10°。超前小导管预注浆中的钢管倾角,一般情况下同超前管棚法,但若用于坍方处理,以注浆固结塌体形成人工护顶时,其倾角宜选为 30°。

(3)超前锚杆(钢管)的横向宽度(K_2)与横向间距(a)

一般情况下(K_2)等于内拱顶线(K_1)之半再加 2 m,见图 1-2。亦可根据地质情况适当增减其布置范围。为提高支护效果,在靠近拱脚部位的超前支护的方向常分别向左右酌情外插。

锚杆(钢管)的横向间距(a)系根据围岩情况而定,一般选为 0.2～0.4 m;若采用双层支护时,间距为 0.4～0.6 m,其上下层应错开排列。

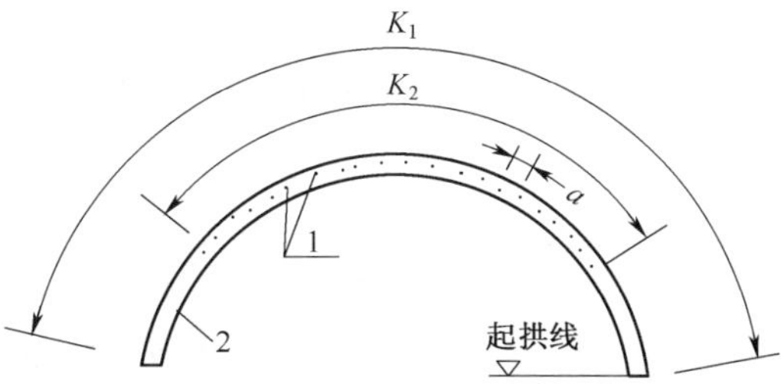

图 1-2　超前锚杆(钢管)布置示意图横向

1—超前锚杆(钢管);K_1—内拱顶线;2—格栅拱支撑;K_2—超前锚杆(钢管)横向布置宽度;a—超前锚杆(钢管)横向间距

(4)超前锚杆(钢管)的纵向间距

根据围岩类别、超前支护的长度、锚杆(钢管)的截面尺寸和横向间距等因素综合考虑确定之,一般超前锚杆(钢管)的纵向间距可取 100 cm 或 150 cm,最大不超过 200 cm。

3. 超前支护法的施工程序

由于支护类型及地质条件的不同,施工程序略有差异。其基本工序如下:

(1)对新开挖面结合出渣进行初次喷射混凝土,喷层厚度一般为 3～6 cm。

(2)架立网构钢架支撑,并做好纵向联结支撑。

(3)第一次测量,标出结构锚杆、悬吊锚杆和超前锚杆或超前钢管等孔的位置,并核对巷道净空。

(4)钻孔,插锚杆或钢管。

(5)挂钢筋网,焊接钢筋网、锚杆或钢管外露端、横向短钢筋、网构钢架支撑之相接处。

(6)清除工作面底部附近的浮渣。

(7)第二次喷射混凝土,喷至设计厚度。

(8)第二次测量,在开挖面画出下次开挖轮廓线,并标出炮眼位置。

(9)钻炮眼,装药,堵炮眼及爆破。

4. 超前支护法的开挖顺序选择

开挖顺序选择,主要是根据地质条件、隧道断面大小、使用机械设备和施工期限等因素综合考虑确定。目前双线隧道大多采用下列方法:

(1)先护顶,后做墙。在超前支护的保护下先开挖上半部,随即进行喷锚等支护,然后再开挖下半部。

(2)分层开挖,无论分几层开挖均须设置一层主台阶层,主台阶层的长度,可视地质情况确定,一般选用 35～50 m。主台阶层至顶部的开挖高度受装渣机高度和凿岩台车的长钻杆(5 m)向上垂直钻孔的要求所限制,可定为 6.5 m。如若遇地质条件很不好,需减小其开挖高度时,则可增加开挖层数。

(3)在极为软弱或破碎的地层,拱部环状开挖,留倒梯形核心土的方法。

1)可减小工作面的开挖高度,有利于增强顶部围岩和工作面的自稳能力。

2)能提供初期支护平台,便于架设钢架支撑、挂网和喷射混凝土。

3)为喷混凝土提供合适的喷射距离,减少回弹量和提高喷射混凝土的密实度。

4)倒梯形开挖法,可在出渣量较少的情况下及时地在梯形土体上架设钢架支撑,提前喷射上半部混凝土,缩短了围岩的暴露时间。

缺点:

由于留有核心土,无法及时用凿岩台车钻径向锚杆孔,推迟了锚固工作;倒梯形处的宽度较窄,不便停车,因而装渣距离较长。

5. 超前支护法的施工注意事项

(1)当遇砂、软土等过于松软的地层,应慎重选择支护方法及其参数,以免造成支护失效。

(2)悬吊锚杆和结构锚杆均应保证施工质量,并将各种锚杆(钢管)末端焊接牢固。

(3)应保证格栅拱的架设质量及拱脚处的地基有足够的承载能力。

(4)注浆锚杆的砂浆应达到设计强度后方可进行爆破。

(5)合理运用微震动爆破,以免引起围岩过大的扰动和破坏。

(6)喷锚支护既要及时,又要保证质量。

(7)当采用半断面掘进时,掘进长度不大于 2 倍洞径时就应施作临时仰拱。其构造可用 16 号工字钢加工成横向底梁,在钢架支撑拱脚处焊上∟1 000 mm×100 mm×10 mm 的角钢,使底梁与其顶紧;若地压大时采取焊接后,再喷射 20 cm 厚的混凝土。待下部开挖施作正式仰拱后再拆除。

(8)及时检查、量测,对有异状或变形量较大处进行加固。

1.2.2　松散地层的注浆加固

注浆加固是将松散地层固结为整体,再进行开挖。它是在松散地层中施工使用较多的一种方法,在砂夹砾石、粗砂且有侵蚀性水的地层中,采用水泥砂浆压注;在粉、细砂地层或有侵蚀性水时,可压注化学浆液。

在处理极其松散、破碎、软塑地层,或有大量涌水的软弱地段以及断层破碎带的隧道,通常采用注浆固结地层。先沿开挖断面周边布置压浆孔,其间距视围岩松散情况为 0.6～0.8 m,压浆后要求在开挖断面外能有约 0.1 m 厚的加固层。

注浆数量控制:多采用定压和定量相结合的方法,其注浆数量及注浆压力基本是固定的,它是按需填充的孔隙量选定,以所处理围岩总体积的百分数表示。在砂层可高达 40%,而裂隙岩体则仅 5%。注浆率(N)具体计算公式如下:

$$N = Q / A = \eta \cdot a(\%) \tag{1-1}$$

式中　Q——注浆总数量(m^3);

A——围岩加固的体积(m^3);

η——围岩加固的孔隙率(%),参见表 1-1;

a——经实践采用的填充率(%),参见表 1-1。

表 1-1　围岩孔隙率及注浆填充率

土质/注浆目的 数值/项目		壤土	黏土	粉砂	砂					砂砾		
		堵水加固			堵水			加固		堵水		
孔隙率(%)	范围值	65～75	50～70	40～60	46～50	40～48	30～40	46～50	40～48	40～60	38～40	22～40
	标准值	70	60	50	48	44	35	48	44	50	34	26
填充率(%)	约数	40	30	20	60	60	50	50	40	60	60	60

为了做好预注浆工作，必须事先对需加固围岩进行土力学试验，查看围岩透水系数，土颗粒组成、孔隙率、饱和度、密度、pH 值、剪切和抗压强度等，必要时还要做现场注水和抽水试验。

1.2.3　震松法及其辅助措施

(1)震松法

在稍有黏结力的堆积层中，采用全断面开挖施工的关键在于掌握好爆破技术。震松法主要是减小爆破对围岩的扰动，达到不抛掷石渣而经震动松落成型之目的。

由于此法对围岩扰动小，在堆积层中适用大型机械设备进行全断面开挖，从而在加快工程进度、降低劳动强度、减少炸药、改善通风条件、节省支护与衬砌材料、降低工程造价等方面都具有优越性。

震松法的特点是，要求每一茬炮的参数都尽可能地符合实际地质情况，故每次爆破设计都需根据地质的变化和前一茬炮爆破的效果分析，以调整其炮眼分布和装药数量，必要时还采取辅助措施，以取得理想的效果。

(2)震松法的辅助措施

震松法在特殊地质的应用往往不尽完善，还需一些辅助手段。如当坑道周边遇到大孤石时，则需配合“插筋支架法”——即在孤石上打若干深孔，插入 $\phi22$ mm 钢筋，钢筋的另一端支承在钢架支撑上，起挑梁的作用；再在其下打上若干炮眼，装少量炸药进行引爆，可避免爆破后，因大孤石震落而形成局部超挖过大或发生坍塌。当坑道周边遇有黏土层时，则需采用局部“周边隔空装药法”、“轮廓线钻眼法”加以处理。

(3)震松法施工注意事项

1)爆破参数需由现场开挖试验坑确定。

2)推行专人负责制，指派一名爆破技术人员或熟练炮工负责指挥布孔及钻爆等作业。

3)钻孔台车就位应保证炮眼方向和深度符合钻爆要求。

4)严格控制台车钻眼的用水量，以减轻对地层的软化作用。

5)喷混凝土、挂钢筋网、立钢架支撑等项工序应环环紧扣，并确保质量。

6)注意围岩变形和浅埋地段的地表下沉观测工作，并将量测数据及时整理、分析，反馈于监控施工。

1.2.4　松散围岩分部开挖几种施工方法

当遇到松散破碎地层时，隧道施工多采用导坑领先的先拱后墙分部开挖法。根据围岩的松散程度、颗粒组成及自稳情况，在拱部常选用以下几种施工方法。

1. 分部开挖法

(1)插钎法

适用于粒径较大的石块、碎石堆积层，或有黏砂土充填而胶结为中等密实的漂卵石地层。

导坑开挖时，用风锤或人力将 2 m 左右长的钢钎或短钢轨(入土一端锻尖)，沿最前一排支撑上缘向工作面打入，方向略向上斜。其间距可根据具体地质情况而定。支撑顶部及两帮与坑壁间应以木板塞填密实。两侧是否打钎，可根据地层松散情况而定。如若在扩大部分仍需打钎，则可沿已架好的最前一排扇形支撑的外缘平行隧道轴线打入，也可由上导坑内垂直隧道轴线向两帮打入，逐步扩大。

(2)插板法

适用于石屑堆积、沙层或软塑地层。

一般用宽 0.1 m 左右、长 0.8～1.0 m 的木板，前端劈尖，板与板间应相互抵紧或适当错搭。在横梁上的上下两块板间，以木楔楔紧。工作面设置护板，开挖时由上而下拆除，向前掘进。

(3)钻钎护顶法

当遇颗粒大小不均，小者粒径几厘米，大者可达 150 cm，且无黏结物充填的漂卵石地层，极度松散，开挖时一触即坍。若采用一般插钎法，打入极端困难而且不易掌握方向，达不到护顶目的时，可运用钻钎护顶，不仅穿入地层速度较快，而且易于控制钻钎位置和方向。具体方法如下：

1)导坑开挖

①开挖前将导坑掌子面用背柴或木板背紧，有砂部分用草袋堵塞。

②用凿岩机在横梁下缘向上倾斜(不小于 30°)钻入一排钢钎，钎长为 1.5～2 m，间距视卵石大小而定，一般为 20～25 cm，钎尾用铅丝系于横梁上，然后在钢钎护顶下，自上而下边挖边支，排架间距 50 cm。

2)扩大和灌拱

①首先架设纵梁与立柱，然后在导坑两侧高于拱背的部位，钻入钢钎，每米约 3～4 根，钎长为 1.5～2.0 m，钎尾用铅丝系于纵梁上(图 1-3)。纵梁长度为 2.0～2.5 m，并与衬砌节段相适应。

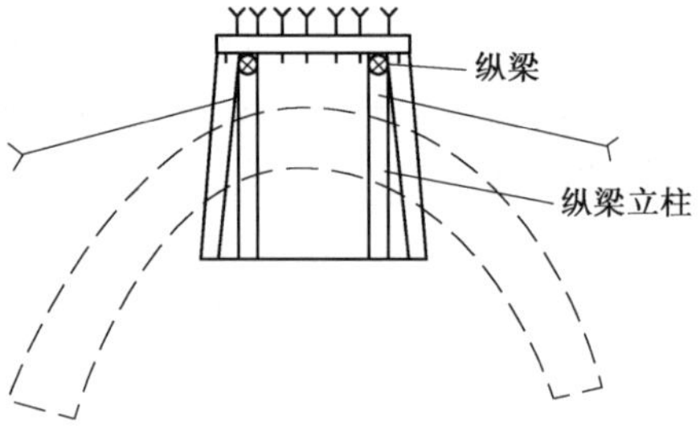

图 1-3 钻钎护顶开始扩大图

②将导坑落底至起拱线附近。先抽换纵梁的立柱，再在高于衬砌断面处架设横撑，并将侵入衬砌断面的导坑立柱锯掉下半节(图 1-4)。

③紧接着向两侧继续进行扩大，采用扇形支撑，自上而下，边挖边支(图 1-5)。

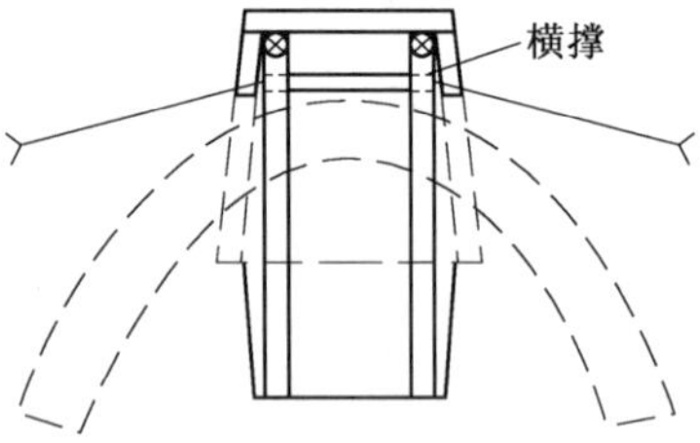

图 1-4 钻钎护顶导坑落底图

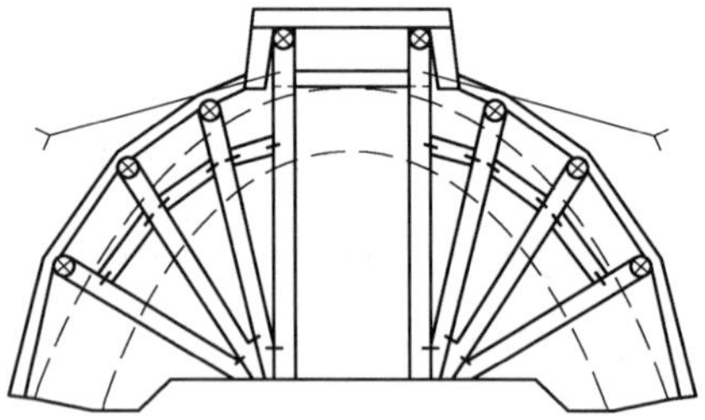
图 1-5 钻钎护顶扩大扇形支撑图

④灌拱，每节 2 m。拱背空隙用浆砌片石回填密实。

2. 分部开挖的施工顺序

插钎、插板和钻钎护顶法的开挖顺序如下：

(1)单线隧道宜采用上导坑先拱后墙法。起拱线以上用上导坑及分部扩大。起拱线以下用挖井法开挖边墙部位及灌注边墙；也可用短段拉中槽加背板和横撑的方法，分段施工边墙，并随即做好仰拱。

(2)双线隧道则宜采用侧壁导坑先墙后拱法施工。

3. 分部开挖的施工注意事项

(1)上导坑与扩大之间的距离应尽量缩短,拱部衬砌要紧跟。

(2)在松散的碎石或砂层中开挖时,应准备草束或麻袋,随时堵塞缝隙,以免漏砂造成空洞,引起坍塌。

(3)扩大后,灌拱前,拱脚基础应根据松散地层的承载能力分别采用夯实、垫木板,在拱脚部位向围岩打入横向钢钎或短钢轨、注浆加固等法加固,以防止开挖马口时发生坍塌。

(4)用挖井法施工边墙时,井身断面尺寸,应以灌注 2 m 边墙为宜。井身及井口使用框架支撑撑紧。边墙拆模后,边墙脚与未挖核心土之间亦应以支撑撑紧或进行回填,以后随核心土一起挖掉。

(5)支撑架设应预留沉落量。

(6)衬砌应隔适当距离设置沉降缝。

(7)不论松散地层中有无水,衬砌断面封后,均应向衬砌背后(包括仰拱下)压注水泥砂浆加固。

(8)当在有地下水的砂层中施工时,挖底后仰拱未灌注混凝土前,为了防止流砂上翻,可进行抛压片石或以木板封闭(在两侧边墙脚处可打钢轨桩或锚杆),再分段砌筑仰拱。

1.3　断　　层

1.3.1　断层对隧道施工的影响

隧道穿过断层地段,施工难度取决于断层的性质、断层破碎带的宽度、填充物、含水性和断层本身的活动性以及隧道轴线和断层构造线方向的组合关系(正交、斜交或平行)。此外,与施工过程中围岩的破坏程度、工序衔接的快慢、施工技术措施是否得当等,均有很大关系。

当隧道轴线接近于垂直构造线方向时,断层规模较小,破碎带不宽,且含水量较小时,条件比较有利,可随挖随撑。但当隧道轴线斜交或者平行于构造方向时,则隧道穿过破碎带的长度增大,并有强大侧压力应加强边墙衬砌,及时封闭。

1.3.2　断层地带隧道施工步骤

1. 探明断层地带情况施工前切实掌握所遇断层带的所有情况

当断层破碎带的宽度较大,破坏程度严重,破碎带的充填物情况复杂,且有较多地下水时,应在隧道一侧或两侧开挖调查导坑。利用调查导坑详细测绘地质状况后,应及时做好封闭衬砌调查导坑穿过断层后,宜在较好的岩层中掘进一段距离再转入正洞,开辟新的工作面以加快施工进度。如设有平行导坑时,可超前于正洞,预先了解正洞断层的实际地质情况,并有利于排水。

2. 选择合理的施工方法

在断层带的施工,应根据有关施工技术与机具设备条件、进度要求、材料供给等,慎重选择通过断层地段的施工方法。

当断层带内充填软塑状的断层泥或特别松散的颗粒时,比照松散地层中的超前支护,采用先拱后墙法。墙部的首轮马口,可用挖井法施工;如断层带特别破碎,则二、三轮马口应以扩井法施工，最后挖去核心土，随即筑仰拱。

如断层地段出现大量涌水，则宜采取排堵结合的治理措施。

3. 施工注意事项

(1)防排水作业

1)如断层带地下水是由地表水补给时，应在地表设置截排系统引排。对断层承压水，应在每个掘进循环中，向巷道前进方向钻凿不少于 2 个超前钻孔，其深度宜在 4 m 以上，以探明地下水的情况。

2)随工作面的向前推进挖好排水沟，并根据岩质情况，必要时加以铺砌。如为反被掘进，则除应准备足够的抽水设备外，并应安排适当的集水坑。

3)坑壁或坑顶有水流出时，应凿眼安置套管集中引排，使其不漫流。

(2)施工工序

1)通过断层带的各施工工序之间的距离宜尽量缩短，并尽快地使全断面衬砌封闭，以减少岩层的暴露、松动和地压增大。

2)当采用上下导坑、先拱后墙法施工时，其下导坑不宜超前过多，并改用单车道断面，掘进后随即将下导坑予以临时衬砌。上下导坑间的漏斗间距宜加大到 10 m 左右，并全部以框架框紧。

(3)开挖作业

1)采用爆破法掘进时，应严格掌握炮眼数量、深度及装药量。原则上应尽量减小爆破对围岩的震动。

2)采用分部开挖法时，其下部开挖宜左右两侧交替作业。如遇两侧软硬不同时，应用偏槽法开挖，按先软后硬顺序交错进行。

(4)支护作业

1)断层地带的支护应宁强勿弱，并应经常检查加固。

2)在断层地带中，开挖面要立即喷射一层混凝土，并架设有足够强度的钢架支撑。

3)当采用分部开挖，袭用以往木支撑时，要注意上导坑和扩大两工序间的支撑倒换工作，并需预留足够的支撑沉落量，防止因倒拆横、纵梁及反挑顶而引起坍方。这种坍方往往处理费事，且对安全威胁很大。此外，当拱圈封顶后应立即设置拱脚卡口梁，并应以木楔切实塞紧。

(5)衬砌作业

1)衬砌应紧跟开挖面。

2)衬砌断面应尽早封闭。

1.4 岩　溶

1.4.1 岩溶对隧道施工的影响

当隧道穿过可溶性岩层时，有的溶洞位于隧道底部，充填物松软且深，隧道基底难于处理；有的溶洞岩质破碎，容易发生坍塌；有时遇到大的水囊或暗河，岩溶水或泥砂夹水大量涌入隧道；有时遇到填满饱含水分的充填物溶槽，当坑道掘进至其边缘时，含水充填物不断涌入坑道，难以遏止，甚至地表开裂下沉，山体压力剧增；有的溶洞、暗河迂回交错、分支错综复杂、范围宽广，处理十分困难。

1.4.2　隧道遇到溶洞的处理措施

隧道在溶洞地段施工时，应根据设计文件有关资料及现场实际，查明溶洞分布范围、类型情况（大小、有无水，溶洞是否在发育中，以及其充填物）、岩层的稳定程度和地下水流情况（有无长期补给来源、雨季水量有无增长）等，分别以引、堵、越、绕等措施进行处理。

1. 引排水

（1）当暗河和溶洞有水流时，宜排不宜堵。在查明水源流向及其与隧道位置的关系后，用暗管、涵洞、小桥等设施，渲泄水流或开凿泄水洞，将水排出洞外。

（2）当水流的位置在隧道上部或高于隧道时，应在适当距离外，开凿引水斜洞（或引水槽）将水位降低到隧道底部位置以下，再行引排。

2. 堵填

（1）对已停止发育、径跨较小、无水的溶洞，可根据其与隧道相交的位置及其充填情况，采用混凝土、浆砌片石或干砌片石予以回填封闭，根据地质情况决定是否需要加深边墙基础。

（2）拱以上空溶洞，可视溶洞的岩石破碎程度采用喷锚支护加固，或加设护拱及拱顶回填的办法处理。

3. 跨越

当溶洞较大较深，可采用梁、拱跨越。但梁端或拱座应置于稳固可靠的基岩上，必要时用圬工加固。

隧道在不同部位遇到溶洞的跨越措施：

（1）当隧道一侧遇到狭长而较深的溶洞，可加深该侧的边墙基础通过。

（2）当隧道底部遇有较大溶洞并有流水时，可在隧底以下砌筑浆砌片石支墙，支承隧道结构，并在支墙内套设涵管引排溶洞水。

（3）当隧道边墙部位遇到较大、较深的溶洞，不宜加深边墙基础时，可在边墙部位或隧底以下筑拱跨过。

（4）当隧道中部及底部遇有深狭的溶洞时，可加强两边墙基础，并根据情况设置桥台架梁通过。

（5）溶洞上大下小，且有部分充填物时，可将隧道顶部的充填物清除，然后在隧道底部标高以下设置钢筋混凝土横梁及纵梁，横梁两端嵌入岩层。

（6）隧道穿过大溶洞，情况较为复杂时，可根据情况，以边墙梁及行车梁通过。

4. 绕行施工

施工中遇到一时难以处理的溶洞时，可采用迂回导坑绕过溶洞区，继续进行隧道施工，再行处理溶洞。

1.4.3　岩溶地段隧道施工注意事项

（1）隧道通过岩溶地区时，施工前应根据设计资料并结合施工现场情况，采用综合超前地质预报，探明溶洞的分布范围、类型、规模、发育程度、填充物、地下水的情况（有无长期补给来源、雨季水量有无增长等）及岩层的稳定程度等，按照以疏为主、堵排结合、因地制宜、综合治理的原则，分别以“疏导、堵填、注浆加固、跨越、宣泄”等措施进行处理。

（2）隧道岩溶地段施工应符合下列规定：

1)施工前应详细了解山顶地表水、出水地点的情况,有条件时采取地表注浆等措施对地表进行必要的处理。

2)应提早作好处理岩溶的方案,并准备足够数量的排水设备和物资。

3)对于岩溶发育地区的隧道,施工中应建立以长距离物探(地震波法)为宏观控制、钻探法为主,其他物探方式为辅,红外线探测连续施测的综合预报管理体系。

4)开挖方法宜采用台阶法,必要时采用CD法。在Ⅱ、Ⅲ级围岩条件下,且溶洞仅穿过隧道底部一小部分断面时,可采用全断面法。

5)爆破开挖时,按“密布眼、少装药”的原则进行,遇有渗漏水时应小心施爆。

6)当隧道只有一侧遇到溶洞时,应先开挖该侧,待支护完成后再开挖另一侧。

(3)岩溶地区隧道支护和二次衬砌应根据溶洞情况予以加强。

(4)二次衬砌施工前,应采用物探手段检查隧道周边环形加固层及层外围岩情况,重点检查拱部、底板、侧边墙5 m以内是否存在有害空洞,隧道底部是否密实。

1.5 风积沙、含水砂层

风积沙是指在风成沙性质上发育起来的土壤,呈松散堆积状态,级配不良,几乎无黏聚力、抗剪强度低,稳定性差,极易受扰动而发生塌方。当埋深较浅时,常伴随隧道开挖产生地表纵向及横向裂缝,当洞内滑沙、漏沙现象严重时,地表会形成规则的漏斗状地貌,衬砌结构变形速率快、变形量大,施工难度很大。因此,在风积沙地层中修建隧道应特别慎重,需经多方案比较,采取切实可靠的方案保证施工安全和结构的耐久性和稳定性。

1.5.1 一般规定

隧道通过风积沙和含水砂层时,应将防水工作放在首位,含水砂层可采用注浆、冻结等方法止水、固结。

(1)风积沙和含水砂层隧道的开挖应符合下列规定:

1)风积沙层隧道开挖应遵循“先支护、后开挖”的原则;含水隧道开挖应遵循“先治水、后开挖”的原则。

2)砂层隧道根据隧道断面大小,宜采用交叉中隔壁法、中隔壁法或临时仰拱台阶法开挖,并应严格控制一次循环进尺长度。

3)开挖时应及时监测拱部支护的实际下沉量,当预留变形量过大或不足时,应及时调整。

(2)砂层隧道的支护应符合下列规定:

1)可采用注浆方法固结砂层,插板作超前支护。

2)支护应及时,边挖边喷混凝土封闭,遇缝必堵,严防砂粒从支护缝隙中漏出。

开挖地段的排水沟应铺砌、抹墁,或用管、槽等将水引至已二次衬砌地段排出洞外。

风积沙和含水砂层隧道的二次衬砌应及早施作。

1.5.2 风积沙地层超前预支护技术

风积沙隧道超前支护方案的选择应以防漏沙、滑沙为主要目的,同时结合风积沙覆盖层厚度、隧道穿越风积沙段长度、施工开挖方案以及隧址区环境限制要求等因素综合考虑。施工中应根据固沙效果及时优化设计参数及设计方案。

1. 密排超前小导管

(1)适用条件

本方法适用于对地表沉降无严格要求或部分洞身穿越风积沙地层的隧道。

(2)施工工艺

1)小导管制作

先把钢管截成需要的长度,在钢管的前段切割、焊接成 10～15 cm 长的尖锥状,在钢管后端 10 cm 处焊接 ϕ6 mm 钢筋箍,以利套管顶进。

2)喷混凝土封闭开挖面

为了防止小导管注浆时浆液沿隧道掌子面渗漏,需做止浆墙封闭开挖面,止浆墙采用喷射混凝土方法制作,厚度为 5～10 cm。

3)测量放样

通过测量放样,准确地将设计的小导管位置布置在施工断面上,做好标记,并设置必要的控制点,以便在钻孔时用来控制小导管的外插角度和方向。

4)打管施工

沿隧道外轮廓线用 YT-28 型风动凿岩机钻孔,然后顶入导管。小导管顶进时控制打管偏差,横向和竖向的偏差均不得大于 1°。小导管打入后,将小导管尾部与钢拱架焊接,使小导管钢拱架在开挖中起到棚架作用。

5)注浆

导管打设完毕后,为减少孔内坍塌影响注浆效果,应及时进行注浆施工。注浆顺序由下到上,从最下面的小导管开始按顺序向拱顶逐根注浆。当注浆压力逐步升高到设计终压,并继续注浆 10 min 以上时即可结束该孔注浆。

(3)施工技术要求

1)应严格控制小导管施作角度、环向间距、打入长度及纵向搭接长度,以确保超前支护效果。

2)注浆是超前支护过程中一个很重要的环节,直接决定着风积沙隧道超前支护效果,需要严格控制;注浆应从最下面的小导管开始按顺序向拱顶逐根注浆,严禁顺序颠倒。

3)当堵沙效果不理想时可采用双层交错布置。

4)小导管注浆参数应根据现场试验确定,注浆压力宜控制在 1.0～1.5 MPa。

2. 超前大管棚

(1)适用范围

本方法适用于对地表沉降无严格要求的风积沙隧道的拱部范围。

(2)施工工艺

1)大管棚加工

管棚沿两条垂直直径布设四排对称溢浆孔,相邻两排注浆孔成梅花形布置,管棚采用内外丝扣连接方式,即在每节管棚两端分别设 10 cm 左右内外丝,管棚安设时,每节管棚间通过丝扣连接成整体。

2)导向墙设计与施工

导向墙可利用上台阶工作空间,以上台阶临时仰拱为基础,以相邻掌子面三品钢拱架为支架,厚度不小于 100 cm,采用与初期支护同强度等级混凝土浇筑。无管棚施工工艺采用导向管直接安装在导向墙上,导向管大小、环向间距、径向外插角等根据大管棚设计确定。

3)钻机定位与施工

施工时可采用两台钻机平行作业,高位钻机在左,从中间向左侧施工,施作位置较高的管棚,低位钻机在右从右侧向中间施工,施作位置较低的管棚,低位钻机施作一定高度后,两台钻机互调位置,由低位钻机施作高位钻机剩余位置较低的管棚,这样两台钻机可实现平行作业,实现快速施工的目的。

4)跟管钻进

跟管钻进是采用水平导向钻机钻进,边钻进边跟管,避免塌孔造成的不利影响。跟管钻进开孔时要低速低压,钻进 2 m 后,根据地质情况把压力调整到最佳钻进压力,钻进时每根管尾部应预留 0.45 m,暂时不打入,以便连接后面的钢管。钻头在停止推进自由状态下为小直径,提钻时,翼片可以自由收缩,使钻机顺利通过管棚内退出,完成管棚施工。

5)注浆

①管棚压浆孔口处焊接 ϕ25 mm×2.5 mm 无缝钢管,并安装一个 ϕ25 mm 高压止浆阀与注浆管连接。

②压浆前用高压水检查压浆管路有无泄露,注浆管必须采用承压 8 MPa 或 10 MPa 的高压管。

③压浆时采用普通水泥单液浆(0.6∶1)~(0.8∶1),浆液浓度、凝胶时间应符合设计要求,不得随意变更,且配置的水泥浆液应在规定的时间内注完。

④应随时检查注浆机出口及孔口的压力变化,如发现问题应即时处理。

⑤根据终压和注浆量控制注浆,符合注浆终止条件后立即关闭高压止浆阀,停止注浆。

(3)施工技术要求

1)大管棚长度应不小于设计长度。

2)角度偏差为±2‰。

3)应充分保证循环大管棚搭接有效长度要求。

4)大管棚环向间距应尽可能的小,以减小支护缝隙。

5)大管棚施工必须采用跟管钻进技术,以防止钻孔坍塌,保证施工精度。

6)大管棚注浆参数应根据现场试验确定,注浆初始压力宜控制在 0.5~1.0 MPa,终压宜控制在 2.0~2.5 MPa。

7)在风积沙地层中采用超前大管棚注浆,由于浆液扩散范围有限,难以起到很好的固沙作用,往往需要在管棚之间增加小导管注浆进行作为辅助,以有效加固沙体,提高超前支护效果。

3. 水平旋喷桩

(1)适用范围

本方法适用于对地表沉降要求严格的风积沙隧道的拱部范围。

(2)施工工艺

1)工作室的建立

工作室长 7.0~10 m,开挖轮廓尺寸比标准断面加大 80 cm,采用型钢拱架喷设混凝土支护。管棚工作室挖到设计位置后,在掌子面开挖轮廓线上方架一榀钢拱架,用 ϕ50 mm 钢管锁定(梅花形布置,间距 1 m×1 m,长 2.5 m)。

2)平整工作平台,钻孔定位

场地要求平整硬化,并挖设排水沟,钻机安装平台比最低一个孔位中心低 1.0 m,掌子面应预留布桩位,工作室应为缓坡,坡度不低于 10%。设备安装好后,按技术交底调整钻机角度、方位,对准孔位,孔位误差控制在±50 mm 以内。图 1-6 为水平旋喷现场施工图。

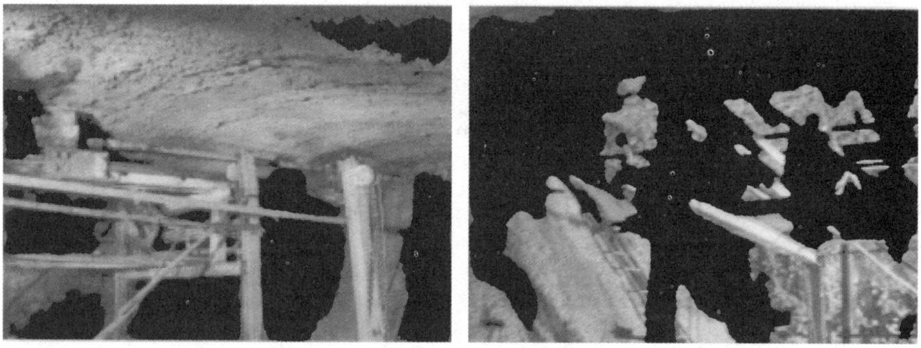

图 1-6　水平旋喷桩现场施工图

3)浆液护壁,一次成孔

检查确定孔口管安装牢固后,调整钻机,对好孔位,安装密封装置,打开循环液排出口,开始钻进,进孔角度按探孔确定的角度开始钻进,直到钻至设计深度。采用膨润土配制循环浆液,钻进过程中要保持循环液压力 1～2 MPa,防止在钻进过程中,砂石堵住喷嘴。

4)高压旋喷,加固沙体

按照"先两侧,后顶部(或者只施工顶部)"顺序进行旋喷施工,周边按照每次间隔一个孔位从下到上,左、右交替(双排或者多排)进行。跳跃式成桩,两边强度平衡,可以减少因钻杆偏移造成桩间咬合率低的问题。

开孔时慢进,钻至 1 m 后,按正常速度钻至设计深度;当浆液从喷嘴喷出并达设计压力后开始旋喷,桩前端原地旋喷不少于 30 s。

为保证桩径和桩间咬合,弥补目前国内水平钻旋喷作业退进速度快的不足,采用复喷工艺(即进一次,退一次,再进一次作为一个循环段,每段 1.2 m,逐段施工到设计长度,最后退回再喷一次,共计 4 次旋喷作业),复喷的次数越多,固结体的增径效果越好,咬合率越高。

5)及时封闭,清洗管道设备

喷浆至孔口掌子面 0.5 m 时,应停止喷浆,卸下孔口管最外端的密封装置,关闭循环液排出口,快速拔出钻杆和钻头,关闭大球阀。高压旋喷注浆完成后应在循环液排出口处安装压力表,然后用 250 泵补注浆,注浆压力控制在 0.8～1 MPa,补注浆完成 48 h 后方能卸下大球阀。每根桩施工完毕后都应用清水高压冲洗管道及设备,确保管道内不留在残渣,清洗完毕后移至下一桩位。

(3)施工技术要求

1)水平旋喷桩位置偏差为±3 cm。

2)水平旋喷桩打设角度偏差 5‰以内。

3)水平旋喷桩长不小于设计桩长。

4)检查钻杆接头处是否漏气,如漏气,则应将钻杆退回,查出漏气位置重新密封,或更换钻具。

5)检查喷嘴是否堵住,喷嘴如堵死,则应将钻杆全部退回进行疏通,疏通后重新下管到设计深度后再进行旋喷。

6)根据经验,冒浆量小于注浆量 20%～30%为正常现象,若冒浆较多或完全不冒浆时,应查明原因并及时采取措施。

7）施工前，现场应先进行两根成桩试验，通过试验桩掌握钻进速度、拔钻速度、旋喷速度、喷浆压力、单位时间喷浆量等技术参数，确定旋喷的均匀性，确定最佳施工参数和最佳施工工艺。

8）桩体施工过程要连续，不能间断，防止出现断桩，短桩现象的发生。如因机械故障或其他原因停机在 30～120 min 的，应重复旋喷 1 m，超过 2 h 的，按断桩处理，应重新钻桩。

9）水平旋喷桩施工过程中的地面隆起是由于空内形成静压所致，可通过打通孔壁冒浆通道，防止孔内形成静压，同时加强地表沉降观测，准确掌握其沉降情况。

4. 咬合大管棚

（1）适用范围

本方法适用于对地表沉降要求严格的风积沙隧道的拱部范围。

（2）施工工艺

1）施工准备

①顶管工作室：要综合考虑施工设备、吊装运输、施工精度控制和施工现场条件等各种因素，工作室长度不易过短，需要满足不小于“一个顶进管节长度＋设备动力系统长度＋1 m”操作空间之和，高度根据结构设计进行适当调整，满足施工需要即可。

②顶管后背支撑墙：需根据顶管所需顶推力进行设计，要满足顶推力需要并有一定的安全储备，同时要保证足够的刚度。

2）测量放线

在大管棚施工掌子面和后背支撑墙按照设计位置测设出每根钢管的中心位置和高程，用来控制设备和钢管的就位以及施工过程中的检查和调整，保证钢管的施工精度。

3）设备就位

根据预备施工管棚钢管的中线和高程进行设备就位和调整，调整过程中根据地层情况使设备顶推中线有一个上仰角，用来消减由于管头下垂造成的钢管在重力方向的偏差，待高程和中线调整到位后进行固定。

4）钢管就位

设备就位完成后进行钢管的吊装就位和螺旋钻的安装，钢管安装在顶管设备支架的滑动托架上。钢管到位后进行中线和高程的调整，调整到位后固定在滑动托架上，螺旋钻调配好钻杆和钻头位置后和螺旋钻动力头连接牢固。

5）顶进施工

准备就绪后进行大管棚的顶进施工，在顶进施工时要特别注意以下内容：

①控制施工精度，防止钢管上浮，若发生超出允许标准的上浮时需要拉出钢管重新进行顶进。

②顶进过程中随时检查钢管和设备的中线和高程，随时进行调整和修正。

③在进行钢管焊接时，需根据前节钢管的中线进行调整，不允许接口处出现错口或中线折角。

④顶进过程中通过控制螺旋钻的出土速度和钻头的位置决定顶进的速度，防止管头前方的土体塌落。

⑤尽量缩短钢管焊接的时间，避免由于停止顶进时间过长出现“抱管”现象，造成再次启动顶进时的顶推力过大。

⑥在顶进过程中如果顶推力过大，可通过注入膨润土类润滑剂来减小摩擦力。

⑦在相临钢管施工过程中，咬合系统的准确定位十分关键，一般需要在咬合位置焊接定位销键，防止管棚施工偏差造成咬合系统与钢管贴死而增加顶推力。

(3)施工技术要求

1)设备基架中线与管棚中线重合，偏差不大于2 mm。

2)钢管就位进行中线调整和固定，偏差不大于2 mm。

3)顶进时动力轴线和钢管中线重合，偏差不大于5 mm。

4)管棚钢管进行现场对接焊接时首先要保证每节钢管中线重合，焊接对称进行，防止焊接变形，对接偏差不大于2 mm。

5)管棚就位高程偏差不大于10 mm，在施工过程中随时检查管棚高程变化情况，如钢管发生垂头或上扬超出控制范围，采用调整钻头位置、出土与顶进速度的措施进行纠偏。

1.5.3 风积沙地段洞口与洞门工程

1. 洞口工程

当隧道洞口处于风积沙地层时，可适当增加明洞长度，尽量缩短暗挖段洞身长度，降低施工难度和工程造价。进洞位置应根据边仰坡合理可行加固高度、风积沙地层加固措施难易程度及处治费用等综合确定。

(1)一般要求

1)施工前应对洞口情况进行详细调查：隧道洞口附近是否有构造物，并评价其对施工的影响程度。

2)隧道洞口施工场地必须进行硬化处理，可采用不小于20 cm厚碎石土或石渣垫层，以便于施工材料的运输组装和存放。

3)施工时应严格控制进洞顺序，应在完成仰坡加固、进洞超前支护措施后，立即进行明洞主体模筑衬砌施工，然后再进行暗洞浅埋段施工。

4)洞口施工前可根据地形情况削平沙丘，以降低路基永久边坡和隧道仰坡开挖高度。

5)及时完成路基等相关工程，以减少对隧道施工的影响。特别是路基永久边坡施工，应不晚于隧道临时边、仰坡施工。

(2)边坡、仰坡施工

边坡、仰坡施工是风积沙隧道洞口工程中的重点，也是隧道能否安全进洞的关键。其主要施工要点有：

1)洞口施工应避开雨季，如确需在雨季施工时应制定严密的施工方案和防护措施，防止沙层边坡遇水滑塌。

2)应根据风积沙起伏情况合理设置边仰坡高度，严格遵循“自上而下、分层开挖、分层防护”的原则，分层开挖高度不大于1 m，开挖后立即进行挂网喷射混凝土封闭，小导管垂直坡面打设，长度不小于4 m。

3)当第一级边坡施工完成后应在坡顶设置临时监测点，随时监测临时边坡变形情况。当监测数据异常时应立即停止施工，撤离坡脚施工人员和机械，并采取有效加固措施，防止边坡滑塌。

4)边坡、仰坡外的截水沟或排水沟应于空口开挖前完成，防止地面水冲刷而导致边坡失稳。

5)洞外排水工程包括边坡和仰坡的截水沟、排水沟，洞口排水沟，路基排水沟，应组成完善的排水系统,排水通畅,防止积水。

6)截水沟和临时仰坡坡顶之间应喷射混凝土进行封闭或铺设遮水帆布,防止雨水下渗。

(3)进洞措施

应根据风积沙地层的密实程度、含水率,施工单位的机械配套情况合理选择进洞方案。

1)套拱加长管棚进洞法

先修筑套拱,利用套拱内预埋的导向管钻管棚孔。管棚可采用直径不小于无缝钢管,长20～25 m,环向间距20～30 cm,管棚施工采用跟管钻进法;施工开挖后根据漏沙情况,增设超前小导管注浆补强,小导管可一次顶入。

2)水平旋喷桩进洞法

利用水平旋喷桩高压射流切割作用,沿开挖轮廓线外形成50 cm厚旋喷拱,在旋喷拱保护下进洞,旋喷桩设计参数:环向间距30～35 cm,长25 m,相互搭接咬合15～20 cm。

3)竖直旋喷桩进洞法

竖直旋喷桩横向加固范围宜大于隧道最大跨度6～10 m,沿隧道中心线左右对称布置,竖向加固范围从隧道洞顶以上3 m开始加固,设计参数:ϕ50 cm旋喷桩,间距40 cm,互相搭接咬合10 cm。

2. 洞门工程

风积沙隧道洞门周围环境植被较少,颜色主要以淡黄色、浅黄色为主,色调单一,松散沙层在风力的作用下极易迁移,因此风积沙隧道洞门应以防护为主要目的,宜采用墙式洞门,防止风沙吹积到洞口附近影响运营期行车安全。

洞门施工技术要点:

(1)端翼墙应在洞口开挖后及时完成,基础超挖部分应采用与基础同级混凝土并与基础同步浇筑。端翼墙和挡翼墙基础经处理后地基承载力必须满足设计要求,当基础位于软硬不均的地基上(风积沙层与砂岩交界处)时,应在分界处设沉降缝。

(2)模板与支架应有足够的强度、刚度和稳定性,满足浇筑混凝土的重力、侧压力及施工荷载要求,模板与支架安装必须牢固,并不得与脚手架相连。模板接缝应严密不漏浆,与混凝土的接触表面必须清理干净并涂刷隔离剂。混凝土浇筑前,模板内的积水和杂物必须清理干净。

(3)端翼墙的泄水孔应与洞外排水系统及时连通,反滤层、泄水孔施工缝设置应符合设计要求。

(4)洞门的截排水设置,应与洞门同步施工,当端墙顶部水沟置于回填层上时,回填层必须夯实。

(5)端墙式洞门洞口混凝土下沿浇筑时,均应设置滴水线槽,或砌筑端墙时,对端墙仰坡微调,使混凝土拱部上沿突出端墙20～30 cm,并在拱上沿设置宽×高为10 cm×5 cm的挡水带,以防雨水进入隧道而污染边墙。

(6)端墙砌筑的同时完成明洞和墙背回填,最后完善边仰坡防护和洞口排水工程,其挡护工程应和洞门端墙用同样材料砌筑。明洞回填层应采用宜在风积沙地区存活的植被绿化,如蒿草、沙柳等。

1.5.4 风积沙隧道开挖方法

风积沙隧道施工中应坚持"强超前,防漏滑,短开挖,快支护,勤量测,紧封闭"的原则,施工方法的选择应综合考虑围岩地质条件、断面大小及形状、支护条件、工期要求、机械设备能力、经济性等因素，适当增加风积沙隧道预留变形量，并根据监控量测反馈信息及时修正施工方案。

(1)双侧壁导坑法

双侧壁导坑法利用两个中隔壁把整个隧道断面分成左、中、右三个小断面，左、右导洞先行，中间断面紧跟其后，初期支护仰拱成环后，拆除临时支撑，模筑二次衬砌。

施工工艺要点：

1)侧导洞及中导洞上台阶采用人工配合小机具开挖，掏槽法施工，严格控制开挖进尺，每次进尺不超过一榀拱架间距。每次开挖后，应及时喷射5 cm厚素混凝土封闭掌子面。

2)各部左右交错开挖，钢拱架交错落底，并在钢拱架底部打设锁脚钢管，每侧拱脚设两根锁脚钢管，长度不小于6 m。

3)施工中切忌大断面开挖，待初期支护完成后开挖核心土。

4)加强变形监测，若侧导洞变形较大应加密横撑。

5)侧导洞层间施工超前距离应控制在5 m以内，并调配好人力物力使三个台阶同时施工，保证工程的连续性。

6)侧导洞开挖完成后，应及时施作主洞仰拱和矮边墙，并在底部打设注浆导管，防止由于基底地基承载力不足，引发整体沉降。

7)上台阶核心土与掌子面的间距不宜小于5 m，中台阶落后上台阶核心土不宜小于5 m，下台阶落后中台阶亦不宜小于5 m。下台阶开挖后及时封闭初期支护，进行隧底加固。

8)根据初期支护收敛变形情况，逐步拆除临时支护，一次作业长度为6～12 m。仰拱应超前，距离掌子面宜控制在30 m以内。

(2)CRD法

CRD是在隧道断面中部设置中隔墙，将断面分块，达到降低开挖跨度和开挖高度的效果，分部开挖，分块成环，化大为小，步步封闭，环环相扣，形成全断面初期支护封闭结构。

施工工艺要点：

1)切忌大面积开挖，应沿开挖线掏槽，塞入钢支撑，喷射混凝土，完成初期支护后再开挖核心土。

2)严格控制开挖进尺，每次进尺不超过一榀拱架间距。

3)每部开挖后，应及时喷射5 cm厚素混凝土封闭掌子面。

4)初期支护完成后施做锁脚钢管，每侧拱脚设两根钢管，长度不小于6 m。

5)下部开挖应两侧交错进行，避免上部钢拱架同时悬空，开挖后及时进行隧底加固。在上下级台阶的接头部位，每两环钢拱架之间增加[25a槽钢，作为纵向托梁。

6)右侧上部掌子面距左侧掌子面距离以10～15 m为宜。

7)施工中根据初支收敛变形情况，逐步拆除临时支撑，但一次拆除距离不能超过15 m。仰拱应超前，距离掌子面宜控制在25～30 m以内。

(3)台阶临时仰拱分部开挖法

台阶临时仰拱分部开挖法，是将全断面划分为上下台阶，结合拱部弧型导坑，并在上台阶底部设临时仰拱。该方法在上台阶开挖后形成临时封闭环，及时控制围岩变形。同时在上、下台阶开挖时预留核心土，以增加掌子面的稳定性。

施工工艺要点：

1)采用拱部弧形掏槽预留核心土法施工,人工配合小机具进行开挖,小推车出渣。开挖宽度尽可能窄,以 0.8～1 m 为宜。切忌大面积开挖,施工进尺保持不超过一榀拱架间距。

2)每部开挖后,应及时喷射 5 cm 厚素混凝土封闭掌子面。初期支护完成后及时施作锁脚钢管。

3)上台阶掌子面进尺 3 m 左右后开挖核心土并施作临时仰拱和竖向临时支撑,使支护及时成环以控制沉降。始终保持掌子面与核心土之间距离在 3 m 左右。

4)下台阶分左侧导洞、中间核心土、右侧导洞三部分。待临时仰拱施工 4～5 m 后,先施工下台阶左侧导洞。导洞分三层开挖,每层高度 1.8～2 m,每层施工 3～5 m 后封闭掌子面转入下层施工。在左侧导洞施工 2～3 m 后,开始施工右侧导洞。为保证洞室稳定,也可以先行施工导洞部分仰拱和矮边墙。

5)在上下级台阶的接头部位,每两环钢拱架之间增加[25a 槽钢,作为纵向托梁,以增加型钢拱架的受力面积,增强其受力的整体性。

6)待左、右侧导洞仰拱施工 3～5 m 后,根据初期支护收敛变形情况,逐步拆除临时支护,开挖下台阶中部土体。

7)二次衬砌距掌子面距离宜控制在 25 m 以内。

1.5.5 风积沙隧道支护结构

1. 喷射混凝土施工要点

(1)初期支护喷射混凝土不得采用干喷工艺,应采用湿喷工艺进行施工,液体速凝剂应采用环保无碱速凝剂。湿喷混凝土的坍落度宜控制在 80～120 mm 之间。

(2)隧道开挖后应立即挂铁丝网喷射混凝土封闭开挖面,防止沙层滑塌;分部开挖时每个开挖面应始终最少有一台可正常操作的喷浆机,以保证施工的连续性和及时性。

(3)喷射混凝土前应埋设好标志或利用注浆导管外露长度控制喷射混凝土的厚度,以确保每级分层厚度满足设计要求。

(4)喷射混凝土外掺料

喷射混凝土外掺料剂量应通过试验确定,加外掺料后喷射混凝土的性能应满足设计要求。

1)早强剂:为控制风积沙地层收敛变形速度,易在喷射混凝土中掺加早强剂,掺料应对混凝土和钢筋无腐蚀作用,易于保存,不污染环境,对人体无害,总掺量不大于 3%。

2)速凝剂:应采用液体速凝剂,严禁采用粉体速凝剂,使用前应做与水的相容性试验及水泥静浆速凝效果试验,要求初凝不大于 5 min,终凝不大于 10 min;根据不同掺量的混凝土试验选择最佳掺量,并在施工时准确计量,一般速凝剂最佳掺量约为水泥重量的 2%～4%,实际使用时拱部可采用 2%～4%,边墙部位可采用 2%。

(5)喷射作业

1)风积沙隧道喷射作业应紧跟开挖面,混合料应随拌随喷,回弹物不得重新用作喷射混凝土材料。喷射作业上料要连续,料斗要填满,并在料斗口上设一活动的 15 mm 孔径筛网,避免超粒径集料进入机内。

2)喷射作业时喷嘴应垂直开挖面,喷嘴距开挖面距离以 0.8～1.2 m 为宜,喷射料束与受喷面垂线成 5°～15°夹角时最佳,喷射时应使喷射料束螺旋形运动,喷射机工作压力应控制在 0.1～0.15 MPa,此时回弹量最低,压实性最好,同时喷嘴与受喷面的距离还取决于拌和料的集料粒径、颗粒级配、气压和配料的输送距离,手动操作时可根据实际情况调节两者间的距离,直到达到最低的回弹量。

3)喷射速度要适当,以利于混凝土的压实。风压过大,喷射速度过大,风积沙黏结力小,混凝土容易剥落,回弹增加;风压过小,喷射速度过小,压实力小,影响喷射混凝土强度。风积沙隧道喷射混凝土时喷射机的压力一般不宜大于 0.2 MPa。

4)喷射部位顺序:分部、分块、分段、自下而上进行,喷射前个别受喷面凹洼处应先喷找平,每次作业区段纵向长度为一开挖循环进尺。

5)喷嘴应连续、缓慢作小螺旋形绕圈运动,绕圈直径 30～40 cm,后一圈压前一圈的 1/3～1/2。

6)一次喷层厚度应根据设计厚度和喷射部位确定,湿喷混凝土一次喷层厚度不宜超过 10 cm,拱部一次喷层厚度不宜超过 7 cm。复喷一次喷层厚度拱顶不得大于 100 mm,边墙不得大于 150 mm,后一层喷射应在前一层混凝土终凝后进行。

(6)钢架与壁面之间的间隙应用混凝土充填密实;喷射混凝土应由两侧拱脚向上对称喷射,并将钢架覆盖,保证其背面喷射填满,黏结良好。拱脚基础喷射混凝土要密实,严禁悬空。

2. 钢筋网施工要点

(1)应采用模具加工钢筋网。按照设计要求和施工现场的实际需要在大样架上将钢筋焊接成 200 mm×200 mm 的钢筋网片。大样架的制作按照网格的尺寸加工,保证网格尺寸允许误差在±10 mm 内,网片采用电焊方式连接。

(2)应在喷射一层混凝土后再进行钢筋网的铺设。当有钢架时,应与钢架连接牢靠。

(3)钢筋网应与超前导管或系统注浆导管连接牢靠,在喷射混凝土时不得晃动。

(4)网片应紧贴出喷混凝土表面,钢筋网搭接长度为 1～2 个网格,允许偏差为±50 mm,并不得小于一个网格长边尺寸。钢筋网表面保护层厚度不小于 3 cm。

3. 钢拱架施工要点

(1)钢拱架应分段制作,每段长度应根据设计尺寸及开挖方法确定,不宜大于 4 m,每阶段应编号,注明安装位置。

(2)钢架接头钢板厚度及螺栓规格必须符合设计要求,衔头钢板螺栓孔必须采用机械钻孔,孔口采用砂轮机清除毛刺和钢渣,禁止采用气割冲孔。

(3)拱架加工完成后,应放在平地上试拼,周边拼装允许偏差为±30 mm。平面翘曲应小于 20 mm,保证钢拱架架立的垂直度。

(4)钢架安装时应在拱脚底部设槽钢纵梁或混凝土垫块,确保拱脚放在牢固的基础上。

(5)钢架应分节段安装,节段和节段之间应按设计要求连接。连接钢板平面应与钢架垂直。

(6)上部钢架安装完成后,短时间内不能全断面闭合,应及时施作 ϕ50 mm 锁脚锚杆进行锁定。

(7)两榀钢拱架之间必须采用纵向钢筋连接,连接钢筋直径不小于 20 mm,连接钢筋间距不大于 1 m。连接钢筋与钢架焊接牢靠,焊缝饱满,保证焊接质量。

(8)分部开挖时,各部应按设计要求进行支护,临时支护只有在施工二次衬砌时方可拆除,以确保安全。

4. 二次衬砌施工要点

(1)仰拱及仰拱填充施工

1)仰拱开挖和施工应严格按照设计方案进行,并结合拱墙施工抓紧进行仰拱初期支护和仰拱模筑混凝土施工,实现支护结构及早闭合。

2)风积沙隧道仰拱沙层开挖应以人工为主,宜间隔进行,一次开挖长度控制在 2～3 m 范围内,避免造成侧墙部位收敛变形过大,影响结构及施工安全。

3)仰拱开挖完成后应立即速喷 5 cm 厚混凝土进行封闭,并严格按照设计方案对仰拱以下沙体进行加固。侧墙两侧拱脚钢拱架应采用纵向槽钢托梁或混凝土垫块支撑,并采用锁脚注浆导管加固。

4)仰拱钢拱架与侧墙钢拱架连接要平顺,避免应力集中。为了保证施工安全,侧墙仰拱结合部及中隔壁钢拱架可直接浇筑在仰拱和仰拱填充混凝土中。

5)仰拱与仰拱填充分两次施工,不得将仰拱和仰拱填充整体浇筑。仰拱与仰拱填充施工缝浇筑混凝土前,应将其表面敲毛,用水处理干净。

6)填充层片石混凝土应在仰拱混凝土达到设计强度的 70%后施工;在填充层混凝土强度达到设计强度 100%后方可允许车辆通行。

(2)临时支护拆除

1)根据围岩监控两侧信息,如围岩稳定条件满足设计要求,下部竖向支撑可在仰拱填充前拆除,横向支撑和上部竖向支撑在隧道仰拱填充施工完成后、防排水系统施工前一次性拆除;若围岩变形没有显著收敛,为保证施工安全,中间支护也可推迟到仰拱填充后、防排水系统施工前一次全部拆除。

2)临时支护喷射混凝土拆除时要防止对支护系统形成大的振动和扰动。先将临时支护系统和初期支护连接部位附着在钢架上的喷射混凝土用人工凿除,再采用气焊烧断与初期支护连接部位,其他部位附着的喷射混凝土,在钢拱架拆除运出洞外后再处理。

3)临时支护一次拆除长度应视洞室变形稳定情况而定,拆除工作要快,拆除后应立即修筑仰拱,必要时可将临时中隔壁浇筑在仰拱内再拆除。

(3)二次衬砌施工技术

1)衬砌模板台车应采用全液压自动行走的整体衬砌台车,衬砌台车应结构尺寸准确,各种伸缩构件、液压系统、电气控制系统运行良好,合理设置各支撑结构,应满足自动行走要求,并有闭锁装置保证定位准确。

2)二次衬砌混凝土性能要求流动性好、坍落度衰减慢、初凝时间相对较长、终凝时间相对较短,以满足泵送混凝土要求,减少裂缝。

3)混凝土坍落度一般控制在 13～18 cm,根据混凝土灌注部位不同,墙部混凝土坍落度宜小,拱部混凝土坍落度宜大。在保证混凝土可灌性的情况下,宜尽量减少混凝土的坍落度,并提高混凝土的和易性、保水性,避免混凝土泌水。

4)一般情况下混凝土强度应达到 8 MPa 以上,不承受外荷载的拱、墙混凝土强度应达到 5 MPa以上时拆模。当为保证洞室稳定性,提前施作二次衬砌时,应在混凝土强度达到设计强度的 100%以上拆模。

5)对二次衬砌完成的地段,应继续观察和监测隧道的稳定状态,注意二次衬砌的变形、整体沉降情况,并作出长期稳定性评价。

1.5.6 风积沙隧道施工技术要点

风积沙围岩自稳能力差,易受施工扰动,洞室收敛变形速度快,若支护不及时,极易塌方。在这种地层中施工,有效的超前支护措施是决定隧道安全开挖的前提,及时的初期支护是施工安全的有力保证，二次衬砌的施作时间是控制围岩变形的关键因素。施工中应坚持“强超前、防漏滑、短开挖、快支护、勤量测、紧封闭”的原则，步步为营，随挖随支，及时封闭，施工结构体系转换紧凑，衔接紧密，才能及时控制围岩变形，保障洞室稳定。施工中应抓住以下要点：

（1）施工中应严格执行监控量测程序，并根据围岩监控量测的结果和信息及时指导设计和施工。

（2）监测数据异常时，应加强监控量测频率。必要时应采取增设临时支撑、加强支护、停止施工、封闭掌子面、衬砌跟进等措施，控制围岩变形，防止塌方，降低施工风险。

（3）严格控制开挖进尺和开挖面大小，以确保施工安全。

（4）开挖停止时必须封闭掌子面，应采用喷射混凝封闭掌子面，如开挖停止时间较短或在紧急情况下，可采用堆码沙包封闭。

（5）依据砂体的可能破裂角度，施工空间需求，施工可行性确定台阶长度，防止掌子面范围内砂体失稳，并根据监控量测结果及洞室变形情况及时调整台阶长度。

（6）拱、墙部初期支护形成之后要尽早施作仰拱，以使初期支护尽快形成封闭受力结构。

（7）为保证墙脚钢拱架的稳定性，禁止仰拱大跨度开挖，并应随挖随加固，特别是墙脚部位开挖，仰拱加固要及时，防止由于地基承载力不足，引发整体沉降。

（8）根据监控量测结果，适时施作二次衬砌，一次模筑二次衬砌长度 8～10 m。若围岩变形发展速度很快，为保证洞室稳定和施工安全，可将一次模筑二次衬砌长度控制在 5 m 左右，但须待混凝土达到设计强度后拆模。

1.5.7　含水砂层隧道施工特点

饱和含水砂层结构松散，无黏聚力，自稳能力很差，在该类地层中开挖隧道极易引发涌水、涌砂、塌方等工程灾害。含水砂层围岩隧道采用浅埋暗挖法施工时，需要采用地层加固技术来加固隧道围岩，以提高围岩的力学性能，降低围岩地层渗透性，并减少开挖引起的地面沉降，从而保证隧道开挖的安全进行。目前，针对饱和动态含水砂层常采用井点降水、地面高压旋喷桩、隧道洞内水平旋喷桩、隧道洞内注浆和围岩冷冻法施工等加固方法进行隧道围岩预加固。

1.6　瓦　　斯

隧道施工时通过地质预报或施工检测表明隧道内存在瓦斯，应定为瓦斯隧道，联系设计单位重新勘测地质，按瓦斯隧道施工的要求组织施工。瓦斯隧道、瓦斯工区、含瓦斯地段的分类及分级应符合《铁路瓦斯隧道技术规范》的有关规定。瓦斯隧道施工应建立专门机构进行通风、防突、防爆及瓦斯检测工作，设置消防设施，编制专项应急预案。高瓦斯工区及瓦斯突出工区应配备救护队。开工前必须对施工作业人员及管理人员进行安全技术培训，作业人员必须持证上岗。瓦斯隧道煤系地层宜采用台阶法施工，上下断面的距离应根据围岩的稳定和通风需要确定。

1.6.1　钻爆作业

（1）瓦斯工区钻孔作业应符合下列规定：

1）开挖工作面附近 20 m 风流中瓦斯浓度必须小于 1.5%。

2）必须采用湿式钻孔。

3)炮眼深度不应小于 0.6 m。

(2)瓦斯工区装药与爆破作业应符合下列规定:

1)爆破地点 20 m 内,风流中瓦斯浓度必须小于 1%。

2)爆破地点 20 m 内,矿车、碎石、煤渣等物体阻塞开挖断面不得大于 1/3。

3)通风应风量足,风向稳,局部无循环风。

4)炮眼内煤、岩粉应清除干净。

5)炮眼封泥不足或不严不应进行爆破。

(3)瓦斯工区的爆破作业必须采用煤矿许用炸药,有突出地段安全等级不低于三级的煤矿许用的含水炸药。

(4)瓦斯工区必须采用电力起爆,并使用煤矿许用电雷管。严禁使用秒或半秒级电雷管。使用煤矿许用毫秒延期电雷管时,最后一段的延期时间不得大于 130 ms。

(5)瓦斯工区采用电雷管起爆时,严禁反向装药。采用正向连续装药结构时,雷管以外不得装药卷。

在岩层内爆破,炮眼深度不足 0.9 m 时,装药长度不得大于炮眼深度的 1/2;炮眼深度为 0.9 m 以上时,装药长度不得大于炮眼深度的 2/3。在煤层中爆破,装药长度不得大于炮眼深度的 1/2。

所有炮眼的剩余部分应用炮泥封堵。炮泥应用水炮泥和黏土泡泥。水炮泥外剩余的炮眼部分应用黏土炮泥填满封实。严禁用煤粉、块状材料或其他可燃性材料作炮泥。

(6)爆破网路和连线,必须符合下列要求:

1)必须采用串联连接方式。线路所有连结接头应相互扭紧,明线部分应包覆绝缘层并悬空。

2)母线与电缆、电线、信号线应分别挂在巷道的两侧,若必须在同一侧时,母线必须挂在电缆下方,并应保持 0.3 m 以上间距。

3)母线应采用具有良好绝缘性和柔软性的铜芯电缆,并随用随挂,严禁将其固定。母线的长度必须大于规定的爆破安全距离。

4)必须采用绝缘母线单回路爆破。

5)严禁将瞬发电雷管与毫秒电雷管在同一串联网路中使用。

(7)电力起爆必须使用防爆型起爆器作为起爆电源,一个开挖工作面不得同时使用两台及以上起爆器起爆。

(8)在低瓦斯工区和高瓦斯工区进行爆破作业时,爆破 15 min 后应巡视爆破地点,检查通风、瓦斯、煤尘、瞎炮、残炮等情况,遇有危险必须立即处理。在瓦斯浓度小于 1%,二氧化碳浓度小于 1.5%,解除警戒后,工作人员方可进入开挖工作面工作。

1.6.2 揭煤防突

1. 煤层超前探测

接近突出煤层前,必须对设计标示的各突出煤层位置进行超前探测,标定各突出煤层准确位置,掌握其赋存情况及瓦斯状况。

超前探孔施工应符合下列规定:

(1)接近突出煤层前,应在距设计煤层位置 15~20 m(垂距)处的开挖工作面打超前探孔 1 个,初探煤层位置。

(2)在距初探煤层位置 10 m(垂距)处的开挖工作面上打 3 个超前探孔,并取岩(煤)芯,分别探测开挖工作面前方上部及左右部位煤层位置。

(3)按各孔见煤、出煤点计算煤层厚度、倾角、走向及与隧道的关系,并分析煤层顶、底板岩性。

(4)掌握并收集探孔施工过程中的瓦斯动力现象。

(5)各探孔施工应满足下列条件:

1)每个探孔应穿透煤层并进入顶(底)板不小于 0.5 m。

2)正式探测孔应取完整的岩(煤)芯,进入煤层后宜用干钻取样。

3)各探孔直径不宜小于 76 mm。

4)钻孔过程中应观察孔内排出的浆液、煤屑变化情况,并做好记录。

2. 揭煤前瓦斯突出危险性预测

在瓦斯突出工区施工时,应在距煤层垂距 5 m 处的开挖工作面打瓦斯测压孔,或在距煤层垂距不小于 3 m 处的开挖工作面进行突出危险性预测。

瓦斯突出危险性预测应从下列五种方法中选用两种方法,相互验证。石门揭煤可采用瓦斯压力法、综合指标法或钻屑指标法,对于煤巷掘进宜采用钻孔瓦斯涌出初速度法、钻屑指标法或“R”指标法。

突出危险性预测方法中有任何一项指标超过临界指标,该开挖工作面即为有突出危险工作面。其预测时的临界指标应根据实测数据确定,当无实测数据时,可参照表 1-2 中所列突出危险性临界值。

表 1-2　突出危险性预测指标临界值

序号	预测类型	预测方法	预测指标	突出危险性临界值
1	石门揭煤突出危险性预测	瓦斯压力法	P (MPa)	0.74
		综合指标法	D	0.25
			K	20(无烟煤)、15(其他煤)
		钻屑指标法	Δh_2(Pa)	160(湿煤)、200(干煤)
			K_1[mL/(g·min$^{1/2}$)]	0.4(湿煤)、0.5(干煤)
2	煤巷开挖工作面突出危险性预测	钻孔瓦斯涌出初速度法	Q	4
		“R”指标法	R_m	6
		钻屑指标法	Δh_2(Pa)	160(湿煤)、200(干煤)
			K_1[mL/(g·min$^{1/2}$)]	0.4(湿煤)、0.5(干煤)
			最大钻屑量 (kg/m)	6

钻孔过程中出现顶钻、夹钻、喷孔等动力现象时,应视该开挖工作面为突出危险工作面。

3. 防治煤与瓦斯突出措施

经预测有煤与瓦斯突出危险时,施工单位应在揭煤前制定包括技术、组织、安全、通风、抢险、救护等技术组织措施。防治煤与瓦斯突出宜采用钻孔排放。

钻孔排放瓦斯应按下列要求进行:

(1)钻孔排放应先进行设计。

(2)钻孔排放设计内容应包括:煤层赋存状况、煤层参数、预测时的各项指标、排放范围、钻孔排放半径、排放时间、排放孔个数、每孔长度和角度、排放孔施工及排放期间的安全措施等。

(3)排放时间、排放半径及排放孔个数,应根据排放范围及隧道总工期综合分析确定,其排放范围及排放孔角度可参照表 1-3 取值。

表 1-3 钻孔排放参数值

排放范围(m)				排放半径(m)	排放时间(d)	排放孔角		
左	右	上	下			水平角	仰角	倾角
≥5	≥5	≥5～7	≥3	0.3～1.0	15～30	0～90°	0～45°	0～20°

(4)钻孔排放位置应设在距煤层垂距不小于 3 m 的开挖工作面上;施钻时各孔应穿透煤层,并进入顶(底)板岩层不小于 0.5 m。

(5)钻孔排放布孔时,在煤层厚度 1/2 处的孔距不应大于 2 倍排放半径,一般孔底间距不大于 2 m,并以此计算各孔的角度和长度。

(6)当煤层倾角小、煤层厚、一次排放钻孔过长、俯角过大时,可采用分段分部多次排放,但首次排放钻孔的穿煤深度不得小于 1.0 m。

(7)瓦斯突出工区,宜采用上下半断面长台阶法开挖,利用上部台阶排放下部台阶的部分瓦斯,其台阶长度应根据通风需要和隧道结构安全性、围岩稳定性综合考虑确定。

(8)下部台阶瓦斯排放应采取下列措施:

1)可在上部台阶底部打俯角孔排放;

2)孔距与排距宜为 1.0 m;

3)每排排放钻孔连线应与煤层走向平行。

(9)排放孔施工前应加强排放工作面及已开挖段的支护,防止坍塌造成突出。

(10)排放孔施工必须严格按设计施钻,钻孔过程中应有专人检查其角度和长度。

(11)排放孔施工过程中应注意观察各种异常情况及动力现象,当某孔施工中动力现象严重,可暂停该孔施工,待其他孔施工完后再补贴该孔。

(12)每钻完一个孔应检测该孔瓦斯浓度,以后每天进行两次,掌握排放效果和修正排放时间。

钻孔过程中应加强工作面风流及回风道风流中瓦斯浓度检测,当排放工作面瓦斯浓度达到 1.5%时,应立即撤出人员,切断电源,加强通风。

4. 防突措施效果检验

防突措施实施后,必须进行效果检验,以确认防突措施是否有效。防突措施效果检验应在距煤层 2.0 m 垂距的岩柱以外进行。

防突措施的效果检验宜按表 1-4 中的方法之一进行。

表 1-4 防突措施的效果检验指标及临界值

序号	检验类型	检验方法	检验指标	检验指标临界值
1	石门揭煤防突措施效果检验	钻屑指标法	Δh_2(Pa)	200(干煤)、160(湿煤)
			K_1[mL/(g·min$^{1/2}$)]	0.4(湿煤)、0.5(干煤)
		钻孔瓦斯涌出初速度法	q_m(L/min)	4
2	煤巷掘进工作面防突措施效果检验	“R”指标法	R_m	6
		钻屑指标法	K_1[mL/(g·min$^{1/2}$)]	0.5
			Δh_2(Pa)	200
			最大钻屑量(kg/m)	6

防突效果检验指标的临界值应根据实测数据确定，当无实测数据，可参照表 1-4 所列指标。检验结果其中任何一项指标超标，或在打检验孔时发生喷孔、顶钻、夹钻等动力现象时，则认为防突措施无效，必须采取补充防突措施。

采用一次性排放时，应检验工作面前方上、中、下、左、右各部位的排放效果；当采用分段分部分次排放时，每次只检验排放部位的排放效果。

5. 石门揭煤及煤巷掘进

揭煤前应进行石门揭煤设计，其内容包括：揭开石门、半煤半岩等各阶段施工方法、支护手段、组织指挥、抢险救灾方案及安全措施等。采用震动放炮措施时，石门开挖工作面距煤层的最小垂距是：急倾斜煤层 2 m、倾斜和缓倾斜煤层 1.5 m，如果岩层松软、破碎，还应适当增加垂距。石门揭煤宜用微震动爆破法。

(1)不同倾角、厚度的煤层可用下列方法揭煤：

1)急倾斜和倾斜的薄煤层，应一次全断面揭穿煤层全厚；

2)急倾斜和倾斜的中厚、厚煤层，一次全断面揭入煤层深度宜为 1～1.3 m；

3)缓倾斜煤层，应一次全断面揭开岩柱。当倾角小于 12°，岩柱水平长度大时，可刷斜面揭开煤层。

(2)在半岩半煤和全煤层中掘进应符合下列要求：

1)揭开煤层后，应检验开挖工作面前方 10 m 上、中、下、左、右范围内煤与瓦斯突出的危险性，如各项指标均符合要求，可掘进 5 m，再检验 10 m，再掘进 5 m，即应始终保持工作面前方有 5 m 的安全区。如任一指标达到或超过临界值时，应采取补充防突措施，直至有效。

2)每循环进尺不宜超过 1.0 m，在全煤层中掘进应少钻孔、少装药，且必须采用电煤钻钻孔。

3)在半煤半岩中掘进应在岩石炮眼中装药，其总药量为普通爆破药量的 1/3 或 1/2，煤层中如煤质坚硬，需爆破时，必须采用松动爆破。

4)在软弱破碎岩层或煤层中掘进，应采用超前支护或预注浆，防止坍塌，引起突出。

5)爆破后应以喷锚支护，及时封闭瓦斯。

仰拱应先施工，保证拱、墙、仰拱衬砌形成闭合整体。煤系地层设防段的二次模筑衬砌应预留注浆孔，衬砌完成后应及时压浆，充填空隙，封闭瓦斯。

1.6.3　掘进、支护和二次衬砌

半煤半岩段与全煤层段掘进、支护和二次衬砌施工应符合下列规定：

(1)每循环进尺不宜超过 1.0 m，在全煤层中必须采用煤矿电钻钻孔，应少钻孔、少装药。

(2)在半煤半岩中掘进应在岩石炮眼中装药，煤层需爆破时，必须采用松动爆破。

(3)在软弱破碎岩层或煤层中掘进，应采用超前支护或预注浆，防止坍塌或瓦斯突出。

(4)爆破后应及时喷锚支护，及早施作二次衬砌，及时封闭瓦斯。

(5)仰拱应及早施工，保证拱、墙、仰拱衬砌能够形成闭合结构。

(6)煤系地层段的二次衬砌应预留注浆孔，二次衬砌完成后应及时注浆，充填空隙，封闭瓦斯。

1.6.4　施工通风

(1)一般规定

1)瓦斯隧道的施工组织设计中，应编制全隧道和各工区的施工通风设计，并考虑各工区贯通后的风流调整和防爆要求。

2)瓦斯隧道施工期间,应建立瓦斯通风监控、检测的组织系统,测定气象参数、瓦斯浓度、风速、风量等参数。低瓦斯工区可用便携式瓦检仪,高瓦斯工区和瓦斯突出工区除便携式瓦检仪外,尚应配置高浓度瓦检仪和瓦斯自动检测报警断电装置并配备救护队。

(2)通风系统

1)非瓦斯工区的施工通风方式宜采用压入式或混合式。低瓦斯工区的施工通风方式应采用压入式,也可采用巷道式。

2)高瓦斯工区和瓦斯突出工区,施工通风方式宜采用巷道式。

3)瓦斯隧道各工区在贯通前,应做好风流调整的准备工作。贯通后,必须调整通风系统,防止瓦斯超限,待通风系统风流稳定后,方可恢复工作。

4)瓦斯隧道各开挖工作面必须采用独立通风,严禁任何两个工作面之间串联通风。

5)瓦斯隧道需要的风量,必须按照爆破排烟、同时工作的最多人数以及瓦斯绝对涌出量分别计算,并按允许风速进行检验,采用其中的最大值。

6)按瓦斯绝对涌出量计算风量时,对于低瓦斯工区,应将洞内各处的瓦斯浓度稀释到0.5%以下;对于高瓦斯工区和瓦斯突出工区,其长度较大的独头巷道,应将开挖工作面风流中的瓦斯浓度稀释到0.5%以下;平行导坑仅作巷道式通风的回风道时,其瓦斯浓度应小于0.75%。

7)瓦斯隧道施工中防止瓦斯积聚的风速不宜小于1 m/s。

8)瓦斯隧道施工中,对瓦斯易于积聚的空间和衬砌模板台车附近区域,可采用空气引射器、气动风机等设备,实施局部通风的方法,消除瓦斯积聚。

9)瓦斯隧道在施工期间,应实施连续通风。因检修、停电等原因停风时,必须撤出人员,切断电源。恢复通风前,必须检查瓦斯浓度。当停风区中瓦斯浓度不超过1%,并在压入式局部通风机及其开关地点附近10 m以内风流中的瓦斯浓度均不超过0.5%时,方可人工开动局部通风机。当停风区中瓦斯浓度超过1%时,必须制定排除瓦斯的安全措施。回风系统内还必须停电撤人。只有经检查证实停风区中瓦斯浓度不超过1%时,方可人工恢复局部通风机供风的坑道中一切电气设备的供电。

10)采用平行导坑作回风道时,除用作回风的横通道外,其他不用的横通道应及时封闭。留作运输用的横通道应设两道风门,防止风流短路。

(3)通风设备

1)压入式通风机必须装设在洞外或洞内新鲜风流中,避免污风循环。瓦斯工区的通风机应设两路电源,并应装设风电闭锁装置。当一路电源停止供电时,另一路应在15 min内接通,保证风机正常运转。

2)瓦斯工区,必须有一套同等性能的备用通风机,并经常保持良好的使用状态。

3)瓦斯突出隧道掘进工作面附近的局部通风机,均应实行专用变压器、专用开关、专用线路供电、风电闭锁、瓦斯电闭锁装置。

4)瓦斯隧道应采用抗静电、阻燃的风管。风管口到开挖工作面的距离应小于5 m,风管百米漏风率不应大于2%。

1.6.5 电气设备与作业机械

1. 一般规定

(1)隧道内非瓦斯工区和低瓦斯工区的电气设备与作业机械可使用非防爆型,其行走机械严禁驶入高瓦斯工区和瓦斯突出工区。

(2)隧道内高瓦斯工区和瓦斯突出工区的电气设备与作业机械必须使用防爆型。

(3)高瓦斯工区和瓦斯突出工区供电应配置两路电源。工区内采用双电源线路，其电源线上不得分接隧道以外的任何负荷。

(4)瓦斯工区内各级配电电压和各种机电设备的额定电压等级应符合下列要求：

1)高压不应大于 10 000 V。

2)低压不应大于 1 140 V。

3)照明、手持式电气设备的额定电压和电话、信号装置的额定供电电压，在低瓦斯工区不应大于 220 V；在高瓦斯工区和瓦斯突出工区不应大于 127 V。

4)远距离控制线路的额定电压不应大于 36 V。

(5)瓦斯工区内的配电变压器严禁中性点直接接地。严禁由洞外中性点直接接地的变压器或发电机直接向瓦斯隧道内供电。

(6)凡容易碰到的、裸露的电气设备及其带动机械外露的传动和转动部分，都必须加装护罩或遮拦。

2. 电缆

(1)瓦斯工区内高压电缆的选用应符合下列规定：

1)固定敷设的电缆应根据作业环境条件选用。

2)移动变电站应采用监视型屏蔽橡套电缆。

3)电缆应采用铜芯。

(2)瓦斯工区内低压动力电缆的选用应符合下列规定：

1)固定敷设的电缆应采用铠装铅包纸绝缘电缆、铠装聚氯乙烯电缆或不延燃橡套电缆。

2)移动式或手持式电气设备的电缆，应采用专用的不延燃橡套电缆。

3)开挖面的电缆必须采用铜芯。

(3)瓦斯工区内固定敷设的照明、通信、信号和控制用的电缆应采用铠装电缆、不延燃橡套电缆或矿用塑料电缆。

(4)电缆的敷设应符合下列规定：

1)电缆应悬挂。悬挂点间的距离，在竖井内不得大于 6 m，在正洞、平行导坑和斜井内不得大于 3 m。

2)电缆不应与风、水管敷设在同一侧，当受条件限制需敷设在同一侧时，必须敷设在管子的上方，其间距应大于 0.3 m。

3)高、低压电力电缆敷设在同一侧时，其间距应大于 0.1 m。高压与高压、低压与低压电缆间的距离不得小于 0.05 m。

(5)电缆的连接应符合下列要求：

1)电缆与电气设备连接，必须使用与电气设备的防爆性能相符合的接线盒。电缆芯线必须使用齿形压线板或线鼻子与电气设备连接。

2)在高瓦斯工区和瓦斯突出工区内，电缆之间若采用接线盒连接时，其接线盒必须是防爆型的。高压纸绝缘电缆接线盒内必须灌注绝缘充填物。

3. 电器与保护

(1)瓦斯工区内的电气设备不应大于额定值运行。

(2)瓦斯工区内的低压电气设备，严禁使用油断路器、带油的启动器和一次线圈为低压的油浸变压器。

(3)瓦斯工区照明灯具的选用,应符合下列规定:

1)已衬砌地段的固定照明灯具,可采用 Exd Ⅱ型防爆照明灯。

2)开挖工作面附近的固定照明灯具,必须采用 ExdⅠ型矿用防爆照明灯。

3)移动照明必须使用矿灯。

(4)隧道内高压电网的单相接地电容电流不得大于 20 A。

(5)瓦斯工区内禁止高压馈电线路单相接地运行,当发生单向接地时,应立即切断电源。低压馈电线路上,必须装设能自动切断漏电线路的检漏装置。

(6)高瓦斯工区和瓦斯突出工区内的局部通风机和开挖工作面的电气设备,必须装设风电闭锁装置。当局部通风机停止运转时,应立即自动切断局部通风机供风区段的一切电源。

(7)为了防止雷电波及隧道内引起瓦斯爆炸,必须遵守下列规定:

1)经由地面架空线路引入隧道内的供电线路,必须在隧道洞口处装设避雷装置。

2)由地面直接进入隧道内的轨道和露天架空引入(出)的管路,必须在隧道洞口附近将金属体进行不少于 2 处的集中接地。

3)通信线路必须在隧道洞口处装设熔断器和避雷装置。

(8)隧道内 36 V 以上的和由于绝缘损坏可能带有危险电压的电气设备的金属外壳、构架等,都必须有保护接地,其接地电阻值应满足下列要求:

1)接地网上任一保护接地点的接地电阻值不得大于 2 Ω。

2)每一移动式或手持式电气设备与接地网间的保护接地所用的电缆芯线的电阻值不得大于 1 Ω。

1.6.6 施工安全及事故处理

1. 施工安全

(1)开工前必须对施工作业及管理人员进行安全技术培训。爆破、电工、瓦检等特种作业人员必须持证上岗。

(2)瓦斯隧道应建立专门机构进行通风、防突、防爆及瓦斯检测工作,设置消防设施。高瓦斯工区及瓦斯突出工区应配备救护队。

(3)在揭开有煤与瓦斯突出危险的煤层时,应遵守下列安全规定:

1)开挖工作面出现下列煤与瓦斯突出预兆时,应立即报警,停止工作,撤出人员,切断电源,并上报有关部门。

①瓦斯浓度忽大忽小,工作面温度降低,闷人,有异味等;

②开挖工作面地层压力增大,鼓壁,深部岩层或煤层的破裂声明显、响煤炮、掉渣、支护严重变形;

③煤层结构变化明显,层理紊乱,由硬变软,厚度与倾角发生变化,煤由湿变干,光泽暗淡,煤层顶、底板出现断裂、波状起伏等;

④钻孔时有顶钻、夹钻、顶水、喷孔等动力现象。

2)石门揭煤爆破时,应在洞外起爆,洞内必须停电,停止一切作业,人员撤至洞外。在煤层中开挖时,可在洞内远距离爆破。

3)揭煤爆破 15 min 后,应由救护队员配戴防毒面具或自救器到开挖工作面对爆破效果、瓦斯浓度等进行检查,确认安全后通知送电、开动局部通风机。通风 30 min 后,由瓦检人员检测开挖工作面、回风道瓦斯浓度，当开挖工作面瓦斯浓度小于 1.0%，二氧化碳浓度小于 1.5% 时，方可通知工地负责人允许施工人员进洞。

4）揭煤时，主风机正常运转，备用主风机及二路电源应保持待启动状态。

5）揭煤工作应由揭煤领导小组统一协调指挥。揭煤时救护队员及设备在洞口待命，一旦发生险情立即抢救。

（4）在瓦斯隧道顶部进行作业时，应随时检测作业范围的瓦斯浓度，尤其应注意检测塌空区、拱顶、脚手架顶、台车顶等易于形成瓦斯积聚且风流不易到达的地方，当瓦斯积聚体积大于 0.5 m^3，浓度大于 2% 时，附近 20 m 范围内必须立即停止作业，撤出人员，切断电源，进行处理。

（5）在有煤尘爆炸危险的煤层开挖过程中，除加强通风外，放炮前后在开挖工作面附近 20 m内必须喷雾洒水。

（6）高瓦斯工区及瓦斯突出工区，不应进行电焊、气焊、喷灯焊接、切割等工作。当情况特殊不可避免时，在焊接、切割等工作地点前后各 20 m 范围内，风流中瓦斯浓度不得大于 0.5%，并不得有可燃物，两端应各设一个供水阀门和灭火器，并在作业完成前由专人检查，确认无残火后方可结束作业。

（7）隧道内瓦斯浓度限值及超限处理措施应符合表 1-5 的规定。

表 1-5　隧道内瓦斯浓度限值及超限处理措施

序号	地　　点	限值	超限处理措施
1	低瓦斯工区任意处	0.5%	超限处 20 m 范围内立即停工，查明原因，加强通风监测
2	局部瓦斯积聚（体积大于 0.5 m^3）	2.0%	超限处附近 20 m 停工，断电，撤人，进行处理，加强通风
3	开挖工作面风流中	1.0%	停止电钻钻孔
		1.5%	超限处停工，撤人，切断电源，查明原因，加强通风等
4	回风巷或工作面回风流中	1.0%	停工、撤人、处理
5	放炮地点附近 20 m 风流中	1.0%	严禁装药放炮
6	煤层放炮后工作面风流中	1.0%	继续通风、不得进人
7	局扇及电气开关 10 m 范围内	0.5%	停机、通风、处理
8	电动机及开关附近 20 m 范围内	1.5%	停止运转、撤出人员，切断电源，进行处理
9	竣工后洞内任何处	0.5%	查明渗漏点，进行整治

（8）在高瓦斯工区和瓦斯突出工区施工期间，应利用避车洞或横通道设置避难所，并应有向外开启的隔离门和电话，所内应有安全设施和足够数量的自救器。

（9）机电设备应符合下列防爆安全规定：

1）瓦斯工区使用的光电测距仪及其他有电源的设备，应采用防爆型，当采用非防爆型时，在仪器设备 20 m 范围内瓦斯浓度必须小于 1%。

2）安装后的机电设备，必须经过外观、防爆性能、操作性能的检查，合格后方可投入使用。

3）机电设备应重点检查专用供电线路、专用变压器、专用开关、瓦斯浓度超限与供电的闭锁、局扇与供电的闭锁情况。供电线路应无明接头，无接头连接不紧密或散接头，有漏电保护装置，有接地装置，电缆悬挂整齐，防护装置齐全等。

4）电动装渣、开挖等作业机械在操作中，防爆开关表面温度过高时应立即停止作业。

5）瓦斯工区使用蓄电池机车应遵守下列规定：

①司机离开座位时,必须切断电动机电源;

②机车和矿车必须定期检查和维修,保证防爆性能良好;

③机车的闸、撒砂装置,任何一项不正常或电气部分失去防爆性能时,不得使用该机车。

6)蓄电池机车及矿灯的充电房应距洞口 50 m 以外。

7)瓦斯隧道使用的机电设备,在使用期间,除日常检查外,尚应按规定的周期进行检查,其检查周期应符合表 1-6 的规定。

表 1-6 机电设备和电缆的检查周期

序号	检查项目	周期	备注
1	使用中的防爆机电设备的防爆性能	每月一次	专职电工应每日检查外部一次
2	配电系统继电保护装置检查、整定	每半年一次	
3	高压电缆的泄漏和耐压试验	每年一次	
4	主要机电设备绝缘电阻检查	每月一次	
5	固定敷设电缆的绝缘和外部检查	每季一次	外观和悬挂情况由专职电工每周检查一次
6	移动式机电设备的橡胶电缆绝缘检查	每月一次	由当班司机或专职电工每班检查一次外表有无破损
7	接地电阻测定	每季一次	
8	新安装的机电设备绝缘电阻和接地		投入运行前测定
9	瓦斯检测仪器仪表	10 d 一次	

(10)瓦斯工区施工应遵守下列防火安全规定:

1)消防设施

①瓦斯工区必须在洞外设置消防水池和消防用砂,水池中应经常保持不小于 200 m^3 储水量,保持一定的水压;

②瓦斯工区内必须设置消防管路系统,并每隔 100 m 设置一个阀门(消火栓);

③瓦斯作业区内应设置灭火器及消防设施,并经常保持良好状态。

2)火源管理

①严禁火源进洞,洞口、洞口房、通风机房附近 20 m 范围内不得有火源,当通风机房不在洞口作业场内时,需另制订防火措施;

②瓦斯工区作业人员进洞前必须经洞口检查人员检查确认无火源带入洞内。

3)易燃品管理

①瓦斯工区内不得存放各种油类,废油应及时运出洞外,不得洒在洞内;

②瓦斯工区内待用和使用过的棉纱、布头和纸张等,必须存放在密闭的铁桶内,并由专人送到洞外处理。

(11)瓦斯工区进洞人员应遵守下列规定:

1)进入瓦斯隧道的人员必须在洞口进行登记;

2)严禁穿着易于产生静电的服装进入瓦斯工区;

3)进入瓦斯突出工区的作业人员必须携带个人自救器。

2. 事故预防及处理

(1)发生瓦斯事故后,应尽快探明事故性质、原因、范围、遇难人数和事故地点所在的位置,以及洞内瓦斯及通风情况，并立即制订抢救方案。

(2)瓦斯工区处理塌方、冒顶应遵守下列规定：

1)对塌方体上方聚积的瓦斯应设置局部通风排除；

2)对塌方地段的岩隙应加强监测工作，掌握瓦斯浓度变化情况，及时发出险情报告；

3)塌方地段应尽快衬砌，封闭瓦斯。

(3)火灾处理应遵守下列规定：

1)瓦斯爆炸引起火灾时，不得停风，但应控制风向、风量；

2)电气设备着火时，应首先切断电源；

3)不能直接灭火时，必须设置防火墙封闭火区。

(4)火区处理应遵守下列规定：

1)防火墙应编号并在附近设置栏杆及警示牌，并经常检查，做到封闭严密；

2)封闭的火区确认火已经熄灭，达到启封条件方可启封；启封已熄灭的火区必须制订安全措施；

3)启封火区时应逐段恢复通风，同时测定回风流中一氧化碳浓度，当发现复燃征兆时，应立即停止送风重新封闭火区；

4)启封火区及火区初期恢复通风等工作由救护队进行，火区回风流经过的坑道内的人员必须全部撤出。

1.7　岩　爆

1.7.1　岩爆的一般情况

岩爆多发生在埋藏很深、整体、干燥和质地坚硬的岩层中。产生岩爆的时间，一般在开挖后几小时内，但也有的是在较长时间后发生。隧道中常遇见的岩爆以顶部或拱腰部位为多。图 1-7 阴影部分表示即将爆落的岩片，而断续线条则代表岩片在脱落之前岩体产生的裂缝。图 1-8 所示的“A”和“B”，则是表示即将爆落的岩块。

图 1-7　岩爆(甲)

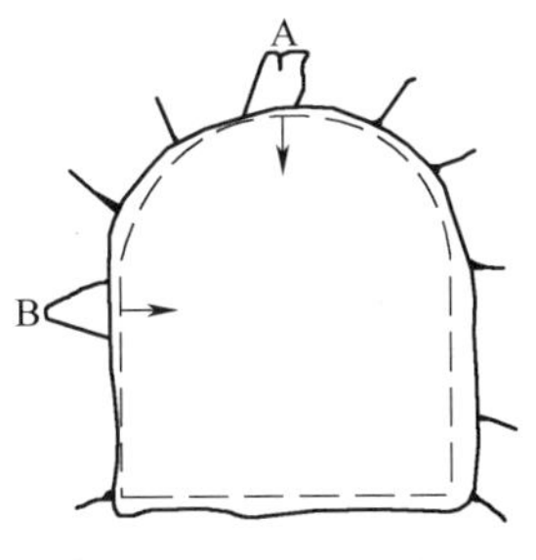

图 1-8　岩爆(乙)

隧道内岩爆有如下特点：

(1)岩爆在未发生前并无明显的预兆，虽然经过仔细找顶，并无空响声。一般认为不会掉落石块的地方，也会突然发生岩石爆裂声响，石块有时应声而下，有时暂不坠下。在没有支撑的情况下,对施工安全威胁甚大。它与隧道施工中的一般掉块落石,在现象上有明显的不同。

(2)岩爆时,石块由母岩弹出,常呈中间厚、周边薄、不规则的片状。

(3)岩爆发生的地点,多在新开挖工作面及其附近,个别的也有距新开挖工作面较远;岩爆发生的时间,多在爆破后 2~3 h。

(4)在溶孔较多的岩层里,则不发生岩爆。

1.7.2 岩爆区域施工注意事项

隧道施工中可能发生岩爆时,应遵循以防为主,防治结合的原则,对开挖面前方的围岩特性,水文地质情况等进行预测预报,当发现有较强烈岩爆存在的可能性时,应及时研究施工对策,作好施工前的准备。

(1)应根据岩爆强度大小对其进行严格分级,针对不同的岩爆级别可采取下列技术措施:

1)中等岩爆地段,在隧道开挖断面轮廓线外 10~15 cm 范围内,在边墙及拱部,打设注水孔,并向孔内灌高压水,软化围岩,加快围岩内部的应力释放。

2)强烈岩爆地段,可采用部分摩擦型锚杆(楔管式、缝管式、水胀式等),可及时受力挂网,防止岩爆落石。

3)在工作面上钻多个 ϕ70 mm 以上的应力释放孔。

4)先行掘进一个断面积为 15~30 m^2 小导洞,使岩层中的高地应力得以部分释放,再进行隧道的开挖。

5)岩爆强烈的开挖面,采用超前锚杆预支护,锁定前方的围岩。

(2)岩爆隧道的施工应符合下列规定:

1)适当控制循环进尺。

2)采用光面爆破或预裂爆破技术,使隧道周边圆顺,降低岩爆发生的强度;严格控制装药量,减少对围岩的扰动。

3)采用喷射机械手进行网喷纤维混凝土。

4)在拱部及边墙布置预防岩爆的短锚杆,锚杆长度宜为 2 m 左右,间距宜为 0.5~1.0 m,挂网喷纤维混凝土。

(3)隧道施工中,一旦发生岩爆,应立即采取下列处理措施:

1)停机待避,待安全后进行工作面的观察记录,如岩爆的位置、强度、类型、数量以及山鸣等。

2)增加及时受力的摩擦型锚杆(不能替代系统锚杆),锚杆应装垫板。

3)及时喷纤维混凝土,厚度宜为 5~8 cm。

4)当用台车钻眼,岩爆的强度在中等以下时,可在台车及装渣机械、运输车辆上加装防护钢板,避免岩爆弹射出的块体伤及作业人员和砸坏施工设备。

1.8 挤压性围岩和膨胀性岩层

1.8.1 挤压地质大变形隧道施工

深埋隧道施工在软弱、破碎、地下水发育等复杂地段开挖隧道,受高地应力的影响,造成隧道围岩受挤压产生大变形时,即可判定为挤压性围岩隧道。

在高地应力的作用下，隧道围岩会产生大变形，并且有变形速度快、变形值大和变形持续时间长的特点。围岩大变形不仅产生支护开裂、洞室失稳，还可能导致支护侵限，衬砌开裂，危及着隧道施工安全和隧道施工质量。

（1）挤压性围岩的塑性变形表现为：

1）变形量大，在高地应力挤压情况下，洞壁位移可达数十厘米，甚至一百多厘米；

2）变形时间长，尽管初期变形速度快，但延续时间长，施工中表现为洞壁位移长时间不收敛；

3）若初期支护基本到位，则基本不出现松弛压力，作用在支护上的是变形压力，虽然地层变形量大，但围岩系整体挤压移动而不松弛；

4）隧道的塑性区范围大，喷锚支护需要较长锚杆支护。

挤压性围岩隧道开挖应根据断面大小采用双侧壁导坑法、中隔壁法和交叉中隔壁法等分部开挖法。挤压型（大变形）地质隧道开挖方法的选择，应根据围岩的地质条件、受力状况、机械设备状况、施工安全等综合考虑。只要开挖能够减小围岩扰动，快速形成封闭结构、改善支护结构受力状态，控制隧道的收敛及拱顶下沉、提高施工进度的方法均可考虑。

（2）挤压型（大变形）地质隧道的支护，要以监控量测信息为指导，以维护隧道稳定为目的，加快施工进度为宗旨进行。采用的支护措施为：

1）支护体系应遵循及时支护、限制变形、及时封闭成环的原则。

2）改善洞形为圆形或扁圆形断面，加大边墙曲率；加大预留变形量；加长系统锚杆；加厚喷射混凝土。

3）喷射钢纤维混凝土宜采用逐层加喷作业，并在隧道纵向预留间隙。

4）支护的总压缩量应与预留变形量一致。

（3）挤压型（大变形）地质隧道的二次衬砌，应在围岩基本稳定后进行。挤压性围岩隧道的二次衬砌一般采取的措施为：

1）二次衬砲应采用仰拱超前、墙拱整体灌注。

2）在稳定性很差或地应力复杂的地段，加强初期支护的基础上，适当增加二次衬砌厚度；采用钢纤维混凝土衬砌；采用钢筋或钢架混凝土二次衬砌。

1.8.2　膨胀性岩层的特征与膨胀压力

1. 膨胀性岩层的特征

（1）干燥的土质膨胀性岩层，岩质坚硬、易脆裂，具有明显的垂直和水平的张开裂隙，裂隙的发育和宽度随深度减少以致消失。被浸湿后，裂隙回缩变窄或闭合。

（2）膨胀岩层黏土颗粒含量较多，塑性指数较大，土的结构强度较高，多为中等压缩土。化学成分以 SiO_2 和 $Al_2O_3 \cdot Fe_2O_3$ 为主；矿物成分中含大量蒙脱石、伊利石（水云母）和多水高岭土。这种矿物成分具有较强的与水结合能力，并有吸水膨胀的性能。部分地区膨胀土的物理力学性质参见表 1-7。

表 1-7　部分地区膨胀土的物理力学性质指标

指标＼地区	贵州清镇	成都	邵阳	南京	蚌埠	合肥	云南蒙自
黏土颗粒含量（%）	47.2	37.0	17.0	34.0		38.5	62.9
天然湿度（%）	61.7	17.6	27.0	23.6	24.9	25.7	37.0

续上表

指标＼地区	贵州清镇	成都	邵阳	南京	蚌埠	合肥	云南蒙自
容重 γ(g/cm³)	1.61	2.00	1.95	2.01	1.98	2.09	1.83
干容重 γ_d(g/cm³)	1.00	1.70	1.53	1.63	1.58	1.59	1.34
比重 G	2.81	2.72	2.72	2.71	2.73	2.74	2.79
饱和度 S(%)	95	80	95	95	94	97	94
孔隙比 e	1.81	0.60	0.77	0.68	0.72	0.72	1.13
液限 ω_L(%)	109	48	48	34	40	49	70
塑限 ω(%)	60	22	25	18	17	29	35
塑性指标 I_P	49	26	23	16	23	20	35
稠度	0.16	−0.17	0.08	0.35	0.35	−0.16	0.06
膨胀率(%)	0.35	14.2	0.73	0.33	8.65	4.1	8.2
膨胀力(MPa)	—	0.27	0.019	0.014	0.155	0.061	0.072
体缩(%)	35.6	16.3	8.9	0.2	—	17.3	21.6

(3)在软质膨胀岩层，如页岩、蒙脱石质泥岩、变质安山岩、蛇纹岩及黏板岩中，特别是这些岩层经过断裂、褶皱作用而产生的破碎带，开挖暴露后受风化和水的影响，便发生体积膨胀，对支撑或衬砌产生膨胀压力。

(4)当膨胀岩层破碎，节理、裂隙中含有活动性矿物成分的黏土充填物时，往往在开挖暴露后即行膨胀，当其吸水后，膨胀力增长很快。

(5)但也有膨胀岩层中不含或只含少量的活动性矿物成分，也不受水的影响，却也会产生强大的膨胀性地压力。这是由于强烈的地质构造作用使得破裂带中聚集了潜在的应力(以剪应力为主)。随着隧道的开挖，潜在应力得到释放而产生强大的膨胀性地压力。

2. 膨胀性岩层对隧道施工的危害

由于膨胀性岩层所具有的特性，在隧道开挖后不久即产生膨胀性压力，往往发生如下一些现象：风化迅速，挖出的土石块很快酥散；坑道顶部及两侧常被挤压，底部隆起；随着时间的增长，支撑、衬砌往往发生严重的变形或破坏。

膨胀岩层对施工的影响：

(1)支撑变形及破坏

分部开挖采用木支撑时，常发生下列现象：

1)填塞木弯曲变形或折断，土石挤入填塞木的间隙缝内，有时甚至将支撑立柱全部或部分包起来。

2)立柱、横梁折断，由折断处逐渐向坑道内变形挤入，这种现象发生得较为普遍。有的立柱下沉陷入坑道底板达 0.3～0.7 m，有时整个支撑架向一侧偏斜。

3)拱部扩大扇形支撑扭曲变形，纵梁折断。

4)隧道采用分部开挖，开始时导坑支撑变形渐趋稳定，但当后部工序开挖到这个段落时，新暴露的围岩又出现风化膨胀，产生较大地压，使支撑再度变形破坏。

(2)衬砌变形和破坏

在整体式衬砌中，常发生下列现象：

1)在先拱后墙法中,拱部衬砌完成后至开挖马口的这段时间,拱脚内移量有时多达0.4～0.5 m,拱脚两侧内移量常是不等的,并同时发生不均匀下沉。拱脚横撑受力大,有向上弯曲或折断现象。

2)拱顶受挤压下沉,也有向上凸起。拱顶外缘经常出现纵向贯通拉裂缝(于拱圈封顶后几小时到几天内出现),而拱顶内缘则出现鱼鳞状挤裂、脱皮、掉块现象。

3)拱腰劈裂。在起拱线以上0.1～2.0 m左右的范围内出现一条或多条纵向裂缝,这些裂缝有时可逐渐发展到张开、错台。

4)当采用直边墙时,边墙常受膨胀侧压而开裂,甚至张开、错台。少数曲边墙也有出现水平裂缝的情况。

5)底部隆起。当底部未做仰拱或仅做一般铺底时,有时会出现底部隆起、铺底被破坏。

3. 膨胀性岩层中的施工要点

(1)选择适当的施工方法

1)喷锚构筑法

目前普遍采用喷锚构筑法施工。日本某隧道实例,断面形式为圆形,施工顺序如下:

用机械先开挖上半部,挖后即进行第一次喷射混凝土(一般厚度为5 cm)、挂钢筋网、立钢架支撑、打锚杆,然后再进行第二次喷射混凝土(一般厚度为15 cm),必要时还可加设锚杆做临时仰拱。当上半部工序引进适当距离后,再用机械开挖下半部,也是随挖随喷随支护(包括仰拱)。并预留有20～30 cm的变形量待初期支护变形值符合要求时,作二次模注混凝土衬砌。

2)分部开挖法

①一般可选用上导坑或弧形导坑先拱后墙法,分部工序距离应尽量缩短,以尽可能地减少围岩暴露时间。

②当隧道较长,采用上下导坑法施工,如穿过具有膨胀性岩层的地段不长,可仍以下导坑通过,但应缩小为单车道断面,并预留加固支撑空间。必要时应随挖随喷混凝土封闭,或立钢架支撑、打锚杆,最后灌注混凝土衬砌封闭。

(2)加强支护

1)除开挖后需立即喷射混凝土外,应及早进行支护。

2)在膨胀压力较大时,可采用不同类型的金属支撑。

钢管环箍支撑以200 mm左右直径的钢管弯制成环箍,钢管内用砂浆填满,它可承受较大的膨胀性地压。如压力特大,可用ϕ16 mm钢筋以32 mm的节距卷成螺旋状,放入钢管再灌砂浆,能在很大变形时仍保持较高强度。或以150号工字钢制成的钢支撑架设,其间距一般为0.7 m。

3)当采用木支撑时,应加密其间距,支撑与围岩间用木板和楔子填塞密实。上导坑与拱部扩大的支撑应预留足够的沉落量。

4)拱圈灌注后,拱脚部位应立即设置足够强度的横撑。

(3)其他施工注意事项

1)在膨胀性岩层中施工,要特别注意排水工作,避免水漫流;拱脚及墙脚应采取措施,不使积水;凡水流通过的土、石暴露地段应设置管道、木槽或浆砌片石水沟。

2)混凝土全部灌抵岩壁,对拱顶部位应特别注意捣固密实。

3)不要向开挖面洒水,以保持围岩干燥。

4)要加强通风,以降低洞内湿度和温度。

1.8.3 挤压性围岩和膨胀岩地段施工注意事项

(1)挤压性围岩和膨胀岩隧道开挖应符合下列规定:

1)尽量采用非爆破开挖(如机械、人工开挖),减少对围岩的扰动。

2)采用钻爆法开挖时,应短进尺,多循环,开挖断面轮廓应圆顺。

3)开挖后及时支护,封闭暴露的岩体,施作临时仰拱或横撑,支护应尽早封闭成环。

4)严格控制施工用水,防止岩面被水浸泡。

5)加强对围岩内部应力、应变的监测,制定相应的对策。

(2)挤压性围岩和膨胀岩隧道支护应符合下列规定:

1)根据具体情况加大预留变形量(一般 20～30 cm),避免因侵限而造成初期支护的拆除。

2)初期支护应做到"先放后抗、先柔后刚",即设置可伸缩钢架或活动接头,初期支护可分层施作、逐层加强,并尽早初喷混凝土封闭岩面。

3)初期支护的施作原则是"宁加勿拆",即在支护上加支护,尽量控制变形的发展。支护体系应及时封闭成环、逐步限制变形。

4)根据地层压力隧道断面可采用圆形断面或椭圆形断面。

5)宜加强初期支护,采用纤维混凝土、长锚杆和重型钢架组合的支护结构。

初期支护变形基本稳定后方可浇筑二衬混凝土,二次衬砌应有足够的强度和刚度。

1.9 黄　　土

1.9.1 黄土分类及其对隧道施工的影响

(1)黄土分类

黄土的具体分类有以下两种分法。一是按照其形成的年代,见表 1-8;一是根据其物理性质不同,而按塑性指数的大小,见表 1-9。

表 1-8　黄土地层划分表

时代符号	地层时代	常用名称
Q_4	全新世	新黄土
Q_3	晚更新世	新黄土
Q_2^2 Q_2^1	中更新世	老黄土
Q_1	早更新世	老黄土

表 1-9　黄土分类表

分类名称	塑性指数(I_P)
黄土质黏砂土	$1<I_P\leqslant 7$
黄土质砂黏土	$7<I_P\leqslant 17$
黄土质黏土	$17<I_P$

(2)黄土地层对隧道施工的影响

1)黄土节理对隧道施工的影响

在红棕色或深褐色的古土壤黄土层,常具有各方向的构造节理,有的原生节理呈 X 型,成对出现,并有一定延续性。在隧道开挖时,土体容易顺着节理张松或剪断。如果这种地层位于坑道顶部,则极易产生"塌顶";如果位于侧壁,则普遍出现侧壁掉土,若施工时处理不当,常会引起较大的坍塌。

2)黄土冲沟地段对隧道施工的影响

隧道在黄土冲沟或塬边地段施工时,当隧道在较长的范围内沿着冲沟或塬边平行走向,而覆盖较薄或偏压很大的情况下,容易发生较大的坍塌或滑坡现象。

3)黄土溶洞与陷穴对隧道施工的影响

黄土溶洞与陷穴,是黄土地区经常见到的不良地质现象,隧道若修建在其上方,则有基础下沉的危害;隧道若修建在其下方,常有发生冒顶的危险;隧道若修建在其邻侧,则有可能承受偏压。

4)水对黄土隧道施工的影响

在含有地下水的黄土层中修建隧道,由于黄土在干燥时很坚固,承压力也较高,施工可顺利进行;当其受水浸湿后,呈不同程度的湿陷性,会突然发生下沉现象,使开挖后的围岩迅速丧失自稳能力,如支护措施满足不了变化后的情况,极易造成坍塌。

施工中洞内排水不良,洞内道路会形成泥浆浮层,而且越陷越深,不论是无轨还是有轨运输都会给道路的维修养护、机械的使用与保养、隧道的铺底或仰拱施工作业等方面带来很大的困难。

1.9.2　黄土隧道施工注意事项

黄土隧道的施工应根据隧道断面大小、围岩级别采用台阶法、三台阶弧形导坑法、双侧壁导坑法、CRD 法等。黄土隧道的施工应根据断面大小采用机械或人工挖掘,应优先采用机械开挖。

(1)黄土隧道施工防排水应符合下列规定:

1)进洞前按设计做好洞顶、洞门及洞口的防排水系统,排水沟应进行铺砌,防止地表水下渗。

2)雨季前应做好隧道洞门。

3)对地表冲沟、陷穴、裂缝等应采取回填夯实、填土反压、改变地表水径流等措施,将水排至隧道范围以外,洞口浅埋段地表冲沟、陷穴、裂缝等除采用上述方法处理外,还应用砂浆抹面,以免下渗水影响结构安全。

4)地层含水量大时,上、下台阶开挖工作面附近宜开挖横向水沟,将水引至隧道中部纵向排水沟(宜采用管、槽)排出洞外,以免浸泡拱脚。

5)必要时应配合井点降水等措施将地下水位降至隧道仰拱底部以下 1.5 m,确保施工顺利进行。

(2)黄土隧道的开挖应符合下列规定:

1)双线Ⅳ级围岩、单线Ⅴ级围岩宜采用三台阶弧形导坑法;双线Ⅴ级围岩宜采用交叉中隔壁法(CRD);双线Ⅴ级围岩洞口浅埋或偏压段宜采用双侧壁导坑法。开挖方法除考虑围岩级别外还应结合土层含水量、施工中变形监测结果综合考虑。

2)墙脚、拱脚等隅角处应预留 60～70 cm 人工开挖,严禁超挖。

3)开挖循环进尺根据不同围岩级别采用0.5～1.5 m。

4)湿陷性黄土隧道基底可采用树根桩、灰土挤密桩、注浆、换填等处理措施。

5)施工中如发现突水、变形异常等不安全因素时,应暂停开挖,加强临时支护,调整施工方案。

6)合理选择工序步距。小型机械作业宜选择上台阶长5 m,下台阶15 m。开挖工作面距仰拱和填充的距离20～30 m;仰拱与拱墙衬砌之间距离20～30 m,当围岩级别低、含水量大时应适当缩短距离。

7)仰拱开挖前应先拆除下部水平横撑,拆除长度应与仰拱长度一致,按先左后右,先上后下顺序进行,不得超长度拆除。

8)严格控制施工用水,采用湿喷工艺,拌和用水在拌和站控制,喷完后用高压风代替水吹洗湿喷机;喷射混凝土和仰拱、填充、二衬混凝土均采用喷雾器喷雾养护取代洒水养护;严格控制混凝土拌和用水,避免混凝土泌水浸泡黄土隧道基底。

(3)黄土隧道初期支护施工应符合下列规定:

1)施工中应参考设计文件采用适宜的预留变形量。

2)施工中要特别注意观察垂直节理,应在拱脚设置测点,监视拱脚下沉的状态。必要时应采取工程措施,防止拱部整体下沉和塌方事故的发生。

3)特殊地段需要施作护拱的应采用大拱脚。

4)开挖后应立即对隧道周边及开挖工作面进行喷混凝土封闭,并及时施作锚杆、钢筋网及型钢钢架。

5)当洞身黄土含水量较大时,应采用煤矿螺旋钻成孔;锚杆宜采用药包式或早强砂浆式锚杆,各种锚杆必须设置垫板。

6)钢架基脚或分部开挖基脚等处设置注浆锁脚锚杆(管)或设置垫板,以控制钢架沉降。钢架每侧应施作锁脚锚杆(管)不少于2～4根,锁脚锚杆直径不小于22 mm,长度不少于3.5 m,外插角35°～40°,必要时采用锁脚锚管。

1.10 高原冻土

(1)高原冻土隧道洞口段应根据季节温度的变化,进行保温施工,尽可能安排在非冻季节施工,并应符合下列规定:

1)洞口边、仰坡的开挖应遵循"快开挖、快防护"的原则,力求缩短洞口边、仰坡的暴露时间。

2)开挖时,采用分段、分层开挖,并采取保温措施。

3)开挖时采用预留光爆层光面爆破,减少一次起爆装药量,周边眼间隔装药。

4)开挖前,搭设明洞遮阳棚。厚层地下冰暴露部分采用保温板和复合防水板覆盖。明洞开挖后,边坡和基底用粗颗粒土及时换填,然后喷混凝土封闭。

5)施工中应加强监测、检查山坡稳定的情况,并在基面位置开挖一定宽度的排水槽。

(2)洞身施工应符合下列规定:

1)温暖季节,为避免冻融,应采取空调措施,降低洞内环境温度。

2)开挖爆破后,应尽快用喷混凝土封闭围岩表面,控制围岩表层融化。

3)洞内出渣、进料宜采用有轨运输。

4)加强测温工作,进行科学有效的温控工作。

5)施工前,必须对机械设备的选型及配套进行研究,确定适宜的机械配套方案。

6)施工中应加强试验工作,研究合理的施工工艺及施工保障措施,选择合理的支护方式及支护结构,确保砂浆、喷混凝土、衬砌混凝土的施工质量。

(3)衬砌施工应符合下列规定:

1)加快模筑混凝土衬砌速度,确保模筑混凝土衬砌紧跟工作面。

2)低温早强混凝土应连续、对称灌注。

3)灌注低温早强混凝土时,其相邻接触面的温度在−5 ℃以上时,可不予加热,但要提高入模温度和加强覆盖保温。

4)低温早强混凝土拌和温度不高于 30 ℃,拌和时抗冻剂先溶化于拌和水中,加气剂宜待混凝土拌和约 30 s 后加入;拌和的材料重量和抗冻剂掺入量需严格按设计控制。

5)根据地质情况变化,围岩稳定状态,监测喷混凝土和模筑混凝土入模温度或硬化期混凝土温度状况,及时修改设计参数或改变施工方法。

6)对衬砌完成地段,继续观察其稳定性,注意衬砌的变形开裂,侵入净空等现象,及时记录,以便与设计单位共同处理,并作出长期稳定性的评价。

7)混凝土拆模时间应满足规定。

8)保证混凝土养护温度,防止冻害。

(4)高原冻土隧道施工中应采取有效的防排水措施以防止高寒隧道冻胀破坏,其防排水、隔热保温层除符合设计要求外,尚应符合下列要求:

1)为防止隧道运营后冻胀破坏和厚层地下冰热融圈扩大,在衬砌前全断面铺设隔热保温板。

2)洞内应设双侧保温水沟,洞外应设深埋保温暗沟,将水排至地表沟内。

3)靠近支护的隔热保温层一侧设复合防水板,另一侧设防水保护层,以防保温层受潮及破坏。

4)衬砌采用低温早强防水混凝土,最大限度提高混凝土自防水能力。

5)按设计要求进行施工缝处理,确保衬砌不渗不漏。

高原冻土隧道供水设施宜布置在洞内,并通过增压泵、高压风等加压降阻措施来满足施工需求。

(5)高原隧道施工的劳动保护措施除应符合国家相关要求外,尚应符合下列规定:

1)参加施工的人员进入高原地区,要遵循"阶梯升高"的原则,到驻地后三天至一周内要保证充分休息或从事少量的轻体力劳动。

2)在进入高原过程中,要严格防止感染和过度疲劳。

3)施工期间,洞内作业工时不应超过 4 h。

4)施工中尽量采用机械化,体力劳动强度保持在中等强度以下,如必须从事大强度的体力劳动,应尽可能缩短一次持续劳动时间,增加劳动、休息的交替次数。

5)职工应采用轮休制,在高原工地工作三个月后,再回平原基地休息两个月进行调养。

6)施工期间发生高原反应不能坚持者,应及时返回海拔 3 000 m 以下的地区。

7)在隧道施工时,必须根据高原的实际情况,研究确定合理的通风及供氧方式,选择合适的通风及供氧设备,保证隧道施工人员的健康与安全。

施工时必须采取一切措施,保护生态环境,将施工影响降至最低。

1.11 隧道坍方处理

1.11.1 坍方的预防

1. 发生坍方的原因

(1)地质因素

1)隧道穿过断层及其破碎带,一经开挖,潜在应力释放,承压快、围岩失稳而坍塌。

2)当通过各种堆积体时,由于结构松散,颗粒间无胶结或胶结差,开挖后引起坍塌。

3)在挤压破碎带,岩脉穿插带、节理密集带等碎裂结构地层中,岩块间互相挤压钳制,一经开挖则失稳,常见围岩掉块、坍落。在软弱结构面发育的情况下,或泥质充填物过多,均易产生较大的坍塌。

4)薄层岩体在构造运动的作用下形成的小褶曲、错动发育地段,施工中常常发生坍方。

5)岩层软硬相间或有软弱夹层的岩体,在地下水的作用下,软弱面的强度大大降低,因而发生滑坍。

6)地下水的软化、浸泡、冲蚀、溶解等作用加剧岩体的失稳和坍落。

(2)施工方法和措施不当

1)施工方法选择不当,或工序间距安排不合理。各工序间距拉得较长,地层暴露时间过久,引起围岩松动、风化,招致坍方的发生。

2)喷锚不及时,或喷混凝土质量、厚度不符合要求。

3)采用钢支撑时,支撑架设质量欠佳,支撑与围岩不密贴,两者间的空隙填塞不密实,或连接不够牢固,不能满足围岩压力所需要的强度要求。

4)有时抽换支撑操作不当,或者当支撑已出现受力过大的现象而未及时加固。

5)爆破作业不当,用药量过多。

6)处理危石措施不当,引起危石坠落,牵动岩层坍塌。

2. 坍方前的征兆

(1)量测信息所反应的围岩变形速度或数值超过允许值。

(2)喷射混凝土产生纵横向的裂纹或龟裂。

(3)在坑顶或坑壁发现不断掉下土块、小石块或构件支撑间隙不断漏出砂、石屑。

(4)岩层的层理、节理缝或裂隙变大、张开。

(5)支撑梁、柱变形或折断,楔子压扁压劈,填塞木弯曲折断,扒钉受力变形,木支撑发出“噼啪”破裂声。

(6)坑道内渗水、滴水突然加剧或变浑。

3. 预防坍方的施工措施

隧道施工预防坍方首先做好地质预报,选择相应的安全合理的施工方法和措施。在施工中注意掌握下述要点:

(1)先排水。在施工前和施工中均应采取相应的防排水措施,尽可能将坑外之水截于坑道之外。

(2)短开挖。各部开挖工序间的距离要尽量缩短,以减少围岩暴露时间。

(3)弱爆破。在爆破时,要用浅眼、密眼并严格控制用药量或用微差毫秒爆破。

(4)强支护。针对地压情况,确保支护结构有足够的强度。

(5)快衬砌。衬砌工作须紧跟开挖工作面进行,力求衬砌尽快成环。

(6)勤检查、勤量测。对围岩发现有变形或异状,要立即采取有效措施及时处理隐患。

1.11.2　坍方处理

1. 一般处理坍方的步骤及方法

(1)防止坍方扩大

坍方发生后,首先应防止坍方范围继续扩大:

1)在坍方范围的顶部与侧壁危石及大裂缝,应先行清除或销固。

2)加强原有支护。对坍方范围前后原有的支护进行加固,以防止坍方扩大。

3)在坍方范围内架设支撑或喷射混凝土,必要时加设锚杆。

4)加快衬砌。对坍方两端应尽快作好局部衬砌,以保证坍方不再扩大。

(2)处理坍方

如坍方体积较小,且坍方范围内已进行喷锚或已架设好较为牢固的构件支撑时,可由两端或一端先上后下地逐步清除坍渣,随挖随喷射混凝土,随架设临时构件支撑支顶。

如坍方体较大,或地表已下沉,或因坍体堵塞无法进入坍方范围进行支护时,则可注浆加固坍体,然后用"穿"的办法在坍体内进行开挖、衬砌。

2. 处理坍方常用的支护方式

(1)喷锚处理

采用喷锚处理较大型的坍方,较之采用架设支撑,更加安全、快速,且省工省料。

1)由外向内、由上而下,逐段随清坍渣随向岩壁先喷射一薄层砂浆,然后再喷射混凝土。混凝土宜分层喷射,每层厚 5 cm 左右。

2)喷射 1～2 层混凝土后,可随即加设锚杆再喷射混凝土。

3)坍渣的清除后,随即做好衬砌。

(2)构件支撑处理

1)在坍体不太高、坍穴略呈锥形、坍壁不太松散的情况下,使用人字架支撑(图 1-9)。

2)当坍体较高,但坍体两侧壁形状较整齐,且侧向压力不大时,可按垂直于隧道中线的方向架设横向排架。先将坍体顶的石渣扒平,铺上横梁,再在其上架设排架。排架间距根据坍穴围岩情况而定,一般为 1～2 m 左右。须注意在排架间用剪刀撑撑稳,下部横梁要随坍渣的清除随时倒换撑稳(图 1-10)。

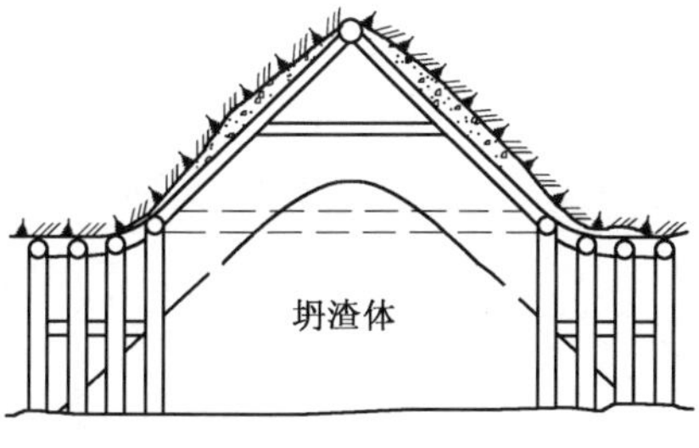

图 1-9　坍方支撑

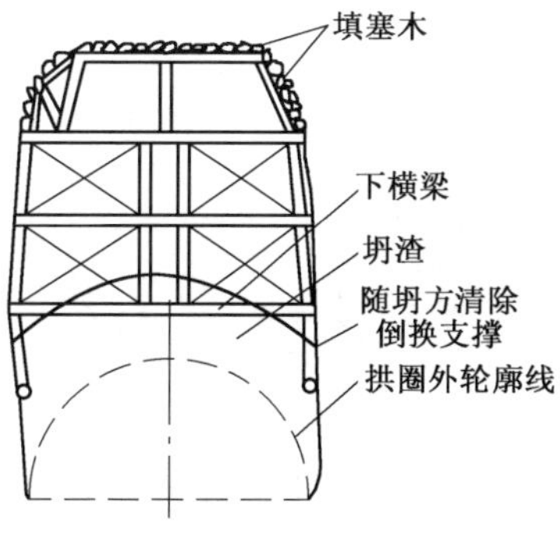

图 1-10　高坍方支撑

3)当坍方较大,且围岩压力也较大时,宜在坍方范围内全部用纵向棚架支撑。先将坍渣顶部适当扒平,沿隧道中线方向平行设置纵地梁数根(地梁下预铺横梁),于纵地梁上按照导坑支撑的形式以 1 m 左右的间距架设箱形棚架。以后逐层向上架设至坍方顶部,用填塞木塞紧。随着坍渣的清除,加设立柱,并以纵撑撑牢。

4)当坍方直至地表而深度不大时(小于 10 m),可设置井箍。由地面向下逐步清除坍渣,随即架设箍架支撑。箍架的形式可为多边形、矩形或方形,视坍穴的形状而定,架距不大于 1 m。

当坍穴较深时,则可先将井口至坍渣顶面一段箍好,不进行清理坍渣,而在洞内采用穿过坍方的施工方法。

如坍井较大,宜采用喷锚支护井壁的方法。

5)当坍穴成斜孔时,处理方法根据斜度而定,倾角≤30°时,可按斜井的施工方法进行出渣及支撑;倾角>35°时,运用井箍支撑及由上而下地清渣。

3. 衬砌措施与回填方法

(1)衬砌施工

1)随着坍渣的逐渐清除,衬砌逐段推进,快速成环。最好由坍体的两端对向施工,随即回填密实。在坍穴最高处或两端衬砌接头处应预留回填及进出料孔。

2)如坍方范围的围岩不够稳定,在处理坍方中有继续坍塌的可能时,可在坍方范围内选择适当位置做坍体护拱,以掩护施工操作。护拱上应以碎渣铺填 2 m 厚左右作为缓冲层(图 1-11)。

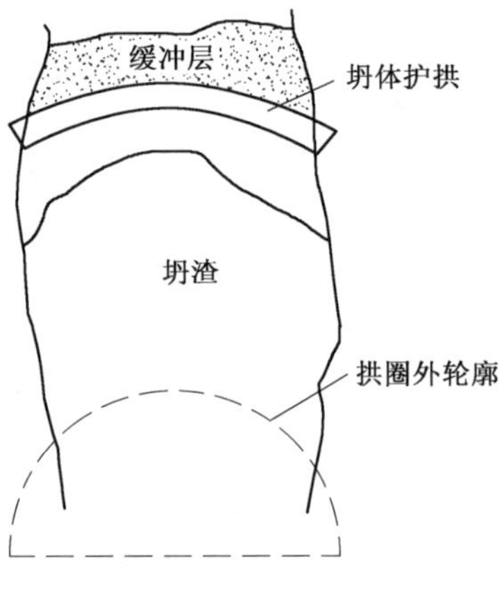

图 1-11 坍体护拱

3)如坍体未进行预先注浆加固而采用"穿过"的施工法时,拱脚处的衬砌圬工应加宽灌抵开挖轮廓壁(开挖轮廓不过大时),以便保证拱脚稳固。

(2)坍体回填

1)坍方清除坍渣后,则拱背应先以浆砌片石回填 2~3 m 厚,其上再用干砌片石回填,回填高度应尽量填满坍方范围,坍体内木支撑应尽量拆除。

2)在坍体的护拱与拱圈间应全部回填密实,坍体护拱以上回填厚度可根据具体情况而定,但不应小于 2 m。

3)如坍方范围高大,在坍穴内进行回填操作不便时,可选择适当位置另行开凿专供回填用的坑道。

4)如坍方直达地表,除按规定做好拱部回填外,另用一般土石回填夯实至距地表 1~2 m,再用黏土回填至略高于地表并向四周倾斜,周围做好排水沟。

第2章 辅助坑道

2.1 概　　述

辅助坑道分横洞、平行导坑、斜井、竖井四种。它是为增加隧道工作面、缩短工期、改善施工通风、排水和运输条件等所加设的临时性隧道附属工程。有的为运营通风、排水和防灾害使用，则为永久性的隧道附属建筑。辅助坑道应提前开工，为隧道施工创造有利条件。

各种辅助坑道的适用条件及其特点见表 2-1。

表 2-1　辅助坑道的适用条件及其特点

类型	适用条件	特　　点
横洞	1. 隧道沿河傍山，侧面覆盖不厚。 2. 隧道洞口桥隧相连施工互相干扰，或影响弃渣及场地布置。 3. 洞口地质不良或路堑土石方数量大，工期紧迫，难以及时从正洞进洞。 4. 横洞长度一般小于 1/7～1/10 隧道长度	能增加正洞工作面，设备简单，施工及管理方便，出渣、进料运输距离较短，但通风排烟较差，故事先应做好通风机具准备，施工中搞好通风管理
平行导坑	1. 长度较大的深埋隧道，难以采用其他类型的辅助坑道。 2. 有大量地下水或瓦斯	能增加正洞工作面，提高施工速度，解决施工通风、排水和运输干扰等，超前正洞可起到提前预报地质的作用
斜井	1. 隧道傍侧有较低地形，覆盖不厚。 2. 井身地质较好，地下水不大	能增加正洞工作面，出渣、进料运输距离较短，但要有提升设备
竖井	1. 隧道洞身局部地段覆盖层较薄。 2. 井身地质较好，地下水不大	能增加正洞工作面，出渣、进料运输距离较短，但提升设备较复杂，深度大于 150 m 者增加造价很大

2.2 横洞和平行导坑

2.2.1　横洞和平行导坑的横断面

横断面形状常用拱形和梯形，按轨道布置分为单道断面和双道断面。其净空尺寸根据电机车、装渣机尺寸、管路布置、人行道宽度和设备间隙等因素决定。一般多采用喷锚支护拱型断面。

2.2.2　横洞与隧道的连接

(1)一般要求

横洞的线路方向应根据进正洞的主攻方向确定，其与隧道中线的平面交角(θ)一般不小于 40°，与隧道相交处的底部标高应等于隧道底部开挖标高，为便于排水和运输应以 3‰～10‰

的纵坡向洞外下坡修筑。

(2)连接形式

横洞与隧道的连接形式分为单联式和双联式。除因隧道洞口有施工干扰,为提前进洞而设的短横洞采用单联式外,一般采用双联式。

2.2.3 平行导坑与隧道的连接

平行导坑与隧道的净距一般为 15～20 m。两端洞口为争取较好的地形、地质条件,可加大洞口的线间距,以斜交的形式进洞。用正向横通道和反向横通道与隧道连接,横通道与隧道的交角一般采用 40°,见图 2-1。

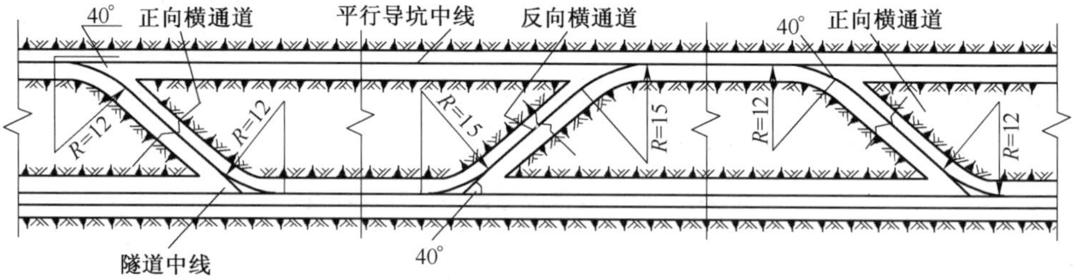

图 2-1 平行导坑与隧道连接布置图(单位:mm)

(1)横通道间距一般不小于 120 m,在洞口 500～700 m 地段间距可适当加大。横通道位置可结合避车洞位置考虑,并避免通过断层破碎带。

(2)正向横通道的方向是由平行导坑斜向正洞的前进方向。为增加运输回路,利用正洞出渣,每隔 600～800 m 或更长距离设反向横通道。

(3)平行导坑的纵坡通常与隧道纵坡一致,底面标高一般低于相应里程的隧道底部开挖标高 0.2～0.6 m。横通道坡度一般为 10‰～15‰。

2.2.4 横洞和平行导坑施工注意事项

(1)横洞和平行导坑的开挖和支护方法与正洞导坑相同。在不良地质地段应做好超前支护后再行开挖。交岔口处须加强支护,地质较差时,应作加强衬砌。洞口根据地质条件设置洞门或架设明箱。

(2)平行导坑与横通道的交岔口,应在平行导坑掘进时一次挖成,并作好支护,以减少干扰。

(3)平行导坑应比正洞导坑超前,一方面可起提前预报地质的作用,一方面可以发挥其辅助正洞施工的作用。图 2-2 为平行导坑超前两个横通道配合正洞施工的布置示意图。

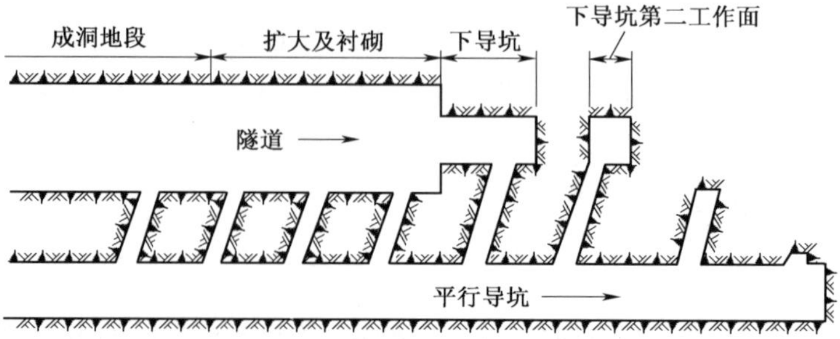

图 2-2 平行导坑超前示意图

2.3 斜　　井

斜井由井颈、井身及井底车场三部分组成(图 2-3)。

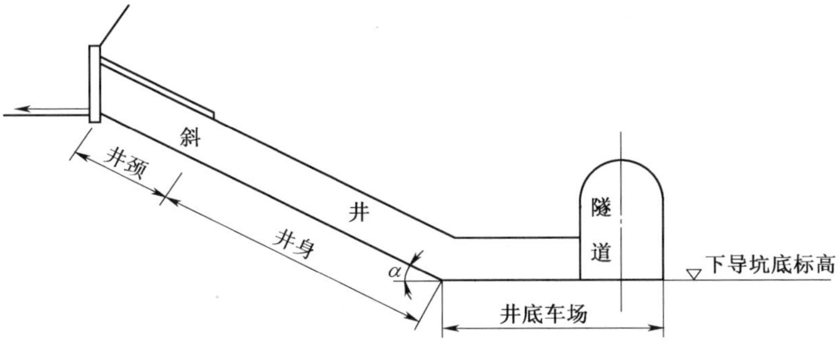

图 2-3　斜井示意图

斜井应尽量避免穿过软弱破碎富水的地层，其轴线与隧道书线的平面交角宜大于 40°，倾角应与提升方式相适应。井身不宜变坡，而在井底变坡处须用竖曲线过渡，斜井若分主副井时，其轴线宜平行设置，间距视地质条件确定，一般为 20 m。

斜井井口应设在地质条件较好和不受水淹的地方，并应便于布置井口车场和弃渣场地。

2.3.1　斜井的类型

斜井根据其提升容器和出渣方式的不同，常采用的有如下几种类型，其特点见表 2-2。

表 2-2　各种斜井特点表

分类	名　称		适用倾角(α)	特　点
有轨	箕斗斜井		≤35°	用箕斗出渣，斗车进料，提升速度较大，运输效率较高，且施工较安全，但井口或井底需有卸渣设备。 由于箕斗用于主井出渣，升降人员与运输材料需用副井，故建井时间较大，费用较高。多在斜井长且倾角大、提升量大的情况下使用
	斗车斜井		≤25°一般用 20°左右	用斗车出渣、进料，设备简单，应用较广，但提升速度受限制，施工安全方面不如箕斗
	矿车斜井	固定式	≤25°	可采用串车提升，由电瓶车牵引，多为混合井，不需设装卸渣仓，设备简单，在井口要摘挂钩，易发生脱钩跑车事故，提升速度较慢，提升能力较小
		倾卸式		可不设副井和渣仓，工程量小，投产快，成本低，设备简单，节省人力，井口不摘钩、安全
无轨	皮(胶)带机斜井		≤15°	能连续运输、运量大、安全可靠，多为混合井，设备多，重量大，投资大，安装工期长
	自卸汽车斜井		≤8°	井底装渣后直接驶出斜井将渣运到卸渣点，设备少，出渣能力大，但内燃机污染大，要求斜井断面大，通风量大，且因受其坡度限制而使斜井加长，成本高
	装载机斜井		≤8°	井底自行装渣后从斜井驶出，在洞口将渣倒入其他车辆。建井初期采用装渣机出渣效果较好

2.3.2 斜井横断面及井内设施

1. 斜井横断面

斜井横断面有拱形和梯形两种,按轨道布置分二轨单道断面、三轨双道断面和四轨双道断面。断面净空尺寸,根据提升容器外形尺寸、载人车尺寸、管路布置、人行道宽度、施工机具的运行、设备之间的安全间距以及满足施工通风的要求等因素决定,一般多采用拱形断面。若用木支撑作为临时支护时,则采用梯形断面。

斜井长度短于 100 m 时,担负隧道运量不大,一般选用二轨单道断面;斜井长度大于 100 m时,担负隧道运量较大,一般用三轨双道断面;当斜井运量很大,为满足特殊施工需要的长斜井(200 m)时,则采用四轨双道断面。

2. 斜井井内设施

(1)轨道

井身轨道布置按施工组织要求办理。为了错车方便,在三轨双道的井身中部设置错车道;斜井倾角大于 15°时,需用固定钢轨法或固定轨枕法防止轨道滑动,前者较后者构件简单、防滑可靠,见图 2-4。

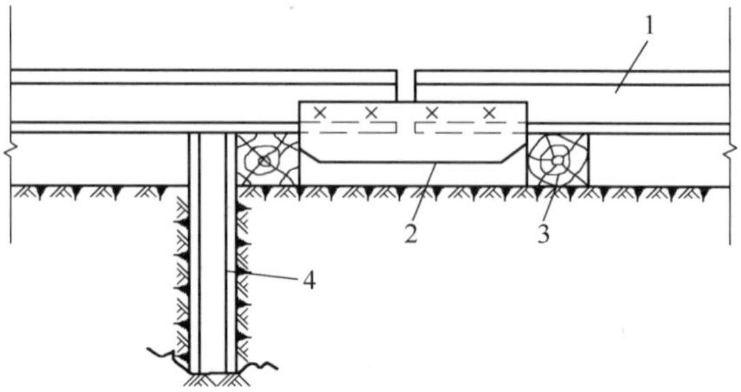

图 2-4 固定钢轨防滑设施图

1—钢轨;2—特制鱼尾板;3—枕木;4—钢轨橛子

(2)人行道踏步和水沟

1)人行道的有效宽度:

采用轨道运输时,不小于 1.2 m;

胶带运输机的斜井,不小于 0.7 m;

斜井内设有人车轨道以外,尚应布置人行道。在人车场一侧须留有宽 1.0 m、高不少于 1.8 m 的人行道。

2)台阶尺寸,由于倾角不同,人行台阶高度和宽度见表 2-3。

表 2-3 斜井人行台阶尺寸表

图示	斜井倾角 α(°)	台阶高度 H (mm)	台阶宽度 T (mm)	附　记
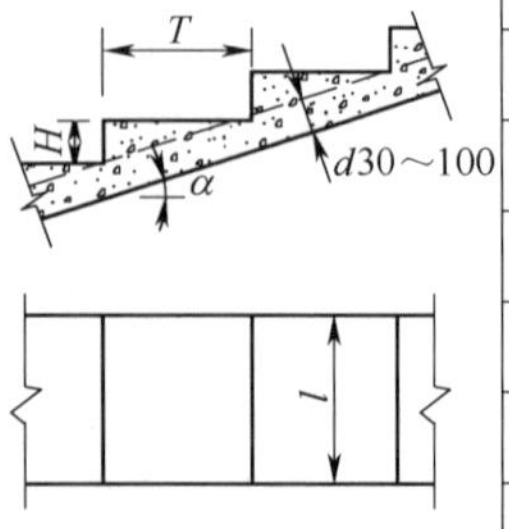	16	120	420	$H/T=\tan\alpha$ 式中 H—台阶高度; T—台阶宽度; α—斜井倾角。 l—台阶横向长度,610～650 mm
	17	120	390	
	18	120	370	
	19	130	380	
	20	130	360	
	21	140	365	
	22	140	350	
	23	150	355	
	24	150	340	
	25	150	320	
	26	160	330	

斜井有水时设纵向水沟，并在含水层下方的井身与井底车场连接处附近设横向水沟。

(3)避车洞

调车场和井身每隔 30～50 m 需设避车洞(宽 1 m，高 1.6～1.8 m，深 1～1.2 m)，以供人员躲避及临时存放工具、材料用。

(4)滚轮(托辊)

斜井用滚轮，包括有大地滚、小地滚、立滚和胶滚共四种。它是用以承托钢丝绳，以避免其与枕木、道床、岩面发生摩擦，减小运行阻力的一种设施。滚轮转动是否灵活，对钢丝绳的使用寿命影响较大。滚珠轴承滚轮优于滑动轴承滚轮。

大地滚安装于斜井坡道入口处，需做混凝土基础。小地滚安装于斜井井身的坡道上，每隔 15～20 m 设置一个，可用螺栓固定在枕木上。立滚安装于斜井井底弯道处或安设在甩车道第一组道岔的一侧，以保证提升牵引角不大于 15°。如设两个以上的立滚，其间距为 1m 左右，并应保证钢丝绳的折角不大于 5°。为防止石渣坠下影响立滚的转动，在其上方需安设挡板。有时为了减小磨损，也可用胶滚代替大地滚。地滚的安装高度不得妨碍箕斗、矿车或装岩机通过。

大地滚、立滚和胶滚均采用活滚筒，用螺栓与轮壳连接，磨损时只换滚筒即可。

(5)各种管路及电缆线的敷设

斜井内的管线一般都敷设在人行道一侧，便于维修。

1)当管路及电缆在同侧时，电缆线应在上方，不得将电缆直接挂在管路上；电缆架上也不得悬挂任何东西。

2)电缆线悬吊地点间距不应大于 3 m。

3)斜井内的照明线、动力电缆和信号线应分开敷设。照明灯距不应大于 30 m。

4)管路的敷设方式和安装方法与正洞基本相同，并以不妨碍行人安全为原则。

2.3.3　斜井与隧道连接及井底车场

1. 斜井与隧道的连接

斜井中线与隧道中线的平面交角一般不小于 40°，在斜井与隧道的连接部位布置井底车场，作为隧道与斜井联系的中转站。箕斗斜井与隧道的连接方式有正交式、斜交式。斗车斜井与隧道的连接方式有单联式和双联式(图 2-5)。施工时可根据具体情况加以改变。

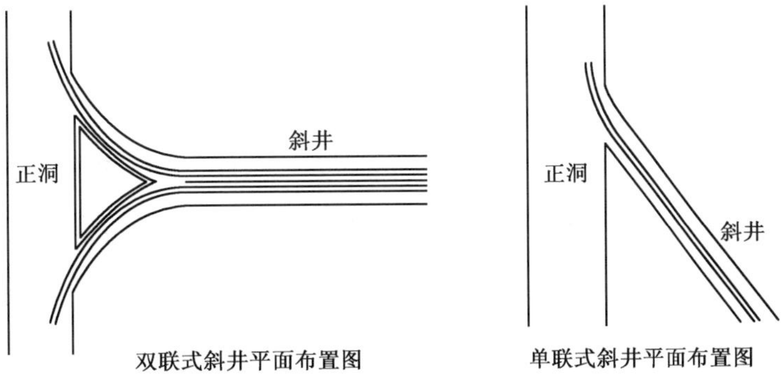

图 2-5　斜井与隧道的连接方式示意图

单联式井底车场连接结构简单、施工简便，但只能一个方向进出车，且调车作业较拥挤，适用于运量不大的短斜井。双联式井底车场能双向进出车，调车作业方便，但连接结构复杂、井底开挖量大，适用于运量较大和井身较长的斜井。

2. 斜井井底车场布置及注意事项

(1)平曲线半径的大小与车辆的轴距和列车长度有关，一般可按表 2-4 选取。

表 2-4 平、竖曲线半径选取表

曲线类别	使用条件	曲线半径(m)
平曲线	一般斜井	12～15
	主提升斜井	15～20
竖曲线	一般斜井	20～25
	主提升斜井	25～30

(2)车场道岔：电瓶车牵引地段和甩车道用≥4 号道岔；人力推车地段用≥3 号道岔。

(3)斗车挂钩车场的长度：一辆斗车不小于 2 m；串车两辆以上不小于 4 m。

(4)甩车场空、重车溜放坡度采用 10‰～15‰。

(5)在摘挂钩地点设避车洞，并兼作信号间。

(6)车场设水泵房时，其底板应比车场高 0.5 m，以免水淹。

2.3.4 斜井井口车场的设施及布置

布置井口车场时，应因地制宜，利用地形满足提升设备的安装要求，并以便于弃渣、供料为原则。一般斗车斜井井口设有井架；箕斗斜井井口设有卸渣架。提升系由钢丝绳绕过井架或卸渣架上的提升天轮由绞车牵拉。井口车场布置形式因提升方式而异，常用的基本形式：斗车斜井井口甩车场布置参见图 2-6；斗车斜井井口平车场布置参见图 2-7；箕斗斜井井口车场布置参见图 2-8。

1. 井口到井架的距离(L_1)和井架高度(H_g)

(1)斗车斜井单钩提升井口甩车场(图 2-6)。

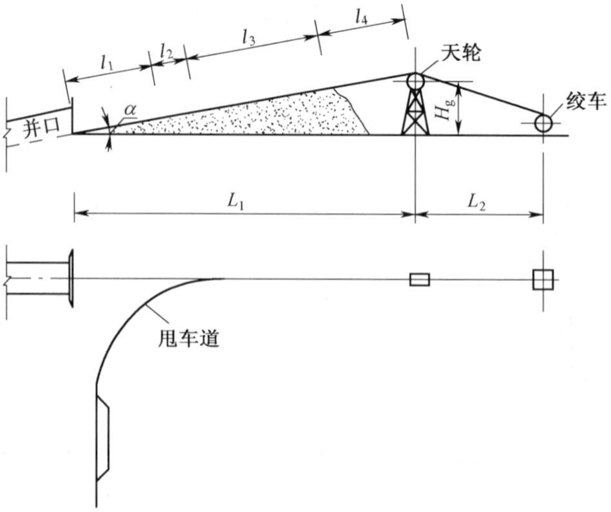

图 2-6 斗车斜井单钩提升井口甩车场

$$L_1=(l_1+l_2+l_3+l_4)\cos\alpha \quad (\mathrm{m}) \tag{2-1}$$

$$H_g=(l_1+l_2+l_3+l_4)\sin\alpha-D_u/2 \quad (\mathrm{m}) \tag{2-2}$$

式中 l_1——缓冲距离(m),一般用7~9 m;

l_2——道岔连接长度(m),4号道岔用7 m;

l_3——1~1.5倍车组长度(m);

l_4——过卷距离(m),用5~6 m;

α——栈道倾角,一般用6°~7°;

D_u——提升天轮直径(m)。

(2)斗车斜井双钩提升井口平车场(图2-7)。

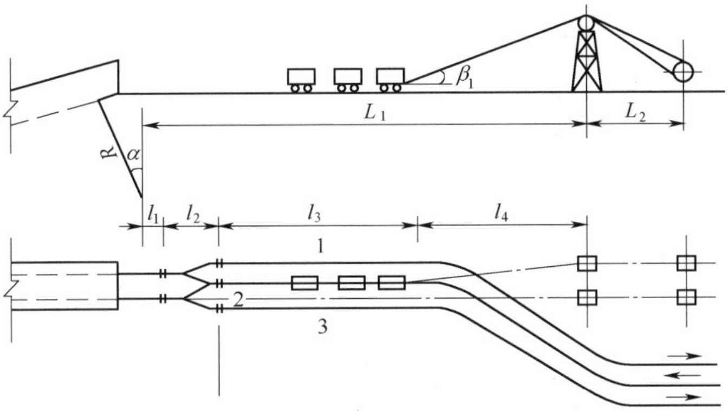

图2-7 斗车斜井双钩提升井口平车场

1,3—重车运行线;2—空车停放线

$$L_1=l_1+l_2+l_3+l_4 \quad (\mathrm{m}) \tag{2-3}$$

式中 l_1——井口竖曲线终点直道岔起点的长度(m),一般取一个斗车长约2 m;

l_2——道岔长度(m);

l_3——1~1.5倍车组长度(m);

l_4——根据井口线路的平面布置确定,以井架脚不妨碍斗车通过为原则(m)。

井架高度应满足钢丝绳牵引角$\beta \leqslant 9°\sim10°$的要求,并便利斗车能在钢丝绳下面通过为准,根据场地轨道布置具体设计。

(3)箕斗斜井见图2-8。卸渣架高度及其到井口的距离系根据箕斗卸渣架的型式和斗车高度而定,以满足箕斗卸渣及漏斗下面出入车方便为准,并须考虑斗车进料线的位置。

2. 绞车与井架水平距离(L_2)

由于井架不高,绞车与井架的水平距离按绞车与提升天轮间的弦长计算。

(1)单钩提升(图2-9)

$$L_2\approx(B-Y)/(2\tan\alpha) \quad (\mathrm{m}) \tag{2-4}$$

式中 α——绳偏角(°),卷筒为一层缠绕时,$\alpha\leqslant1°30'$;卷筒为多层缠绕时,$\alpha\leqslant1°10'$;

B——卷筒宽度(m);

Y——提升天轮的游动距离(m)。

(2)双钩提升(图2-10)

当$B>S-a$时:

$$L_2\approx\frac{2B+a-S-Y}{2\tan\alpha_1} \quad (\mathrm{m}) \tag{2-5}$$

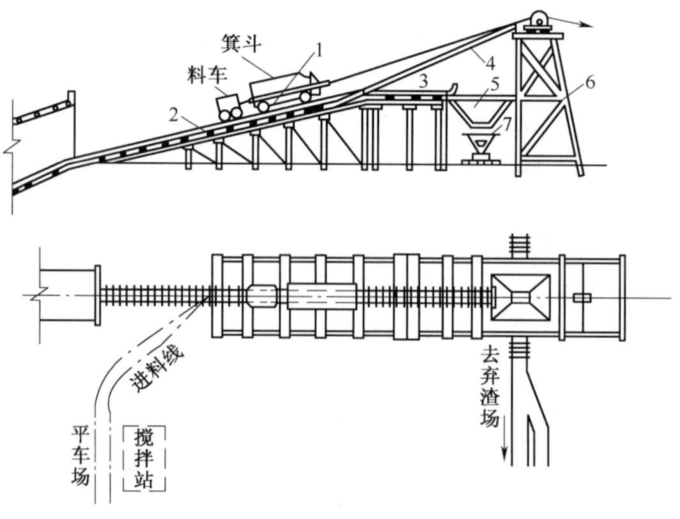

图 2-8 有卸载轮前卸式箕斗卸渣架及车场布置

1—卸载轮；2—栈桥；3—水平运行轨道；4—纵梁；5—漏斗；6—天轮架；7—斗车

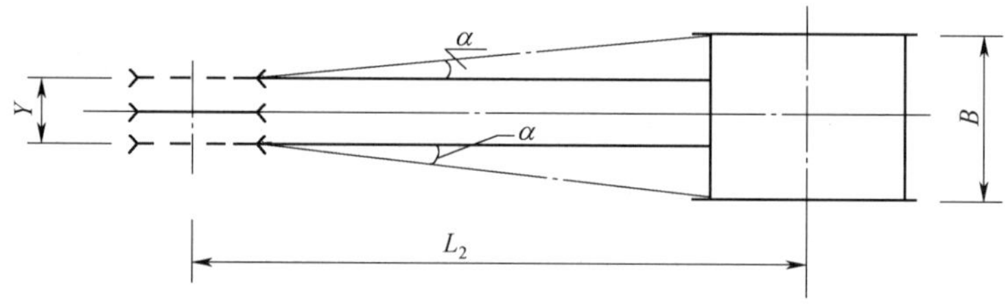

图 2-9 单钩提升示意图

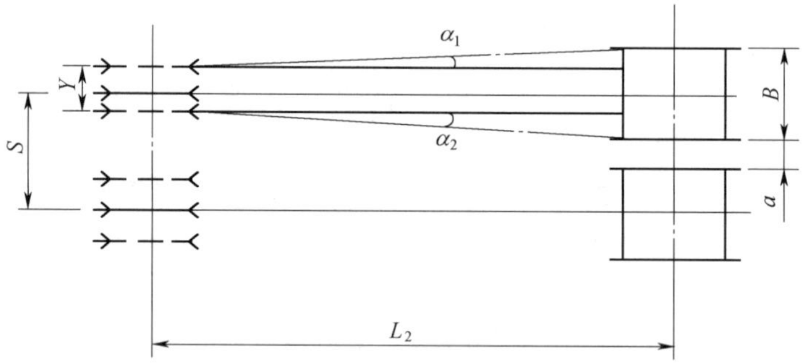

图 2-10 双钩提升示意图

$B<S-a$ 时：

$$L_2 \approx \frac{S-a-Y}{2\tan\alpha_2} \quad (\text{m}) \tag{2-6}$$

式中 a——两卷筒内缘距离(m)，对于 XKT (B)型直径为 2～3.5 m 的绞车 $a=$ 0.124～0.128 m；

S——两提升天轮之间的距离(m)；

α、B、Y 符号同式(2-4)。

3. 卸渣架

因箕斗卸渣形式不同，卸渣架结构也有区别。图2-8为有卸载轮前卸式箕斗卸渣架，图2-11为无卸载轮前卸式箕斗卸渣架，图2-12为侧卸式大型矿车卸渣架。

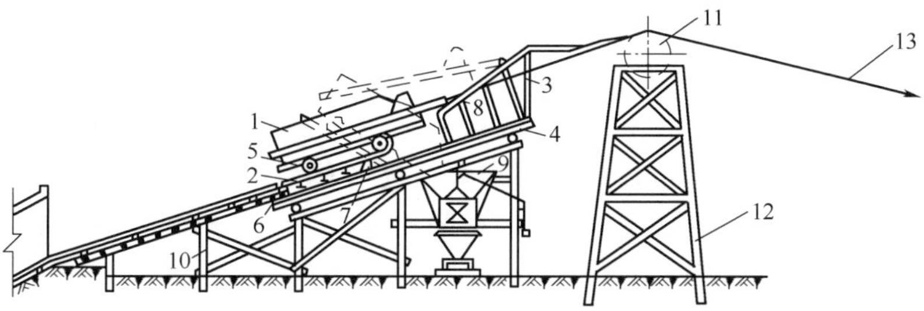

图2-11 无卸载轮前卸式箕斗卸渣架

1—箕斗；2—翻转架；3—导向架；4—机座梁；5—槽形挡轮铁；6—缓冲木；7—轴承座；8—牵引框导向轮；9—装渣仓；10—栈桥；11—天轮；12—天轮架；13—钢丝绳

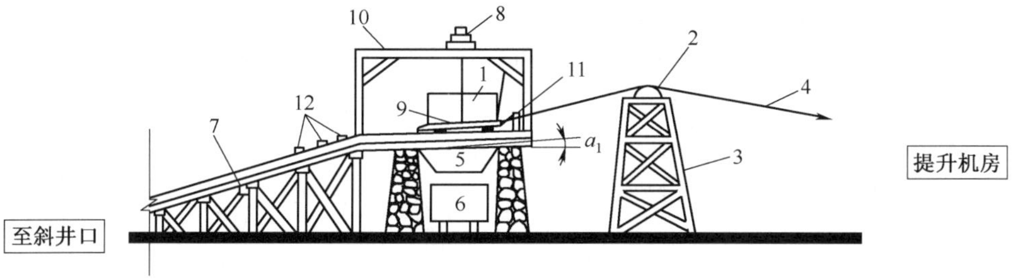

图2-12 侧卸式大型矿车卸渣架

1—侧卸式大型矿车；2—天轮；3—天轮架；4—牵引钢丝绳；5—卸碴漏斗；6—斗车或汽车；7—栈桥；8—电动葫芦(5 t)；9—防翻挂钩；10—起吊架；11—车挡；12—地滚

2.3.5 斜井施工

斜井施工的机械设备配套以掘进、支护、运输三个环节为主，并考虑通风、排水和安全设施等方面的要求。

1. 斜井开挖

斜井开挖，其钻爆作业与导坑基本相同，其炮眼方向与斜井倾角一致，底板眼的倾角大于斜井倾角3°～5°。当工作面积水不能完全排除时，为了提高爆破效果，也可将井身分为上部弧形、下部楔形爆破。通风排烟一般采用压入式。

2. 斜井装渣

井口地段通常以人工装渣，用人扶双胶轮车配合小型卷扬机提升出渣。这种出渣方式，设备简单，但劳动强度大、提升能力小。随着斜井的增长，应采用机械装渣。常用的有ZYP-30型平斜两用耙斗装渣机、ZP-50A型耙斗装渣机、146型正装侧卸装岩机、铲斗式Ⅲ型斜井装岩机等多种类型。

3. 斜井支护

作为铁路隧道施工用的斜井多属临时建筑物，一般不做永久支护。但为保证施工安全起见,并颈段应做衬砌,井底车场部分净空较大及地质不良的井身地段应做局部加强支护。一般支护多采用喷锚混凝土,加强支护则采用强度等级不低于 C15 模筑混凝土或复合式衬砌。

(1)喷锚混凝土支护

一般当围岩条件较差,在放炮、找顶后应立即在开挖面喷射不小于 3 cm 厚混凝土护面或加打锚杆护顶,待开挖面前进后,再进行加强。

喷射混凝土的施工布置有两种形式:一种是将喷射机固定在井口,用管道作远距离压风送料;一种是将喷射机安装在井筒中,在井口搅拌干料,用车辆将其运至喷射机。相比之下,以第一种布置为好,喷射机设在井口,不必随工作面前进而移动,而且避免了井内的污染和噪声。喷射机的工作风压,随输料距离增长而增大,在倾角为 25°～30°的斜井中,输料长度与工作风压的关系见表 2-5。

表 2-5　输料长度与工作风压的关系

输料长度(m)	0～100	100～200	200～300	300～400	400～500
工作风压(100 kPa)	1.0～1.5	1.5～2.0	2.0～2.5	2.5～3.0	3.0～3.5

(2)如采用木支撑,其结构与导坑支撑基本相同,支撑立柱与重力方向成一交角 β 倾向井底,倾斜度约为斜井倾角之半,用三角尺架设立柱的方法见图 2-13。支撑间距视地质条件而定,一般采用 1 m,井口及井底变坡处要加密支撑。

(3)如若采用石砌或混凝土衬砌时,沿井身自下而上砌筑,在石质较差或斜井倾角大于 30°时,墙基作成台阶。

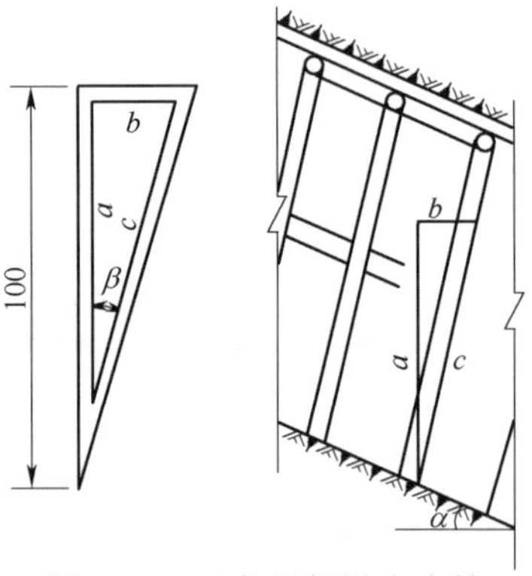

图 2-13　三角尺架设木支撑

2.3.6　斜井提升设备的选择计算

1. 一次提升时间(t)

一次提升时间见表 2-6。

表 2-6　近似值 t 的计算公式

提升种类	车场布置	计算公式(t 以秒计)
斗车单钩提升	1. 上下部调车场皆为甩车道	$t=\frac{2L}{V_{\text{均}}}+\frac{4L_{\text{甩}}}{V_{\text{甩}}}+\frac{4nL_{\text{车}}}{V_{\text{甩}}}+2t_{\text{甩}}+2t_{\text{换}}$
	2. 上部为甩车道,下部为平车场	$t=\frac{2L}{V_{\text{均}}}+\frac{2L_{\text{甩}}}{V_{\text{甩}}}+\frac{2L_{\text{下}}}{V_{\text{平}}}+\frac{4nL_{\text{车}}}{V_{\text{甩}}}+t_{\text{甩}}+t_{\text{平}}+2t_{\text{换}}$
	3. 上部为平车场,下部为甩车道	$t=\frac{2L}{V_{\text{均}}}+\frac{2L_{\text{甩}}}{V_{\text{甩}}}+\frac{2L_{\text{上}}}{V_{\text{平}}}+t_{\text{平}}+t_{\text{甩}}$
	4. 上下部调车场皆为平车场	$t=\frac{2L}{V_{\text{均}}}+\frac{2L_{\text{上}}}{V_{\text{平}}}+\frac{2L_{\text{下}}}{V_{\text{平}}}+2t_{\text{平}}$
斗车双钩提升	1. 上部为平车场,下部为甩车道	$t=\frac{L}{V_{\text{均}}}+\frac{L_{\text{甩}}}{V_{\text{甩}}}+\frac{L_{\text{上}}}{V_{\text{平}}}+t_{\text{甩}}$
	2. 上下部调车场皆为平车场	$t=\frac{L}{V_{\text{均}}}+\frac{L_{\text{上}}}{V_{\text{平}}}+t_{\text{平}}$
箕斗单钩提升		$t=\frac{2L_{\text{提}}}{V_{\text{均}}}+t_{\text{斗}}$
箕斗双钩提升		$t=\frac{L_{\text{提}}}{V_{\text{均}}}+t_{\text{斗}}$

表 2-6 中　L ——井筒长度(m)；

$L_{甩}$ ——甩车道长度(m)；

$L_{车}$ ——斗车长度(m)；

$L_{上}$ ——上部平车场长度(m)，根据一次拉车数确定，一般取 6～15 m；

$L_{下}$ ——下部平车场长度(m)，一般取 6～15 m；

$L_{提}$ ——提升长度(m)；

n ——一次提升斗车数(辆)；

$V_{均}$ ——平均提升速度(m/S)，$V_{均}$ = (0.75～0.9)，当提升长度小于 200 m 时取下限；大于 600 m 时取上限；

$V_{最大}$ ——最大提升速度(m/s)，按表 2-7 选用。

表 2-7　斜井最大提升速度

斜井倾斜长度(m)	$V_{最大}$(m/s)	
	斗车	箕斗或台车
≤300	3.5	5
>300	5	7

$V_{甩}$ ——车组通过甩车道及道岔时的速度，$V_{甩}$ = 0.5 $V_{最大}$，但不大于 1.5 m/s；

$V_{平}$ ——车组在平车场的运行速度(m/s)，一般取 1.5 m/s；

$t_{甩}$ ——在甩车场的休止时间(s)，单钩用 30 s，双钩用 25 s；

$t_{平}$ ——在平车场的休止时间(s)，单钩用 30 s，双钩用 25 s；

$t_{换}$ ——电机反转换向时间(s)，取 5；

$t_{斗}$ ——箕斗提升的休止时间(s)，取 8～10。

2. 提升容器的容积(V)

$$V_{双钩}=\frac{k_2 tV_1}{3\,600k_1 T};\ V_{单钩}=\frac{k_2 tV_1}{1\,800k_1+T}\quad (m^3) \tag{2-7}$$

式中　V_1 ——隧道每班出渣量(m^3)；

T ——隧道每班出渣时间(h)，按三班制，每班 5 h；

k_1 ——容器装满系数，取 0.9；

k_2 ——提升不均衡系数，取 1.15～1.25；

t ——一次提升时间(s)。

公式(2-7)系按隧道每班出渣量计算的提升容器容积，如出渣量大于所选用的车辆容积时，可增加车数。

一般斗车需加固其连接装置，其安全系数不小于 6。

侧卸式大型矿车我国已生产有容量为 2 m^3、4 m^3、6 m^3的，轨距为 762 mm。一般在目前铁路斜井提升卷筒直径不大于 2.5 m、有轨运输的轨距为 762 mm 的情况下可采用 6 m^3的矿车，其外形尺寸为 5 000 mm×1 500 mm×1 700 mm。

3. 提升钢丝绳的单位长度重量(P_k)

$$P_k=\frac{n(Q_1+Q_2)(\sin\alpha+f_1\cos\alpha)}{\dfrac{110\sigma}{m}-L(\sin\alpha+f_2\cos\alpha)}\quad (kg/m) \tag{2-8}$$

式中 Q_1——提升容器及连接装置的自重(kg)；

Q_2——提升容器的有效载重(kg)；

L ——钢丝绳提升长度(m)；

σ ——钢丝绳公称抗拉强度,用 155～170 kg/mm^2；

f_1——提升容器的阻力系数,用 0.01～0.015；

f_2——钢丝绳移动的阻力系数,用 0.25～0.4；

α ——斜井倾角(°)；

m ——安全系数,提升人时为 9,提升物时为 6.5；

n ——一次提升车数。

由式(2-8)计算出 P_k 值后查表 2-8 及表 2-9 选用相应的钢丝绳直径。

6×19(1+6+12)=114

表 2-8′ 钢丝绳技术规格

直径		钢丝总断面积	参考质量	钢丝绳公称抗拉强度(MPa)				
钢丝绳	钢丝			1 400	1 550	1 700	1 850	2 000
				钢丝破断拉力总和				
(mm)		(mm^2)	(kg/100 m)	N(不小于)				
6.2	0.4	14.32	13.53	20 000	22 100	24 300	26 400	28 600
7.7	0.5	22.37	21.14	31 300	34 600	38 000	41 300	44 700
9.3	0.6	32.22	30.45	45 100	49 900	54 700	59 600	64 400
11.0	0.7	43.85	41.44	61 300	67 900	74 500	81 100	87 700
12.5	0.8	57.27	54.12	80 100	88 700	97 300	105 500	114 500
14.0	0.9	72.49	68.50	10 100	112 000	123 000	134 000	144 500
15.5	1.0	89.49	84.57	12 500	138 500	152 000	165 500	178 500
17.0	1.1	108.28	102.30	15 150	167 500	184 000	200 000	216 500
18.5	1.2	128.87	121.80	180 000	199 500	219 000	238 000	257 500
20.0	1.3	151.24	142.90	211 500	234 000	257 000	279 500	302 000
21.5	1.4	175.40	165.8	245 500	271 500	298 000	324 000	350 500
23.0	1.5	201.35	190.3	281 500	312 000	342 000	372 000	402 500
24.5	1.6	229.09	216.5	320 500	355 000	389 000	423 500	458 000
26.0	1.7	258.63	244.4	362 000	400 500	439 500	478 000	517 000
28.0	1.8	289.95	274.0	405 500	449 000	492 500	536 000	579 500
31.0	2.0	357.96	338.3	501 000	554 500	608 500	662 000	715 500
34.0	2.2	433.13	409.3	606 000	671 000	736 000	801 000	
37.0	2.4	515.46	487.1	721 500	798 500	876 000	953 500	
40.0	2.6	604.95	571.7	846 500	937 500	1 025 000	1 115 000	
43.0	2.8	701.60	663.0	982 000	1 085 000	1 190 000	1 295 000	
46.0	3.0	805.41	761.1	1 125 000	1 245 000	1 365 000	1 490 000	

4. 提升绞车

提升绞车的选择，主要根据所悬吊设备的重量和悬吊方法来确定。一般单绳悬吊用单卷筒绞车，双绳悬吊用一台双卷筒绞车或用两台单卷筒绞车。

$$6\times7(1+6)=42$$

表 2-9　钢丝绳技术规格

直径		钢丝总断面积	参考质量	钢丝绳公称抗拉强度(MPa)				
钢丝绳	钢丝			1 400	1 550	1 700	1 850	2 000
				钢丝破断拉力总和				
(mm)		(mm²)	(kg/100 m)	N(不小于)				
3.8	0.4	5.28	5.04	7 390	8 180	8 970	9 760	10 500
4.7	0.5	8.24	7.87	11 500	12 700	14 000	15 200	16 400
5.6	0.6	11.87	11.34	16 600	18 300	20 100	21 900	23 700
6.5	0.7	16.16	15.40	22 600	25 000	27 400	29 800	32 300
7.5	0.8	21.10	20.15	29 500	32 700	35 800	39 000	42 200
8.4	0.9	26.71	25.51	37 300	41 400	45 400	49 400	53 400
9.4	1.0	32.97	31.49	46 100	51 100	56 000	60 900	65 900
10.5	1.1	39.89	38.09	55 800	61 800	67 800	73 700	79 700
11.5	1.2	47.48	45.34	66 400	73 500	80 700	87 800	94 900
12.0	1.3	55.72	53.21	78 000	86 300	94 700	103 000	111 000
13.0	1.4	64.62	61.71	90 400	100 000	109 500	119 500	129 000
14.0	1.5	74.18	70.84	103 500	114 500	126 000	137 000	148 000
15.0	1.6	84.40	80.60	118 000	130 500	143 000	156 000	168 500
16.0	1.7	95.28	90.99	133 000	147 500	161 500	176 000	190 500
17.0	1.8	106.82	102.0	149 500	165 500	181 500	197 500	213 500
18.5	2.0	131.88	125.9	184 500	204 000	224 000	243 500	263 500
20.5	2.2	159.57	152.4	223 000	247 000	271 000	295 000	
22.5	2.4	189.91	181.4	265 500	294 000	322 500	351 000	
24.5	2.6	222.88	212.9	312 000	345 000	378 500	412 000	
26.0	2.8	258.48	246.8	361 500	400 500	439 000	478 000	
28.0	3.0	296.73	283.4	415 000	459 500	504 000	548 500	
30.0	3.2	337.61	322.4	472 500	523 000	573 500	624 500	
32.0	3.5	403.88	385.7	565 000	626 000	686 500		
34.5	3.8	476.09	454.7	666 500	737 500	809 000		
36.5	4.0	527.52	503.8	738 500	817 500	896 500		

(1)卷筒直径

卷筒直径按本章公式(2-20)、(2-21)计算,卷筒宽度按公式(2-24)、(2-25)计算。式中的 H_3 为斜井的提升长度。

(2)最大静张力($F_{最大}$)和静张力差($F_{差}$)

绞车的能力是根据钢丝绳的最大静张力来标定的,因此所选用的绞车最大张应力大于钢丝绳悬吊的终端荷重与钢丝绳自重之和,绞车筒的容绳量应大于绞车的悬吊深度。

$$F_{最大}=n(Q_1+Q_2)(\sin\alpha+f_1\cos\alpha)+P_kL(\sin\alpha+f_2\cos\alpha) \tag{2-9}$$

$$F_{差}=n(Q_1+Q_2)(\sin\alpha+f_1\cos\alpha)+P_kL(\sin\alpha+f_2\cos\alpha)-nQ_1(\sin\alpha-f_1\cos\alpha) \tag{2-10}$$

两式中符号含义同式(2-8)

(3)电动机功率 N 的预选

1)单钩提升:

$$N=\frac{K_{备}\cdot F_{最大}\cdot V_{max}}{102\eta}\quad(\text{kW}) \tag{2-11}$$

2)双钩提升:

$$N=\frac{K_{备}\cdot F_{差}\cdot V_{max}}{102\eta}\quad(\text{kW}) \tag{2-12}$$

上两式中 $K_{备}$——电动机功率备用系数,取1、2;

η——传动效率,一级传动为0.9,二级传动为0.85;

$V_{最大}$——最大提升速度(m/s),按表2-7选用;

$F_{最大}$、$F_{差}$ 见公式(2-9)及(2-10)。

根据计算结果选用绞车。一般采用卷筒直径小于2 m的绞车,其提升能力可参见表2-10及表2-11。

表2-10 单钩斗车提升能力(t/d)

绞车型号	斜井倾角(°)		15°				20°				25°			
	提升长(m)		150		250		150		250		150		250	
	斗车容积(m^3)		0.7	1.2	0.7	1.2	0.7	1.2	0.7	1.2	0.7	1.2	0.7	1.2
JT800×600-30	绳速(m/s)	1.2	386/2	330/1	274/2	234/1	193/1	330/1	137/1	234/1	174/1		123/1	
		1.6	450/2	390/1	330/2	285/1	225/1	390/1	165/1	285/1	205/1		145/1	
JT1200×1000-30		1.5	655/3	750/2	465/3	535/2	655/3	375/1	465/3	267/1	395/2	335/1	280/2	240/1
		2.0	765/3	875/2	570/3	650/2	765/3	437/1	570/3	375/1	460/2	390/1	360/2	335/1
JT1600×1200-24		2.0	1 200/5	1 310/3	950/5	975/3	970/4	1 310/2	720/4	975/3	870/4	785/2	685/4	585/2
		2.6	1 600/5	1 650/3	1 220/5	1 260/3	1 270/4	1 650/3	975/4	1 260/3	1 140/4	985/2	875/4	755/2
		3.4	1 450/4	1 870/3	1 140/4	1 470/3	1 450/4	1 870/3	1 140/4	1 470/3	1 300/4	1 120/2	990/4	880/2

注:摘自冶金工业出版社《冶金矿山设计参考资料》

1. 表中斜线上方为日产量,下方为最多提升车数。
2. 日产量按19.5 h/d及不均衡系数1.15计算;松散体按2.2 t/m^3计算;倾角小于25°时装满系数取1.0,等于25°时装满系数取0.9。
3. 上下部车场均为甩车场。

表 2-11 双钩斗车提升能力(t/d)

绞车型号	斜井倾角(°)		15				20				25			
	提升长(m)		150		250		150		250		150		250	
	斗车容积(m^3)		0.7	1.2	0.7	1.2	0.7	1.2	0.7	1.2	0.7	1.2	0.7	1.2
2JT1200×1000-25	绳速(m/s)	1.7	2 400/4	2 050/2	1 610/4	1 350/2	1 800/3	2 050/2	1 200/3	1 350/2	1 260/3	925/1	1 080/3	620/1
		2.3	2 950/4	2 550/3	2 100/4	1 820/2	2 250/3	2 250/2	1 600/3	1 820/2	2 000/3	1 150/1	1 450/3	820/1
2JT1600×800-24		2.0	3 200/5	3 300/3	2 320/4	2 400/3	2 550/4	2 180/2	1 850/4	1 600/2	1 720/3	980/1	1 260/3	720/1
		2.5	4 200/5	4 300/3	3 000/5	3 050/3	3 350/4	2 900/2	2 400/4	2 050/2	2 280/3	1 300/1	1 610/3	920/1
		3.3	4 900/5	5 100/3	3 570/5	3 590/3	3 950/4	3 400/2	2 850/4	2 450/2	2 680/3	1 520/1	1 930/3	1 110/1

注:摘自冶金工业出版社《冶金矿山设计参考资料》

1. 表中斜线上方为日产量,下方为最多提升车数。
2. 日产量按 19.5 h/d 及不均衡系数 1.15 计算;松散体按 2.2 t/m^3 计算;倾角小于 25°时装满系数取 1.0,等于 25°时装满系数取 0.9。
3. 上下部车场均为平车场。
4. 2JT1200×1000-25 型绞车的最大静拉力差按 2 000 kg 计。

2.3.7 斜井的信号和安全设施

1. 斜井的信号

以井口为中心,在井口与井底之间、井口与提升房之间,用声光信号、直通电话、移动信号等进行信号联系,并在井口、车场、井身中部分别安装监控监视设备,以随时掌握井上、井下的运输情况,确保安全。

2. 斜井的施工安全及环境保护

(1)施工安全

1)绞车应有深度指示器及防过卷装置,并在钢丝绳上设明显的深度标志。

2)使用斗车的斜井在井口设阻车器,在井身及井底车场变坡点附近设挡车器,挡车器必须经常处于正位关闭状态,放车时方可打开。车辆本身设断绳保险装置以防跑车。

3)斜井防跑车装置可采用简易防跑车装置或电动防跑车装置。简易防跑车装置易于制造,使用简便,发生跑车事故时有强大的缓冲力;电动防跑车装置的电源与提升绞车的安全回路相互闭锁,自动控制,安全可靠,此装置需作固定钢轨的特制轨枕。

4)连挂提升时,应有可靠的连接装置和断绳保险器,挂钩均应加保险栓。

5)当斜井施工穿过煤层以及可能有瓦斯突出时,应安设瓦斯报警自动断电仪。

(2)环境保护

1)矿车清洗废渣、废水、废油应进行处理,不得随地堆弃、排放。

2)废旧电瓶应进行回收,不得将电瓶或充填物弃于水源、河道或农田。

3)合理规划弃淹场地,少占耕地,不侵占河道或库区;对弃渣场进行圬工防护,先挡后弃,防止渣土冲刷。

2.4 竖 井

竖井一般由井颈(包括锁口)、井身和连接段(包括井底水窝与通道)三部分组成(图2-14)。

井颈和连接段受力较大,一般均设置支护,井身视围岩稳定程度及地下水情况决定其支护类型及部位。

2.4.1 竖井横断面

竖井横断面有圆形或矩形两种。当围岩压力较大时,宜选用圆形断面,因其井筒受力条件好;当围岩稳定性好,井又不深时,则可选用矩形断面,因其井筒利用面积大、便于布置、支护方便、进出车便利。当井深小于 30 m 时,可用简易竖井,框架间距为 0.5~1.0 m,框架间用立柱支撑,并设稳定柱与木罐道梁连接。

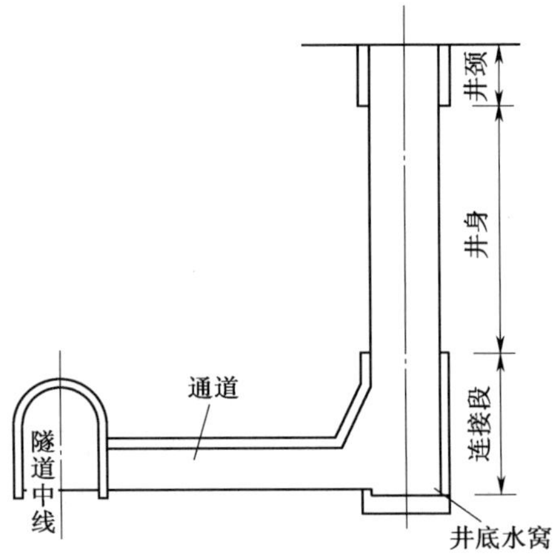

图 2-14　竖井示意图

竖井横断面一般布置有提升间、梯子间和管道间,其断面尺寸系根据提升容器尺寸、梯子间尺寸、管路数量以及设备间隙等因素,用图解法决定。为便利开挖竖井,其断面尺寸还应考虑凿井设备的布置要求。

(1)提升容器尺寸由每班出渣量确定。

(2)梯子间的平面尺寸一般不小于 1.2 m×1.3 m,平台梯子孔长和宽分别不小于 0.7 m 和 0.6 m,梯子宽度不小于 0.4 m,上下两层梯子平台的距离不大于 6 m。梯子下端距井壁不小于 0.4 m,梯子的阶间距离不大于 0.4 m,梯子间与井筒提升间要严密隔开。

(3)管道间按管道数量、管端法兰盘的外径尺寸布置,并需留有安装、检修和更换管路的空间。

(4)设备最小间隙见表 2-12。

表 2-12　设备最小间隙

罐道类别	间隙部位	最小间隙(mm)	备　　注
钢木罐道	罐笼与井壁之间	200	
	两个罐笼之间	200	罐道间不设罐道梁
	罐笼与梁之间	150	不装罐道的梁
钢丝绳罐道	罐笼与井壁之间	240~280	
	两个罐笼之间	300~350	
	吊桶与井壁之间	500	
	双吊桶的中间罐道绳之间	250+H/3	H——井深(m)
	吊桶与管道之间	500	钢丝绳悬吊管道
固定钢梁及各项悬吊设备与井筒中心之间		100~200	单纯悬吊吊盘不小于 250 mm
吊盘与井壁之间		不大于 100	

注:摘自《矿山井巷工程施工及验收规范》。

2.4.2 竖井与隧道的连接及井底车场

(1)竖井与隧道的连接方式和井底车场布置

竖井与隧道的连接方式有垂直通道连接式和环形通道连接式两种。井底车场一般利用正洞布置存车线和调车线,经由联络通道与竖井连接。

垂直通道连接式井底车场的联络通道与隧道中线垂直,单向出车,进出车时间较长,但联络通道较短,工程量较小。

环形通道连接式井底车场的罐笼出车线与隧道中线平行,双向出车,进出车时间较短,但联络通道较长,工程量较大。

(2)竖井井筒与通道的连接

为了下放长材料,井筒与通道连接部位的高度较联络通道的一般地段为高,采用渐变段过渡。

为节省开挖工程量,一般只在竖井的侧面加高联络通道的高度并设渐变段。该处断面较大,施工时要注意制定安全保证措施。

2.4.3 竖井施工设备及其布置

1. 竖井施工设备

竖井井口一般装备有井架、绞车、天轮、卸渣台、井盖、运输轨道等设施。在井筒内一般设有吊桶、罐笼、吊盘、吊泵、通风管、供水管、排水管、压风管、混凝土输送管、动力电缆、信号电缆、安全梯等悬吊设备,并有罐道作提升导向。

(1)井架

1)钢管井架

井架通常由钢管、型钢及圆钢拼装连接而成,每个杆件不宜太重以便于安装、拆卸和运输。井架的四个方向具有相同的稳定性,天轮平台允许四面出绳,可在井口相对的两侧或四周布置绞车。这种井架矿井使用较广,原煤炭部作了系列定型设计,包括五个型号共七种,可满足井径 3.5~8.0 m,井深 200~1 000 m 的竖井施工,其中 V 形井架更适用于大型机械化配套设备的深井施工。各型井架的适用条件及主要尺寸见表 2-13。

表 2-13 竖井钢管井架的适用条件及主要尺寸表

井架型号	井筒深度(m)	井筒直径(m)	井架底部跨距(m)	天轮平台平面尺寸(m)	基础至天轮平台的高度(m)	基础至翻渣平台的高度(m)	井架金属结构重量(t)
Ⅰ	200	3.5~5.0	10×10	5.5×5.5	16.242	5.0	25.094
Ⅱ	400	4.5~6.0	12×12	6.0×6.0	17.250	5.8	30.623
Ⅲ	600	5.5~6.5	12×12	6.5×6.5	17.346	5.9	33.067
$Ⅲ_G$	600	5.5~6.5	12.83×12.83	6.5×6.5	19.846	8.4	39.473

注:井架所采用的钢管、型钢、圆钢、螺栓等均为 3 号普通碳素钢。

2)拼装钢井架

根据铁路竖井要求投产快、使用期短、方便适用及安全可靠的特点,在铁路隧道竖井施工中多采用拼装钢井架。其主塔架及罐道支架主要部分由万能杆件拼成,个别杆件需特殊设计制作。该井架由建井阶段转为使用阶段仅需少部分改装,即竖井建井施工阶段的井架主要系由天轮平台、过卷平台、倒渣系统等组成,而竖井隧道施工阶段的井架主要系由天轮平台、拉紧平台、串绳平台及罐道支架等组成。

3)简易井架

简易井架有摇头扒杆(图 2-15)、人字架(图 2-16)、三角架(图 2-17)、龙门架(图 2-18)及临时木井架等多种类型,一般在浅井施工和井口掘进时使用。也可根据设备条件用少先式吊车、汽车吊或挖掘机的吊杆代替简易井架。

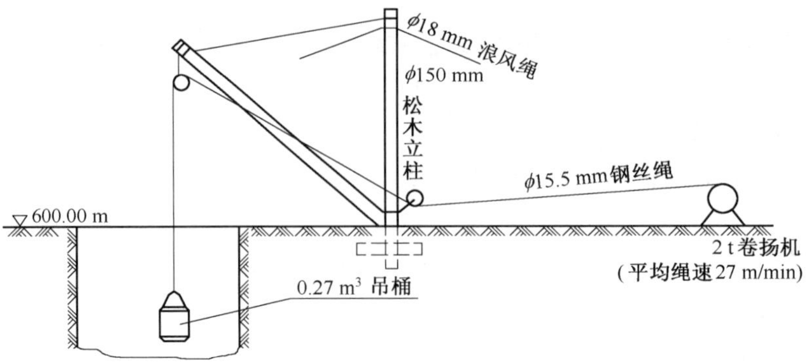

图 2-15 摇头扒杆

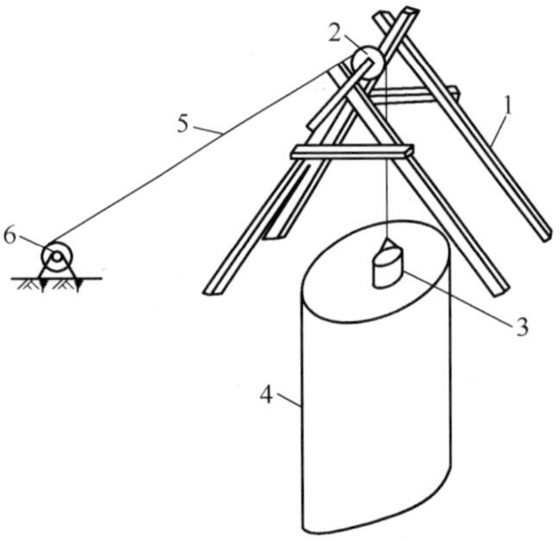

图 2-16 人字架井架

1—人字架;2—天轮;3—吊桶;4—井筒;5—提升绳;6—绞车

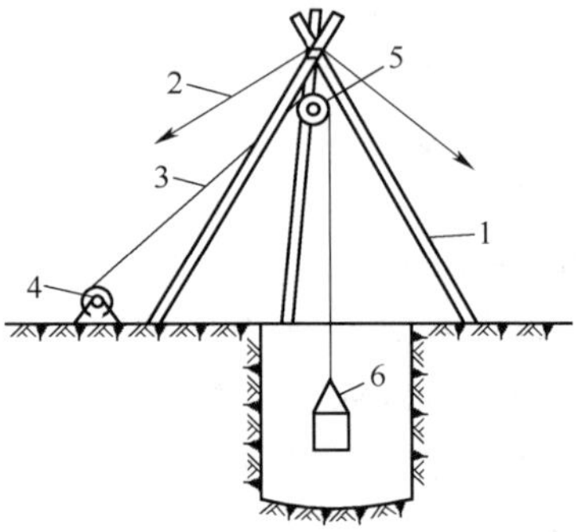

图 2-17 三角架井架

1—三角架;2—拉绳;3—提升绳;4—绞车;5—滑轮;6—吊桶

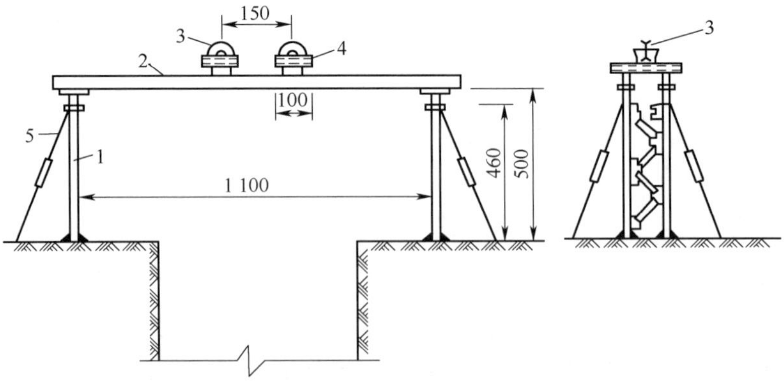

图 2-18 龙门架井架(单位:mm)

1—排架;2—主架;3—天轮;4—天轮架;5—拉绳

(2)绞车

目前矿井提升绞车正向体积小、重量轻、提升能力大、使用准确可靠和高度自动化的方向发展。简易浅井的提升绞车,可根据施工单位自有设备情况选用一般工程用绞车。

(3)天轮

天轮分提升天轮和悬吊天轮两种,悬吊天轮又按绞车的性能分为单槽和双槽。提升吊桶、罐笼等用提升天轮,悬吊管路或其他设备用悬吊天轮,必要时也可用滑轮代替天轮。

天轮一般安装在井架顶部的天轮平台上,由天轮梁承托,如布置不下全部天轮时,可分层布置。天轮位置应是井内设备悬吊点的位置,天轮梁与天轮出绳方向平行,两天轮梁间的距离应满足天轮轴承的间距要求。为避免钢丝绳和井架相碰,可架设导轮或将天轮垫高。

提升天轮使用的钢丝绳直径不许可大于该天轮所允许的绳径。当提升钢丝绳的仰角大于45°时,应重新核算天轮有关零件的强度。悬吊天轮轴承座螺栓一律采用 M24 一个规格,设计时未考虑因水平分力所承受的剪力,因此安装时,轴承座必须设有挡铁。

(4)提升容器

竖井在凿井时期,提升容器用吊桶;竖井到底后,隧道出渣用罐笼。简易浅井的出渣也用吊桶;在采取安全措施后,也有用斗车直接提升的。

1)吊桶与钩头装置

吊桶有挂钩式、坐钩式及底卸式三种。前两种用以出渣、排水(井内涌水量小于 6 m^3/h)、升降人员和材料的主要容器。后者主要用于向井下运送混凝土。其规格尺寸见表 2-14、表 2-15。

表 2-14　吊桶规格主要尺寸表

吊桶形式	吊桶容积(m^3)	桶体外径(mm)	桶口直径(mm)	桶体高(mm)	吊桶全高(mm)	桶梁直径(mm)	重量(kg)
挂钩式	0.5	825	725	1 100	1 730	40	194
	1.0	1 150	1 000	1 150	2 005	55	348
	1.5	1 280	1 150	1 280	2 270	65	478
	2.0	1 450	1 320	1 300	2 430	70	601
坐钩式	2.0	1 450	1 320	1 350	2 480	70	728
	3.0	1 650	1 450	1 650	2 890	80	1 049
	4.0	1 850	1 630	1 700	3 080	90	1 530
	5.0	1 850	1 600	2 100	3 480	90	1 690

表 2-15　底卸式吊桶规格尺寸表

特征及尺寸 \ 型号		TDX-1.2	TDX-1.6	TDX-2.0
容积(m^3)		1.2	1.6	2.0
出料口尺寸(mm)		400×400	400×400	400×500
自重(kg)		815	832	1 066
尺寸	D_1	1 320	1 320	1 450
	D_2	1 450	1 450	1 650
	D_3	1 454	1 454	1 463
	B	1 494	1 494	1 700
	d	70	80	85
	R	160	160	170
	h_1	140	140	160

续上表

特征及尺寸 \ 型号		TDX-1.2	TDX-1.6	TDX-2.0
尺寸	h_2	1 485	1 730	1 965
	h_3	110	110	120
	H	2 757	3 004	3 200

竖井提升过程中悬挂吊桶用的钩头装置由钩头和连接装置组成,与吊桶配套使用。当吊桶小于1.5 m^3时,均选用3.6 t钩头装置。使用期间应有专职人员对吊桶桶梁、销轴、耳环、铆钉、焊缝及其钩头装置进行检查。发现有异常情况或磨损超限时,应立即更换。

2)罐笼与罐座

施工时可根据隧道中使用的斗车尺寸及罐道类型自行设计制作,其连接装置的安全系数不小于10。当竖井建成后,开拓井底车场及巷道采用罐笼时需罐座来承托。

(5)卸渣台

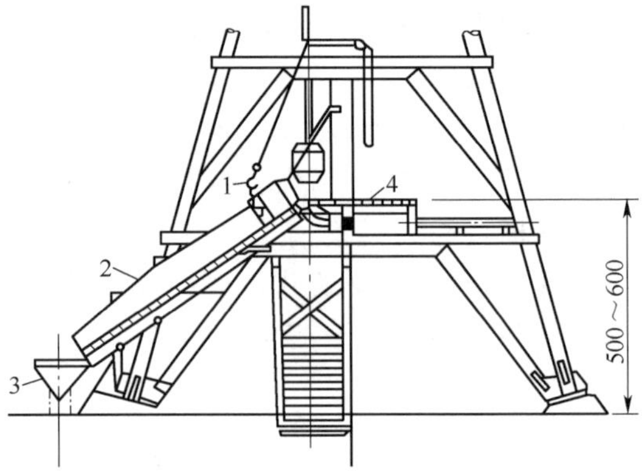

图 2-19　吊桶卸渣台示意图(单位:mm)

1—翻渣挂钩;2—溜槽;3—斗车;4—卸渣平台

吊桶出渣,一般在井口设卸渣台,可利用井架搭设,亦可单独架立。图2-19为卸渣台的一种型式,台上铺设木板,在吊筒通过的位置设有卸渣门,井架上悬挂翻渣挂钩,吊桶提出卸渣台后,用翻渣挂钩钩住吊桶底部铁环,然后放松提升钢丝绳,吊桶翻倒、石渣经溜槽卸入斗车运走。

简易浅井为减小井架高度,可不设卸渣台,根据具体条件采取在井盖上挂钩翻渣,或用平车在井口接运吊桶至弃渣场卸渣等办法。

(6)井盖

井盖由钢梁和木梁作骨架、上铺木板或钢板组成,钢梁嵌在井口的井壁上。井盖上设有井盖门及其他悬吊设备通过的孔口,井盖门在吊桶通过前开启,通过后关闭。其他孔口不通过悬吊物时应用盖板或麻袋盖严。井盖上铺设钢轨与井口运输轨道连接。

(7)吊盘

吊盘是井筒支护的工作平台,同时也是井筒开挖工作的保护盘,也可作拉紧稳绳的稳绳盘。吊盘一般由钢圈和钢梁作骨架、上铺木板或钢板组成,盘上布置有通过吊桶、吊泵、安全梯和各种管线路的孔口,其位置与井盖布置相对应;盘边设有可伸缩的插销以固定吊盘的位置;盘的直径一般比井筒直径小100～200 mm;盘与井壁间的间隙用麻袋或胶皮堵塞。矿井用的吊盘有单层、双层、三层等多种形式。

吊盘可用单绳或双绳悬吊:单绳悬吊时,钢丝绳应离开井筒中心250～400 mm;双绳悬吊时,两绳联线一般与稳绳联线平行。单行作业的竖井:在开挖时,吊盘位置距开挖面一般为25～40 m;在支护时,吊盘位置随支护工作面而移动。

(8)罐道

1)钢丝绳罐道

钢丝绳罐道亦称稳绳,有重锤式和液压螺拉紧式两种,均适用于1 000 m以内各种深度的井筒内作罐笼提升时导向用。前者用于箕斗井时较经济适宜，后者张紧效果好，适用范围广，安装也很简便。

罐道用钢丝绳有普通、密封或半密封钢丝绳，选用时应通过计算。

吊桶提升时，两根钢丝绳罐道布置在吊桶的两侧，由滑架将提升钢丝绳与罐道联系引导吊桶提升，滑架需与吊桶配套选用，其规格见表 2-16。为了减轻提升过程中滑架对钢丝绳的冲击作用，延长滑架及钢丝绳的使用期限，要设置提升绳与稳绳的缓冲器。罐道绳上端绕过井架上的天轮由稳车拉紧，罐道绳下端系在稳绳盘上，稳绳盘由盘边的可伸缩插销插入岩帮固定，或在井底设置固定在底梁上的滑套以制约其摆动。液压螺杆拉紧式的钢丝绳的终端，则以在井底处设双楔块紧固器固定。

表 2-16　滑架系列表

滑架距离(m)	适用范围			允许碰撞速度(m/s)	保护伞直径(mm)	高与宽之比	最大宽度(mm)	总重(kg)
	吊桶	规格	翻渣形式					
	容积(m^3)	最大外缘直径(mm)						
1.40	1.0	1 150	自动翻渣或非自动翻渣	2	1 150	1∶2	1 470	96
1.55	1.5	1 280			1 300		1 620	108
1.70	2.0	1 450			1 450		1 770	120
1.85	3.0	1 650			1 580		1 930	173
2.05	4.0,5.0	1 850			1 780		2 130	196
2.20					1 930		2 280	218

罐笼提升时，钢丝绳罐道的布置形式有对角、三角、四角和单侧等数种，一般布置在罐笼的四角。

滑架安装前，应按总图检查其零件是否齐全、质量是否达到要求；所有螺栓必须配置弹簧垫圈或采用双螺母，以防螺母松退坠井伤人。使用时应加强日常维护检修工作，滑套各部螺栓及架体每日必须检查一次，发现破裂等现象应立即处理。

稳绳滑套和提升滑套之内表面磨损极限，不得超过 3 mm。

2)木罐道

木罐道一般用于木框架支护的矩形竖井，罐道一般用 120×150、150×180、180×200 mm 的方木，每根长 4～6 m，罐道梁一般用 160 mm×180 mm、180 mm×200 mm、200 mm×240 mm的方木。安装罐道可随支护同时进行，安装较方便。

3)钢轨罐道

钢轨罐道一般用 24 kg/m 钢轨制作，罐道梁一般用 20 号工字钢埋入井壁或支承在壁圈(喷混凝土支护)上。但不如钢丝绳罐道的结构简单、安装方便。

(9)管、线路

压风管、排水管、给水管、通风管、混凝土输送管等管路一般靠近井壁，以不妨碍井筒掘进和井口装卸、运输工作为原则。管路安装方法有钢丝绳悬吊法和井内固定吊挂法，前者接长管路工作在井口进行，不占用竖井掘进时间，但使用绞车和钢丝绳较多；后者简化凿井设备布置，节省施工器材，但在井内接长管路需占用竖井掘进时间。

1)钢丝绳悬吊法:有单、双绳悬吊两种。井深在 250 m 以内时,采用单绳悬吊压风管为宜,管路上端装有平衡连接卡,下端装有终端连接卡,每节钢管设两个中间卡。压风管一般悬吊至吊盘上方,吊盘以下用粗胶皮管延伸并配有分风器向工作面供风。

图 2-20 为双绳悬吊通风管装置,管路下端装终端卡箍,其上每一节通风管装一副中间卡。

接长管路时,应先拆下弯头再松平衡绳;接好管子后,应先装平衡绳,调直后再装弯头。

2)井内固定吊挂法:井内吊挂从预埋钢梁或螺栓固定管路已发展到采用锚杆固定管路,其动力、照明、信号电缆可单独吊挂,也可随同有关管路联合吊挂,放炮电缆要单独吊挂;在有罐道梁、梯子梁的井筒中,可用罐道梁、梯子梁固定管路。

楔缝式锚杆虽然锚杆直径较大,但锚固力不如膨胀水泥锚杆和树脂锚杆,故前者一般用于承受静载或具有轻微动载的管、线独立吊挂。而后两者则用于吊挂承受动载的管路,如排水管和混凝土输送管的吊挂或多管联合吊挂。

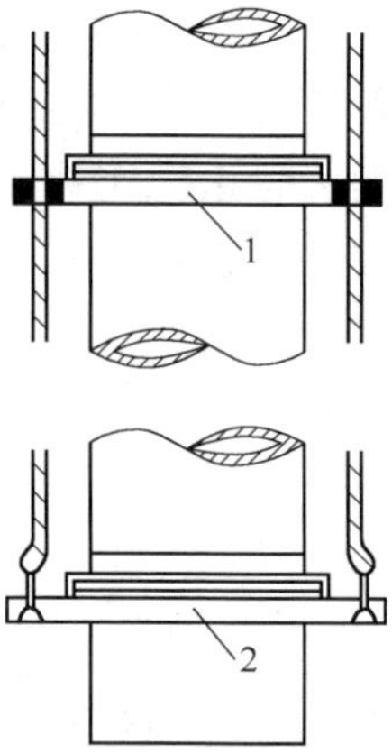

图 2-20 双绳悬吊通风管装置图
1—中间卡;
2—终端卡

(10)安全梯

在凿井时期,为了在突然停电及提升设备等发生故障时保证井内施工人员安全撤出,应设置安全梯。竖井不深时,也可用型钢做成安全梯供人员上下。

2. 竖井设备布置注意事项

(1)竖井井内悬吊设备需按设备间隙和设备安装要求布置,力求合理,使之不互相干扰,应满足凿井时的作业以及隧道施工时的工作需要。

(2)提升系统的布置,需由井内悬吊设备布置方式、井架结构形式及井口地形等因素决定。

(3)竖井井口运输线路应将弃渣场、材料堆放场、混凝土搅拌站、机修场等与井口连通组成运输环线。

(4)竖井设计安装井架时,宜使吊桶提升中线与罐笼提升中线一致,最好是吊桶的悬吊点即为罐笼的悬吊点,以减少改装工作。

2.4.4 竖井施工

竖井施工的特点是井筒断面小,大部分施工设备须利用井架或井臂悬挂,出渣、进料均为竖直运输,井筒开挖与支护不能平行作业,因此施工干扰大、条件差、进度慢。

1. 竖井开挖

竖井开挖一般多采用分段开挖与支护交替进行的单行作业。每段开挖的高度,按支护方式决定,表 2-17 可供参考。

表 2-17 支护方式与开挖高度

支护方式	木框架		混凝土		喷射混凝土
施工条件	围岩稳定	围岩较差	有临时支撑	无临时支撑	无临时支撑
开挖高度(m)	8～15	3～6	30～60	3～5	2～3

(1)钻眼

钻爆作业与正洞相同。掏槽形式可根据岩石状况及钻眼机具类型，采用直眼掏槽、斜眼掏槽和大直径中空眼平行直眼掏槽等方式。为了降低爆破抛掷高度，减少对井筒设备的损坏和便于多台凿岩机打眼，宜用直眼掏槽。在陡斜的岩层中，层理裂隙相当发育，可采用后两种。在有水地段，为了便于排水，宜采用立式梯台开挖超前掏槽。

环形钻架是竖井快速凿岩掘进的辅助设备，可将多台气腿式凿岩机挂于钻架上，对井筒全断面上各种角度的炮眼施钻。它是由环形跑道、外伸跑道、撑紧装置、悬吊装置、环形分风分水器、集中注油器及跑道小车等部分组成。此外，在环形钻架上铺设板材可作为砌壁临时工作盘。常用的气腿式凿岩机都可与它配用。

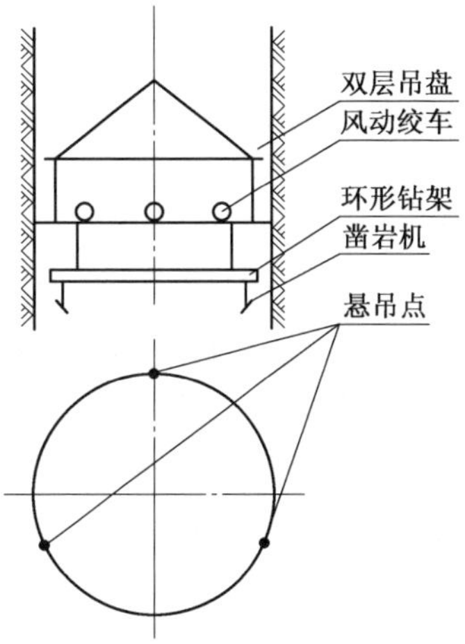

图 2-21　悬吊环形钻架

环形钻架上端设三个悬吊点，用风动绞车将其固定于吊盘上(图 2-21)。悬吊点的位置在竖井施工组织设计中确定，悬吊钢丝绳规格型号可根据环形钻架重量，所用凿岩机数量以及是否作为临时工作盘等因素计算决定。

环形钻架的使用注意事项：

1)下井安装前，应进行地面预组装试验。风水管路应通过压力为 8×10^5 Pa 的试压 15 min，不降压、无渗漏。

2)使用前，应将环形钻架下放至适当高度，并利用套筒千斤顶固定于井壁，保持钻架水平对中，以保证打眼质量。

3)使用时作业面与环形钻架间，环形钻架与吊盘间应设安全软梯，便于人员上下。建立可靠的联系信号，防止吊桶降落损坏外伸跑道，和在井下发生涌水或其他事故时，保证人员设备安全。

4)钻眼结束，应将环形钻架提升至适当的安全高度，防止爆破损坏环形钻架部件、凿岩机具、风水管路等。

5)悬吊机具应保持完整无损，经常检查悬吊风动绞车制动装置是否牢靠，确保安全。

钻眼后要进行吹孔，并用炮棍检查深度是否合格，合格后立即用木楔将炮孔口临时堵塞，以免渣子落入孔中。木楔长约 50 cm，有水时应高出井底水面。

(2)装药

竖井装药宜用串装法，即把几个药卷串在一起装入炮眼。竖井内有水时，需用防水药包或胶质炸药。装药时，禁止在两个吊盘上进行其他作业。

竖井内运送起爆药包时，须将药包放在专用的木箱中，不得使用底卸式吊桶。禁止同时运送起爆药包和炸药。

(3)堵孔

炸药装好后，需立即按爆破设计堵塞炮孔。炮孔堵得密实，可以提高爆破效果使掌子面爆得平整；若堵得不密实或不堵塞，则会使炮眼地段的岩石爆破得很碎，给清底及进一步施钻等下步工序带来困难。

(4)爆破

起爆时，禁止使用火雷管、导火索起爆。起爆雷管严格防水，起爆前要严格检查，以免出现瞎炮。

(5)通风排烟

竖井通风一般采用压入式和压入、吸出混合式管道通风。通常根据井下工作人数、一次炸药用量、使用机具、最小风速以及排烟时间等因素综合考虑所需风量。风机设于井口，以风管将风送入井内。

2. 竖井装渣

简易浅井或深井建井初期，40 m 以内一般多用人力装渣，用人工将渣装入 0.27 m^3 吊桶内，采用摇头扒杆配 2 t 卷扬机将渣提出井外。当井筒深度超过 10 m 以上时，则需加设临时井盖，仍用人工将渣装入 0.5 m^3 吊桶内，选用三角架配 5t 绞车将渣提出井外。

当井深超过 40 m 时，则用机械装渣。常用的装渣机械有 NZQ_2-0.11 型抓岩机、0.35 m^3 挂臂式液压抓岩机、0.5 m^3 中心回转式全风动抓岩机、0.4 m^3 HK_4 型靠壁式抓岩机等多种类型。

抓岩机由吊盘上的气动绞车悬吊，悬吊高度不小于 15 m，一般为 20～40 m。用抓岩机装渣，一般先抓平高处渣堆，然后分层抓取。清底时，由于石渣厚度薄、块度大、基地硬，抓取石块时叶片容易打滑、左右摇摆，必须善于运用提升手柄定位，并随时调换抓岩机叶片位置，以防机体歪倒或叶片夹块漏渣。抓取井帮石渣时，如操作稍有疏忽，极易发生机体倾倒、歪斜及起重缸抽帮现象。必要时，尽量用人力扒出井帮石渣堆积一起，为抓岩机工作创造条件。

3. 竖井支护

(1)喷锚支护

喷射机设在井口搅拌机处。开挖段高度因围岩稳定程度而异，一般为 2～3 m。在放炮后先不出渣，整平浮渣后，喷射手站在浮渣上喷射井壁。如遇破碎岩层，可用锚、喷、网联合支护。喷混凝土井壁施工，工序简单、速度快、效率高，在井帮淋水不大时，宜优先采用。

如将喷射机设在吊盘上，用吊桶或溜灰管送料时，井内设备布置较复杂，吊盘负荷加重，井内粉尘较大，工作条件较差。

(2)整体混凝土支护

开挖段高度视围岩稳定程度而异，一般为 2～5 m。在放炮后亦先不出渣，将浮渣整平即可立模。搅拌机设在井口，混凝土经漏斗、套管、输料管、缓冲器、活节溜灰筒输送到模板内。为防止混凝土产生离析和堵管现象，混凝土的水灰比不大于 0.65，坍落度用 8～12 cm。为使灌注混凝土后能尽早进行爆破作业，混凝土内可掺速凝剂。

混凝土模板有下列几种：

1)装配式钢模板：亦称组合模板，由钢板与型钢焊接成弧形板，再用螺栓组合。

2)伸缩式活动模板：基本构造为设置在井筒全部圆周上，模板分为 2～3 大块，大块之间留有伸缩缝，依靠其缝的伸缩以达到模板的撑开和收拢。按其伸缩机构可分为双楔螺杆式、螺旋调节式和同步增力式三种；按其伸缩缝的封闭方式有搭接式、楔形小模板式和插板式三种。

3)门扉式活动模板：其主体在井筒圆周上，是由成对的可以开闭的门扉模板块组成，各门扉绞接在型钢立柱上，立柱被上下槽钢圈固定形成刚性笼式框架，框架用三根钢丝绳悬吊在吊盘或地面上。模板下还需设单独悬吊的托盘。此种模板结构复杂，重量大，占用井筒断面大，但可用于平行作业，脱模容易，浇灌混凝土也较方便。

2.4.5 竖井提升及悬吊设备的选择与计算

竖井提升系统见图 2-22。提升方式分单钩提升和双钩提升。选择提升方式主要根据隧道施工对提升能力的要求，并应考虑提升电能消耗和调绳方便等因素。

用钢丝绳悬吊井内设备系统与提升系统近似。

1. 井架高度(H_1)

$$H_1 = h_1 + h_2 + h_3 + D_{天}/4 \text{ (m)} \qquad (2\text{-}13)$$

式中　h_1——井口卸渣台高度，吊桶提升 $h_1 = 5 \sim 6$ m，罐笼提升 $h_1 = 0$；

h_2——提升容器及连接装置总高(m)；

h_3——过卷高度(m)，提升速度≤3 m/s 时，$h_3 \geq$ 4 m；提升速度>3 m/s 时，$h_3 \geq 6$ m；

$D_{天}$——天轮直径(m)。

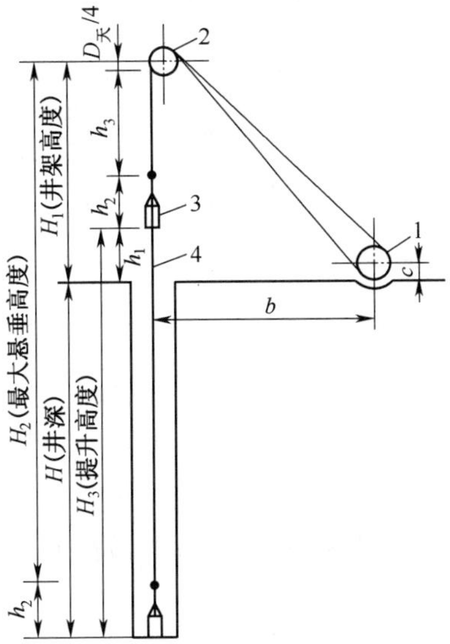

图 2-22　竖井提升系统
1—绞车；2—天轮；
3—提升容器；4—钢丝绳

2. 一次提升时间(t)

$$t = t_1 + t_2 \text{ (s)} \qquad (2\text{-}14)$$

式中　t_1——一次提升运行时间(s)；

t_2——一次提升辅助时间(s)。

(1)吊桶提升

1)双钩

$$t_1 = 4\sqrt{H_4} + \frac{2H_S}{V} \text{ (s)}$$

t_2用 140～160 s。

2)单钩

$$t_1 = 8\sqrt{H_4} + \frac{2H_S}{V} \text{ (s)}$$

t_2用 120～140 s。

(2)罐笼提升

1)双钩

$$t_1 = \frac{H_3}{V_{最大}/\alpha} \text{ (s)}$$

t_2：双面进出车用 15 s；单面进出车用 30 s。

2)单钩

$$t_1 = \frac{2H_3}{V_{最大}/\alpha} \text{ (s)}$$

t_2：双面进出车用 30 s；单面进出车用 60 s。

上式中　H_3——提升高度(m)；

H_4——有稳绳的提升高度(m)；

H_S——无稳绳的提升高度(m)；

α——速度系数，用 1.2；

V——无稳绳的提升速度，用 1～2 m/s；

$V_{最大}$——最大提升速度(m/s)，按表 2-18 选用。

3. 提升容器的容积(V)

(1)吊桶的容积，按装渣生产能力 P(m^3/h)选定。

表 2-18 竖井最大提升速度

竖井深度 \ 升降条件	$V_{最大}$(m/s)		备 注
	罐笼	吊桶	
<40	2	0.75	无导向设备
40～100	3	1.50	沿导向设备
>100	6	3.00	沿导向设备

双钩

$$V=\frac{Pt}{3\,600k_1} \quad (m^3)$$

单钩

$$V=\frac{Pt}{1\,800k_1} \quad (m^3) \qquad (2\text{-}15)$$

(2)罐笼的斗车容积,按隧道每班出渣量 V_1(m^3)选定。

双钩

$$V=\frac{k_2 tV_1}{3\,600k_1 T} \quad (m^3)$$

2)单钩

$$V=\frac{k_2 tV_1}{1\,800k_1 T} \quad (m^3) \qquad (2\text{-}16)$$

式中 k_1——容器装满系数,用 0.9～0.95;

k_1——提升不均衡系数,用 1.2～1.25;

T——隧道每班出渣时间,按三班制,每班 5 h;

t——一次提升时间(s),见公式(2-14)。

根据计算结果选用吊桶斗车及相应的罐笼。

4. 钢丝绳的单位长度重量(P_K)

(1)提升钢丝绳

$$P_k=\frac{Q_1+Q_2}{\frac{110\sigma}{m}-H_2} \quad (kg/m) \qquad (2\text{-}17)$$

(2)悬吊钢丝绳

$$P_k=\frac{Q_{悬}}{\frac{110\sigma}{m}-H_2} \quad (kg/m) \qquad (2\text{-}18)$$

(3)罐道钢丝绳

$$P_k=\frac{Q_{拉}}{\frac{110\sigma}{m}-H_2} \quad (kg/m) \qquad (2\text{-}19)$$

式中 Q_1——提升容器及连接装置的自重(kg);

Q_2——提升容器的有效载重(kg);

$Q_{悬}$——悬吊物的自重和载重(kg);

$Q_{拉}$——罐道的拉紧力,井深每 100m 按 1.1～1.6t 计;

H_2——钢丝绳的悬垂高度(m),见图 2-22;

σ ——钢丝绳公称抗拉强度,1 550~1 700 MPa;

m ——安全系数,提升人用 9,提升物用 6.5,悬吊吊盘、吊泵用 6,悬吊管路用 5,悬吊安全梯用 9,拉紧罐道绳用 6。

根据 P_K计算值,选用相应的钢丝绳直径,由于罐道钢丝绳长期运行有磨损,应考虑保证罐道刚度,一般可选用 6×7 的钢丝绳,且其直径不小于 20.5 mm 为宜。

5. 天轮直径

(1)提升天轮

$$D_{天}=60\sim 80d_{绳}(mm) \tag{2-20}$$

或 $D_{天}=900\sim 1\,200d_{丝}(mm)$ (2-21)

(2)悬吊天轮

$$D_{悬}=20\sim 30d_{绳}\ (mm) \tag{2-22}$$

或

$$D_{悬}=300\sim 450d_{丝}(mm) \tag{2-23}$$

式中 $d_{绳}$——钢丝绳直径(mm);

$d_{丝}$——钢丝绳钢丝的直径(mm)。

根据计算结果,选用天轮。

6. 绞车

(1)卷筒直径($D_{卷}$)

提升绞车按公式(2-20)、(2-21)、(2-22)、(2-23)计算。

(2)卷筒宽度(B)

1)单层缠绕

$$B=\left(\frac{H_3+l}{\pi D_{卷}}+3\right)(d_{绳}+\varepsilon)\ (mm) \tag{2-24}$$

2)多层缠绕

$$B=\left(\frac{H_3+l+(3+4)\pi D_{卷}}{\eta\pi D_{平均}}\right)(d_{绳}+\varepsilon)\ (mm) \tag{2-25}$$

式中 H_3——提升高度(m),见图 2-22;

l ——钢丝绳试验的备用长度,用 30~40 m;

3 ——摩擦圈数;

4 ——每两个月移动 1/4 周的备用圈数;

$D_{卷}$——卷筒直径(m);

η ——钢丝绳缠绕层数;

$d_{绳}$——钢丝绳直径(mm);

ε ——绳圈间隙,用 2~3 mm;

$D_{平均}$ ——平均缠绕直径(m),$D_{平均}=D_{卷}+(\eta-1)\ d_{绳}$。

(3)最大静张大力($F_{最大}$)和静张力差($F_{差}$)

$$F_{最大}=Q_1+Q_2+P_kH_2 \tag{2-26}$$

$$F_{差}=Q_2+P_kH_3 \tag{2-27}$$

式中 Q_1、Q_2、P_k、H_2、H_3 等代号意义同前。

(4)电动机功率(N)的计算

1)单钩提升

$$N=\frac{K_{备}\ F_{最大}V_{最大}}{102\eta\alpha}\rho \quad (\mathrm{kW}) \tag{2-28}$$

2)双钩提升

$$N=\frac{K_{备}\ F_{差}\ V_{最大}}{102\eta\alpha}\rho \quad (\mathrm{kW}) \tag{2-29}$$

$K_{备}$——电动机功率备用系数,取 1.2;

η——传动效率,取 0.85;

ρ——动力系数,取 1.4;

$V_{最大}$——最大提升速度(m/s),按表 2-18 选用;

α——速度系数,用 1.2;

$F_{最大}$——最大静张力,同式(2-26);

$F_{差}$——静张力差,同式(2-27)。

根据计算结果选取相适应的提升设备。

2.4.6 竖井信号和安全设施

1. 竖井信号

信号设施主要有电铃和色灯信号两种。凡罐笼或吊桶的提升、下降、慢行、上人、下人、运长材料、运炸药以及井筒的闭塞或开通,均用明确的音响或色灯信号显示,同时加设专用电话。

信号系统以井口为中心,在井口设总信号显示,在井口与井底之间和井口与提升机房之间分别设信号电缆及装置,用铃声、色灯、电话联系井上、井下的作业。凿井时在吊盘上加设信号机。

一般情况下井内信号不得直接向提升机房发送信号,必须经井口信号员转发至提升机房。

2. 竖井安全设施

(1)提升装置应有深度指示器与防过卷装置。必要时,在深度指示器和井架上设终端开关。当提升器超过正常卸载位置 50 cm 时,必须能自动断电和使保险闸发生作用。

(2)通向竖井的井口轨道设阻车器,防止车辆坠入井内。

(3)电葫芦或绞车必须配有限位器、限速器,防止过卷伤人、翻车。

(4)罐笼提升时,罐顶应设铁盖,罐底必须满铺钢板并不得有孔洞,如罐底下面有阻车器的连接装置时,必须设有牢固的检查门。在井口也需设置安全栅栏或安全门。

(5)若采用临时罐笼双钩单绳提升时,必须采用相同捻向的钢丝绳,以防两罐笼运行时,由于相对的扭转位移而发生撞罐事故。也可根据国标选用特制的不旋转钢丝绳。

(6)竖井井架天轮棚需加装避雷针装置,利用钢井架角柱作为引下线,为了接地安全可靠,引下线共设置两条。同时,防雷装置接地电阻不应超过 10 Ω,若实测超过此值,应增加接地极。

第 3 章　附属设施施工

3.1　附属洞室及联络通道

附属洞室和联络通道的开挖和支护方式应符合设计要求，与正洞的连接处应加强支护。较大的附属洞室及软弱围岩地段，宜先施作正洞二次衬砌，再开挖附属洞室。

开挖应采取有效措施减少对正洞支护的影响。

附属洞室、联络通道洞口段与正洞应形成完整畅通的防排水系统。衬砌同步施工时，防排水施工应与正洞施工同步进行；衬砌分别施作时，应作好附属洞室与正洞防排水系统的连接处理。

3.2　水沟、电缆槽

水沟和电缆槽的位置、结构形式、断面尺寸、沟底高程、纵向坡度等应符合设计要求。

水沟和电缆槽应纵向分段施工，分段长度不宜过短，线型应顺直。

水沟和电缆槽模板应采用钢模板，安装应稳固牢靠，接缝严密，不得漏浆。浇筑混凝土前，模板内积水和杂物应清理干净。

(1)水沟和电缆槽盖板预制和安装应符合下列要求：

1)盖板应在预制场集中预制。

2)预制场的钢筋加工厂、拌和站等配套设施应完善和规范。

3)模板应采用钢模，并进行专门设计和加工。

4)盖板铺设应齐全、平稳。

电缆槽内应按设计要求设置泄水孔，槽内不得积水和积淤堵塞。

盲管、水沟和孔槽组成的排水系统应排水顺畅，不得积淤堵塞。

(2)隧道内中心水沟应符合下列要求：

1)中心排水沟预制节段的内径、壁厚应符合设计要求。节段拼装接头应严密、不漏浆。

2)中心水沟与边墙水沟的连接应畅通。

3.3　泄 水 洞

泄水洞的设置应根据水源方向、流量大小等因素，合理选择位置、方向、断面及坡度等。

泄水洞的开挖应符合下列要求：

(1)应结合泄水洞的断面尺寸、水量、围岩级别及有水作业环境等进行专项爆破设计。

(2)在可能突、涌水的岩溶区，开挖前应进行超前探水，超前探测距离不应小于 30 m。

(3)泄水洞开挖时不应封堵水源，超前预注浆应控制注浆量，不得封堵水源通道。

泄水洞衬砌应留有足够的泄水孔,必要时增加导坑或导水管将正洞的水引入泄水洞。

最冷月平均气温低于－25℃应设置防寒泄水洞。防寒泄水洞出口保温设施应能防冻并符合设计要求。

3.4 紧急出口及救援站

隧道救援通道、紧急出口及救援站的平面位置、宽度、高度及坡度应满足设计要求。

紧急救援通道的盖板工厂化生产、安装稳固平顺。

紧急出口、避难所、救援站内所有预埋件施工应定位精确、焊接牢固,确保预埋质量。

救援通道、紧急出入口和救援站的标志标线应按照设计位置准确设置、图像施工清晰、标示方向准确、文字醒目,并配备灯光显示方向。

紧急救援站应设置能供紧急车辆停车和容纳逃出人员的安全区,并有道路与外界公共道路相连接。

3.5 运营设施安装

3.5.1 一般规定

(1)各种运营设施进场后应进行检查,其型号、规格和质量应符合设计要求和相关产品标准的规定。

(2)各类设备预埋件、阀件及转动部分安装前应对其出厂合格证、型号、规格、质量进行符合性检查,并清洗润滑,阀件安装完毕后应标明开启方向。

(3)安装工程所用金属配件、支撑件、紧固件应进行防锈蚀处理。

3.5.2 预 埋 件

(1)各种预埋件的材质、型号、尺寸、规格应符合设计要求。

(2)二次衬砌施工前应编制预埋件施工技术方案,确保埋设牢固可靠,防止漏埋、错埋。

(3)预埋件安装前应进行检查,有裂纹、缺损等现象时不得使用,预埋位置、精度应符合设计要求。

(4)隧道内综合接地预埋钢筋与衬砌钢筋应焊接牢固。

(5)预埋管材质、管径应符合设计要求,预埋管内宜预留铁丝,并采取措施保护管口。

(6)预埋件与衬砌钢筋发生冲突时,可适当调整衬砌钢筋位置,严禁对预埋件进行切割或压弯处理。

3.5.3 通风设施

(1)瓦斯隧道应检测瓦斯涌出量,与设计不符时,应及时通知设计单位。

(2)安装在基座上的通风机,基座、螺栓预留孔应符合设计要求。螺栓埋设时,灌浆应密实。

(3)运营通风机安装应符合下列要求:

1)不得侵入隧道建筑限界。

2)安装前应试机。

3)位置、高度及风机间的间距应符合设计要求,安装应牢固可靠。

4)风机两端的防护钢网应尽早安装,并应牢固可靠。

5)安装时应有安全措施。风机支架等钢结构安装应牢固可靠,接地装置应同步施工。

6)系统安装完成后,应对风机控制系统的自动控制装置进行检测、调试。

3.5.4　照明设施

(1)照明设施在安装后应进行检查。照明灯具、电源箱、配线支架及各种附件均不得侵入隧道建筑限界,并应符合与接触网的带电安全距离的要求,灯具的照明方向不得影响司机瞭望。

(2)照明电源箱、配线支架及导线接头应经过防水防腐处理。

(3)低压供电线路采用沿隧道壁敷设时,线路支架间距不应大于 12 m,直线隧道每隔 500 m、曲线隧道每隔 250 m 应设一组耐张支架。

第4章　风水电供应

4.1　施工供风

4.1.1　空压机站

空压机站的空压机设备能力，应根据同时工作的各种风动机具最大耗风量和管道漏风系数等，通过总耗风量的计算或实测确定。

1. 总耗风量($Q_{总}$)的计算

(1)$Q_{总}$的计算

$$Q_{总}=\sum Q\times(1+\delta)\times K\times K_{m}\quad(m^3/min) \tag{4-1}$$

式中　δ——空压机使用安全系数(包括轮流定检、临时高峰负荷或故障处理等因素)，电动空压机为1.30～1.50，内燃空压机为1.36～1.60；

K——空压机本身磨损而引起效率降低的修正系数，一般采用1.05～1.10；

K_{m}——不同海拔高度增加高压风耗风量的修正系数，见表4-1；

$\sum Q$——风动机具同时工作耗风量总和；

$$\sum Q=\sum q\cdot q_{n}(m^3/min)$$

其中 q_{n}——管道漏风系数，见表4-2，

$\sum q$——同时工作的各种风动机具耗风量：

$$\sum q=N\times q\times K_{同}\times K_{磨}(m^3/min)$$

其中 N——使用台数，

q——每台耗风量，

$K_{同}$——同时工作系数，参阅表4-3选取，

$K_{磨}$——风动机具磨损系数，对凿岩机取1.15，其他取1.10。

表4-1　不同海拔高度增加高压风耗风置的修正系数

海拔高度(m)	工作压力(MPa)				
	0.42	0.49	0.56	0.63	0.70
305	1.03	1.03	1.03	1.03	1.03
610	1.06	1.06	1.07	1.07	1.07
914	1.10	1.10	1.10	1.10	1.10
1 219	1.13	1.14	1.14	1.14	1.14
1 523	1.17	1.17	1.18	1.18	1.18
1 829	1.21	1.21	1.22	1.22	1.22
2 134	1.24	1.25	1.25	1.26	1.27

续上表

海拔高度(m)	工作压力(MPa)				
	0.42	0.49	0.56	0.63	0.70
2 438	1.29	1.29	1.30	1.30	1.31
2 743	1.33	1.34	1.35	1.35	1.36
3 048	1.37	1.38	1.39	1.40	1.40
3 353	1.42	1.43	1.44	1.45	1.45
3 658	1.47	1.48	1.49	1.50	1.51
3 962	1.52	1.53	1.54	1.55	1.55
4 267	1.56	1.58	1.59	1.60	1.61
4 572	1.61	1.63	1.64	1.66	1.66

表 4-2　管道漏风系数

管路总长度(km)	<1.0	1～2	>2
漏风系数(q_n)	1.10	1.15	1.20

表 4-3　风动机具同时工作系数

凿岩机(包括风镐)		其他风动机具(包括凿岩台车)	
同时工作台数	$K_{同}$值	同时工作台数	$K_{同}$值
1～10	1～0.85	1	1.0
11～30	0.85～0.75	2	1.0～0.75
>30	0.75～0.65	3	0.75～0.60
		4	0.60～0.55

(2)$Q_{总}$的经验值

根据统计，使用压风机具施工一个洞口需用风量 $Q_{总}$ 见表 4-4，表中数值供编制施工组织机械配备时参考。

表 4-4　一个洞口的 $Q_{总}$ 经验值(单线)

隧道长度(m)	500～1 000	1 000～2 000	2 000～4 000	4 000～6 000
$Q_{总}$(m^3/min)	30～50	50～70	80～120	130～160

注：1. 本表未考虑备用量；

2. 采用全断面风动钻孔台车综合机械化施工，每洞口一般需配备的 $Q_{总}$ 值为 120～160 m^3/min；

3. 如设有平行导坑，则需增加风量 20～40 m^3/min。

2. 空压机

空压机有活塞式、滑片式、离心式(或透平式)和隔膜式，隧道施工中比较广泛采用的是活塞式空压机。一般常用空压机的贮风筒基本参数见表 4-5。

3. 空压机安装容量及机组选择

(1)安装容量

空压机组(包括工作和备用)的安装容量，应考虑其中最大一台机组因检修停止运行时，仍能保证供风量不受影响。

表 4-5 贮风筒基本参数

贮风筒代号	容积(m^3)	内径(mm)	重量(kg)	适用空压机排气量(m^3/min)
C-0.5	0.5	600	210	3
C-1.0	1.0	800	290	6
C-1.5	1.5	1 000	420	10
C-2.5	2.5	1 000	630	20
C-4.5	4.5	1 200	1 000	40
C-7.0	7.0	1 400	1 450	60
C-10.0	10.0	1 600	2 050	100

(2)机组选择及注意事项

1)机组宜选用固定式电动空压机组成;

2)为了操作、维修和备件统一易于管理,机组宜用同类型的空压机;考虑到在施工中风量负荷的不均匀,使能适应负荷的波动,可选用容量大小不同的空压机进行组合,以避免用风负荷大幅度波动时,空压机需经常启动或停车;

3)水冷却式空压机,在工作中要求冷却水不能间断,因此在供、排水系统中,应设置监视冷却水供应情况的装置,如排水漏斗、水源指示器和自动信号等。

4. 空压机房的布置

空压机房应选择空气洁净、通风良好、地基稳固、便于设备搬运之处,要尽量靠近洞口以缩短管路,减少管道漏风损耗,如因场地限制需靠近边坡,应防止边坡坍塌而损坏设备。机房应有防水、降温、保温设施。

4.1.2 压风管道的设置

1. 管径的选择

压风管道管径的选择,应满足工作风压不小于 0.5 MPa,根据计算耗风总量($Q_{总}$)和允许的最大压力损失来计算。在实际施工中,较难精确计算,一般是根据工作面所需的最低风压,按用风总量和管道长度,参阅表 4-6 选择风管直径。

表 4-6 钢管直径选择参考表(mm)(风压 0.6MPa)

流过压风量(m^3/min)	计算管路长度(m)													
	100	200	300	400	500	600	700	800	900	1 000	1 250	1 500	1 750	2 000
6	49	58	64	64	70	70	76	76	76	80	80	88	88	94
9	58	64	76	76	82	82	88	94	94	94	100	106	106	113
10	58	70	76	82	82	88	94	100	100	100	106	113	113	119
20	82	88	100	106	113	113	119	125	131	131	137	137	137	143
25	88	100	106	113	119	125	125	131	131	137	143	143	150	156
50	106	125	131	143	143	150	150	156	162	169	169	180	180	192
100	137	160	176	180	192	203	216	216	228	228	228	241	253	253
200	180	203	228	241	253	264	277	277	290	290	290	305	320	330

关于管道中的变径管、弯头、阀门、三通等非直线管段，在计算管路长度时，需酌情考虑。

压风量通过长 1 000 m 管道时的压力损失，见表 4-7；高压风通过胶管的压力损失，见表 4-8。

表 4-7　压风管通过管道中压力损失参考表(MPa)(风压 0.7 MPa，管道长 1 000 m)

通过的压风量 (m^3/min)	钢管直径 (mm)						
	50	75	100	125	150	200	250
8.4	0.25	0.02	—	—	—	—	—
16.5	—	0.09	0.03	0.01	—	—	—
20	—	0.18	0.06	0.02	—	—	—
33	—	0.30	0.10	0.03	0.01	—	—
50	—	—	0.20	0.07	0.03	0.01	—
67	—	—	—	0.13	0.05	0.01	—
83	—	—	—	0.20	0.07	0.02	—
100	—	—	—	0.25	0.10	0.03	0.01
133	—	—	—	—	0.17	0.04	0.01

表 4-8　高压风通过胶管中的压力损失表(MPa)(风压 0.6 MPa)

通过风量 (m^3/min)	胶管内径 (mm)	胶管长度 (m)					
		5	10	15	20	25	30
2.5	19	0.008	0.018	0.020	0.035	0.040	0.055
	25	0.004	0.008	0.013	0.017	0.021	0.030
3	19	0.010	0.020	0.030	0.050	0.060	0.075
	25	0.006	0.012	0.018	0.024	0.040	0.045
4	19	0.020	0.040	0.055	0.080	0.100	0.110
	25	0.010	0.025	0.040	0.050	0.060	0.075
10	50	0.002	0.004	0.006	0.007	0.010	0.015
20		0.010	0.020	0.035	0.050	0.055	0.065

2. 管道安装注意事项

(1)管道敷设要求平顺、接头密封、防止漏风，凡有裂纹、创伤、凹陷等现象的钢管不能使用。

(2)在洞外地段，风管长度超过 500 m、温度变化较大时，宜安装伸缩器；靠近空压机150 m 以内，风管的法兰盘接头宜用耐热材料制成垫片，如石棉衬垫等。

(3)压风管道总输出管道上，必须安装总闸阀以便控制和维修管道；主管上每隔 300～500 m应分装闸阀；按施工要求，在适当地段(一般每隔 60 m)加设三通接头和 50 mm 闸阀各一个备用；管道前端至开挖面距离宜保持在 30 m 左右，并用高压软管接分风器；分部开挖法通往各工作面的软管长度不宜大于 50 m，与分风器联结的胶皮软管长度不宜大于 10～15 m。

(4)主管道长度大于 1 000 m 时，应在管道最低处设置油水分离器，定期放出管中聚积的油水，以保持管内清洁和干燥。

(5)管道安装前应进行检查,钢管内不得留有残杂物和其他脏物;各种闸阀在安装前应拆开清洗,并进行水压强度试验,合格者方能使用。

(6)管道在洞内应敷设于电缆、电线的另一侧,并与运输轨道有一定间距,管道高度不应超过运输道轨面,如与水沟同侧时不应影响水沟排水。

(7)管道使用,应有专人负责检查、养护。

4.2 施工供水

隧道施工必须有足够的水源以满足工程和生活需要,同时还要考虑水质和水压的要求。常用水源有山上自流水、泉水、河水或钻井抽水。如因铁路运营需要,有条件时,尽可能将临时供水设备与永久供水一并考虑。

4.2.1 用水量及水质要求

1. 用水量估算

(1)生产用水

施工用水与工程规模、机械化程度、施工进度、人员数和气候条件等有关,故用水量变化幅度较大,很难估算精确。表4-9为单线铁路隧道机械化开挖每米成洞综合耗水量估算值,可供参考。

表4-9 单线铁路隧道机械开挖每米成洞用水量参考值

隧道长度(m)	用水指标(m^3/m)	主要工作内容
小于300	80～100	湿式凿岩、防尘、衬砌及机械用水,不含压浆及生活用水
300～1 000	90～120	
1 000～2 000	110～130	
2 000～4 000	120～150	
压浆	2～4	压浆、拌和及机械用水

(2)生活用水

隧道施工工地卫生要求提高,生活设施机械(如洗衣机等)配置增多,耗水量增大,可按下列参考指标估算:

生产工人平均0.1～0.15 m^3/d;

非生产人员平均0.08～0.12 m^3/d。

(3)消防用水

按临时建筑房屋每3 000m^2、消防耗水用量15～20 L/s、灭火时间0.5～1.0 h计算消防水贮备量。

2. 水质要求

生产用水水质要求见表4-10;生活饮用水须经水质鉴定,符合卫生标准。

4.2.2 供水设备

1. 贮水池

(1)利用高山自然水源供水,贮水池一般修建在洞顶附近上方,水池位置高度应能保证最高用水点的水压要求。水池容量应根据水源流量决定，当水源供给流量大于用水高峰流量，池存水能得到及时补给，其容积一般有 20～30 m^3 即可满足，如供水量小于用水量，则需根据每班最大用水量并考虑必要贮备来计算水池容积。

表 4-10　施工用水水质要求

用水范围	水质项目	允许最大值
混凝土作业	硫酸盐(SO_4)含量	不大于 1 000 mg/L
	pH 值	不得小于 4
	其他杂质	不含油、糖、酸等
湿式凿岩与防尘	细菌总数	在 37℃培养 24h 每毫升水不超过 100 个
	大肠菌总数	每升水中不超过 3 个
	浑浊度	不大于 5 mg/L，特殊情况(暴雨洪水)允许达 10 mg/L

如几个洞口集中供水，水池容积除考虑总耗用水量外，并应注意到各洞口高差，以满足最高用水点所需的水压。

当采用机械或部分机械提升供水时，应有备用抽水机。

(2)水池构造：

水池构造力求简单不漏水，基础应置于坚实地层上，一般可采用石砌，根据地形条件用埋置式或半埋置式。

(3)水池容积计算：

$$V=24ac(Q_c+Q_s)\quad (m^3) \tag{4-2}$$

式中　V——水池容积；

a——调节水量系数，一般用 1.10～1.20；

c——贮水系数(为水池容量/昼夜用水量)，昼夜用水量小于 1 000 m^3 时，用 1/4～1/6，昼夜用水量 1 000～2 000 m^3 时，用 1/6～1/8；

Q_c——生产用水量(m^3/h)；

Q_s——生活用水量(m^3/h)；

消防用水利用用水低谷时注满消防池，计算时不予考虑。

2. 水池位置与管径选择

水池位置至配水点的高差 H(m)的计算，可按式 4-3：

$$H\geqslant 1.2h+\alpha h_f \tag{4-3}$$

式中　h——配水点要求水头(m)，例如湿式凿岩需要水压为 0.3 MPa，则 $h=30$ m；

α——水头损失系数(按管道水头损失 5%～10%计算)，$\alpha=1.05$～1.10；

h_f——管道内水头损失(m)。

按钢管水力计算表(表 4-11)，选择钢管管径，根据 Q 值查得所需数据，即可计算所需 H 值。

3. 水泵与泵房

(1)常用水泵及扬程计算

常用水泵有单级悬臂式离心水泵和分段式多级离心水泵。

扬程计算公式如下：

$$H=h'+\alpha h_f (m) \tag{4-4}$$

式中 h'——水池与水源之间高差(m);

α 及 h_f 以及同公式(4-3)。

表 4-11 钢管水力计算

管径(mm) / 流量 Q		50		70		80		100		125		150	
(m^3/h)	(L/s)	V	1 000i	V	1 000i	V	1 000i	V	1 000i	V	1 000i	V	1 000i
3.42	0.95	0.45	11.8										
4.32	1.10	0.56	18.0										
5.22	1.45	0.68	25.4	0.41	7.27								
6.12	1.70	0.80	34.0	0.48	9.69								
7.02	1.95	0.92	43.8	0.55	12.4								
8.64	2.40	1.13	64.5	0.68	18.2	0.48	7.79						
10.44	2.90	1.37	93.2	0.82	25.7	0.58	11.0						
12.24	3.40	1.60	128	0.96	34.5	0.68	14.7						
14.04	3.90	1.84	169	1.11	44.6	0.79	18.9						
15.84	4.40	2.07	215	1.25	56.0	0.89	23.6						
19.44	5.40			1.53	84.4	1.09	34.6						
21.60	6.00			1.70	104.0	1.21	42.1	0.69	10.5				
25.20	7.00			1.99	142.0	1.41	57.3	0.81	13.9				
28.80	8.00			2.27	185.0	1.61	74.8	0.92	17.8				
32.40	9.00					1.81	94.6	1.04	22.1	0.68	7.62		
36.00	10.00					2.01	117	1.15	26.9	0.753	9.32		
45.00	12.50					2.52	183	1.44	41.8	0.94	14.0		
54.00	15.0							1.73	60.2	1.13	19.6	0.79	8.12
63.00	17.5							2.02	81.9	1.32	26.4	0.93	10.8
72.00	20.0							1.31	107	1.51	34.5	1.06	13.8
81.00	22.5									1.69	43.6	1.19	17.2
90.00	25.0									1.88	53.9	1.32	21.7
99.00	27.5									2.07	65.2	1.46	25.7
108.00	30.0									2.26	77.6	1.59	30.5
122.40	34.0									2.56	99.7	1.80	39.2
133.20	37.0											1.96	46.5
144.00	40.0											2.12	54.3
162.00	45.0											2.38	68.7
180.00	50.0											2.65	84.9
198.00	55.0											2.91	103.0

(2)泵房

临时抽水泵房的要求,按临时房屋有关规定办理。水泵在安装前,应按图纸检查基础的位置、预留管道孔洞等各部分尺寸是否符合要求。两台及两台以上并联的各台水泵纵向轴线必须平行，且水平一致。水泵底座位置经校核准确后，方能灌注水泥砂浆并固定地脚螺栓。

4.2.3 供水管道布置

(1)管道敷设要求平顺、直、弯头少、线路短，干管管径尽可能一致，接头严密不漏水。

(2)管道沿山顺坡敷设悬空跨距大时，每隔 6～12 m 应设立支柱承托，支撑点与水管之间加木垫，严寒地区洞外管道在冬季应包扎防冻材料。

(3)水池的输出管应设总闸阀，干管管道每隔 300～500 m 安装闸阀一个，以便控制和维修管道。管道闸阀布置尚应考虑一旦发生管道故障(如断管)能够暂时由永池或水泵房供水的布置方案。

(4)给水管道应安设在电线路的异侧，不应妨碍运输和行人，并设专人负责检查养护(可与压风管道共同组织一个维修、养护工班)。

(5)管道前端至开挖面，一般保持的距离为 30 m，用直径 50 mm 高压软管接分水器，中间预留的异径三通，至其他工作面供水使用软管的长度不宜超过 50 m。

(6)如利用地形高差设置水池，其自然压头超过所需水压时，应进行减压，一般是在管路中段增建水池作中间过渡站，但过渡站水池的 H 值需经计算，或直接利用减压阀来降低管道中水流的压力。减压阀的减压是利用水流通过阀孔时产生的阻力来达到，因此只须改变阀芯与阀座的缝隙，即可得到不同的阀后压力。

4.3 施工供电

4.3.1 供 电

隧道施工机械化程度高，施工用电的特点：(1)耗电量大；(2)负荷比较集中；(3)供电的可靠性要求高。

1. 供电的一般要求

(1)隧道供电应有两路电源线路，以保证任一路电源线路发生故障，另一路电源线路继续担负施工用电。

(2)供电电源应尽量取自地方电源，只有地方电源不能完全满足需要时才自设电站，其容量应至少保证隧道施工重要设备负荷的用电。

(3)隧道内电气设备除应满足使用要求外，还应符合环境要求。

(4)洞内施工严禁带电作业。

(5)有条件时，应考虑施工用电电源与长期运营用电相结合。

2. 总用电量的估算

(1)隧道施工用电量，含动力和照明需要的总量，可用下列公式估算：

$$P=K\left(\frac{\sum P_{\mathrm{a}}}{A\eta}K_1K_2+\sum P_{\mathrm{b}}K_1\right) \tag{4-5}$$

式中 P——总用电量(kVA)；

K——电线路能力损耗系数，采用 1.05～1.10；

A——全部电力功率因数，采用 0.5～0.6；

$\sum P_{\mathrm{a}}$——动力用电总量；

$\sum P_b$——照明用电总量;

η——电动机及其他动力之效率,采用0.83~0.88;

K_1——同时用电系数,见表4-12;

K_2——动力负载系数,为0.75~1.0。

表4-12 同时用电系数(K_1)

通风机的同时用电系数	0.8~0.9
施工电动机械同时用电系数	0.65~0.75

(2)一般机械化综合施工的单线隧道,每洞口用电经验值见表4-13,其中照明用电约占15%~20%。

表4-13 单线隧道综合机械化施工每洞口装备电量经验值

隧道长度(m)	500以下	500~1 000	1 000~2 000	2 000~4 000	4 000以上
装备电量(kW)	300~500	500~600	600~700	700~1 000	1 000~1 500

(3)成昆铁路修建统计值(单线隧道),全线隧道平均每米成洞耗电量为1 740~1 880 kW·h,大瑶山隧道(双线)平均每米成洞为2 500~3 000 kW·h。

4.3.2 供电线路

隧道供电线路,一般采用三相四线制,供电电压为400/230 V。低压电动机的额定电压是380 V;洞内照明电压:作业地段不大于36 V,成洞和不作业地段可用220 V。

为解决长隧道供电电压降过大的问题,在成洞地段可考虑用高压电缆引入10 kV电压,在适当地点设置变压器降至400/230 V使用。

1. 导线的选择

一般400/230 V供电线路,尽可能采用塑料绝缘铝绞线或橡皮绝缘铝芯绞线架设,开挖、未衬砌地段以及移动式手提灯应使用铜芯橡皮绝缘裸铝包电力电缆,各种导线规格见表4-14。

表4-14 各种导线规格(500 V以下)

铜芯橡皮绝缘裸铝包电力电缆		铝芯聚氯乙烯绝缘聚氯乙烯扩套电力电缆		铝芯塑料绝缘电线			
照明线路		临时动力线路		代替橡皮绝缘线和铜芯塑料线用于隧道中照明线架设的动力线或照明线路			
芯数标称截面(mm^2)	重量(kg/km)	标称截面(mm^2)	重量(kg/km)	标称截面(mm^2)	芯心结构 股数	芯心结构 线径(mm)	重量(kg/km)
2×1.5	291	3×2.5+1×1.5	225	2.5	1	1.76	18.0
2×2.5	336	3×4+1×2.5	270	4	1	2.24	24.0
2×4	392	3×6+1×4	313	6	1	2.73	31.3
2×6	462	3×10+1×6	402	10	7	1.33	55.6
2×10	914	3×16+1×6	521	16	7	1.70	78.7
2×16	1 130	3×25+1×10	648	25	7	2.12	120.0
2×25	1 577	3×35+1×10	774	35	7	2.50	168.0
2×35	2 039	3×50+1×16	974	50	19	1.83	231.0
2×50	2 709	3×70+1×25	1 265	70	19	2.14	303.0

续上表

铜芯橡皮绝缘 裸铝包电力电缆		铝芯聚氯乙烯绝缘 聚氯乙烯扩套电力电缆		铝芯塑料绝缘电线			
照明线路		临时动力线路		代替橡皮绝缘线和铜芯塑料线用于隧道中照明线架设的动力线或照明线路			
芯数标称截面(mm^2)	重量(kg/km)	标称截面(mm^2)	重量(kg/km)	标称截面(mm^2)	芯心结构		重量(kg/km)
					股数	线径(mm)	
		3×95+1×35	1 644	95	19	2.50	402.0
		3×120+1×35	1 890				
		3×150+1×50	2 370				
		3×185+1×50	2 840				

根据施工规则规定，选用的导线断面应使末端电压降不超过额定电压的 10%和国家对经济电流密度的规定(表 4-15)，其线路电压降可按下式计算：

$$\Delta U_1 = 54lI/(1\,000 I_i S) \tag{4-6}$$

$$\Delta U_2 = 934lI/(1\,000 I_i S) \tag{4-7}$$

式中　ΔU_1——按单相电路计算的电压降(V)；

ΔU_2——按三相电路计算的线间电压降(V)；

l——送电距离(m)；

I——线路通过电流(A)；

I_i——经济电流密度(A/mm^2)；

S——导线截面(mm^2)。

表 4-15　导线的经济电流密度 I_i(A/mm^2)

铜　导　线	铝　导　线
1.40	0.9

在隧道供电中，导线合理的最大截面见表 4-16，一般不宜采用加大导线截面的办法来减少电压降和增加送电线路的距离。

表 4-16　隧道供电线路的经济合理最大截面(mm^2)

明 线 供 电		电 缆 供 电	
干线	分支线路	干线	分支线路
≤185	≤70	≤95	≤50

2. 线路架设

(1)一般要求

1)输电干线或动力、照明线路安装在同一侧时，必须分层架设，其原则是：高压在上，低压在下；干线在上，支线在下；动力线在上，照明线在下。洞内电线路宜架设在风水管路相对的一侧。电线悬挂高度距人行地面：400 V 以下，不小于 2 m；10 kV 不小于 3.5 m。

2)根据隧道作业特点，电线路架设分两次进行。在进洞初期，先用橡套电缆装设临时电路，随着工作面的推进，在成洞地段用胶皮绝缘线架设固定线路，换下电缆供继续前进工作面使用。

3)10 kV电缆线路,电缆的终端应装有密闭和绝缘性能良好的接线盒。电缆两端垂直高差在15 m或以上时,应采用不滴流电力电缆。如果使用充油的电缆则应在中间接头处分段堵油,避免油压叠加。

4)洞内敷设的高压电缆,在洞外与架空高压线连接时,应安装相同电压等级的阀型避雷器一组及开关设备。

架设进洞的低压线路,在洞口的电杆上,应安装低压阀型避雷器一组。

5)不允许将通电的多余电缆盘绕堆放,以免引起电缆过热发生燃烧和增加线路电压降。

(2)成洞地段的电线路架设

成洞地段400/230 V供电线路,一般可采用明线架设成固定电路。10 kV供电的高压电缆线路,必须采用绝缘良好的胶皮线,并尽可能选用铠装电缆。电缆和其他的电路沿洞壁一侧敷设。

成洞地段用10 kV高压电缆送电以及洞内设置10 kV变电站时,除应符合原铁道部现行的《铁路电力施工规范》的有关规定外,并应有保证安全的措施。

(3)开挖、未衬砌地段的电线路

开挖、未衬砌地段应按移动式线路布置。导线用铜芯橡套电缆,有木支撑的地段,可在支撑木上钉托木支承电缆;没有支撑地段,可临时钻孔按成洞地段的电线路架设方法设置。

(4)线路分支

1)用临时架设线路,其分支至所接器械的连接线应使用橡套电缆,每一分支接线应在接头与所接设备之间安装开关和熔断器,照明线路则仅在总的分支接头处设置开关及熔断器。

2)200～400 V的橡套电缆及绝缘电线,其分支接头处应按规记搭接,并用绝缘胶布包缠。

4.3.3 变电站

1. 变压器容量的确定

一般非瓦斯隧道,可采用中性点接地的Y/Y0-12-10(6)/0.4 kV电力变压器,其容量可按下述方法确定:

(1)配属电动机械的单台最大容量占总用电量的1/5及以下时,变压器最大容量B_m为:

$$B_m = P_n K/(\eta\cos\Phi)\ (\text{kW}) \tag{4-8}$$

(2)配属电动机械的单台最大容量占总用电量的1/5以上时,变压器最大容量B_m为:

$$B_m = 5P_n K\mu/(\eta\cos\Phi)\ (\text{kW}) \tag{4-9}$$

式中 P_n——配属机械的总容量(kW);

K——各台电动机的同时用电系数,参考表4-17;

μ——配属机械中最大一台的容量与总容量的比值;

$\cos\Phi$——电动机功率因数,参考表4-15计算时可用0.75;

η——电动机效率,一般为0.75～0.92之间,计算时可用0.86。

2. 变电站的设置

(1)洞内高压变电站,应设置在干燥的避车洞或不用的横通道内,变压器与周围及上下洞壁的距离,不得小于30 cm,同时按规定要求设置安全防护设施。

(2)洞内高压变电站之间的距离,一般在1 000 m左右,变电站分向相反两方向供电,每一方向供电距离大约500 m。

(3)洞内高压变电站应采用井下高压电装置或相同电压等级的油开关柜,不宜使用跌落式熔断器。低压侧最好采用成套组合电器和带负荷调压变压器,或采用带有空气断路器的井下低压配电盘,或临时装设自动空气开关。

表 4-17 同时用电系数表

用电名称	数量	同时用电系数			功率因数
		K_1	K_2	K_3	
空压机、碎石机等	10 台以下	0.75			0.75
	10 台以上	0.70			0.70
挖掘机、装渣机、提升机	5 台以下	0.6			0.70
	5 台以上	0.5			0.65
搅拌机、喷射机等	10 台以下	0.70			0.68
	10 台以上	0.60			0.65
通风机		0.80			0.75
抽水机		0.70			0.63
电焊机			0.5		0.50
维修车间动力设备		0.5			0.5
洞内照明				1.0	1.0
洞外照明				0.8	1.0

4.3.4 安全作业和接地

1. 安全作业

有关安全作业,除应遵守一般电工安全作业规程外,重点应注意:

(1)线路及接头不许有裸露,要经常检查,发现裸露应立即包扎;

(2)各种过电流保护装置不应任意加大其容量,不能用任何金属丝代替熔丝;

(3)电工人员操作时必须戴绝缘手套和穿绝缘胶靴;

(4)在需要触及导电部分时,必须先用测电器检查,确认无电后,始能开始工作,并事先将有关的开关切断封锁,以防误合闸;

(5)一切电器设备的金属外壳或构架都必须进行妥善的接地。

2. 接地

接地是防止电气事故的重要措施。在隧道中需要接地的器械包括:与电机连接的金属构架、变压器外壳、配电箱外壳、启动器外壳、高压电缆的金属外皮、低压橡套电缆的接地芯线(即连接变压器中性点的中性线)、风水管路、轨道以及洞内临时装设的金属支架等。

接地是由高压电缆外皮和低压橡套电缆的接地芯线,以及所有明线架设的中性线连接成一个总的接地网路,在网路上分别连接上述需要接地的器械,构成为具有多处接地装置的接地系统。

不用高压供电的隧道,应在 400/230 V 进线端设置中心接地装置。

接地装置做成后,应按要求测量其电阻值(表 4-18),以后每隔五个月应测量一次,如达不到要求,要进行处理。

表 4-18 接地电极的规格及要求

装置类型＼电极形式	板型电极	管形电极	电阻值(Ω)
中心接地装置	面积≥0.7 m^2 厚度≥2.5 mm	铁管直径 30～35 mm 极数 4～5 长度 1.5 m	≤4
分支接地装置	面积≥0.2 m^2 厚度≥2.5mm	铁管直径 30～35 mm 极数 1 校度 1.5 m	≤10

对于风水管路及轨道的接地，可在管路和轨道的首尾端，以及中间的适当地段设置二、三个接地点，可以单独设置，也可以和电路的接地装置合并一起，其目的是为了防止电器设备漏电，或带电线路碰触这些金属管道造成触电事故。

4.4 施工照明

4.4.1 普通光源施工照明

(1)照明安全变压器

作业地段照明必须使用安全变压器，其容量不宜过大，输入电压 220 V，输出电压最好有 36 V、32 V、24 V、12 V 四个等级，以便按工作面的安全因素要求选用电压，并应装有按电源电压下降而能调整的插头。

照明用的端电压偏移，新施规只规定损失值，一般仍不应高于额定电压的 105%，否则过高电压的一端往往烧坏灯泡。

(2)不同地段的照明布置

根据隧道施工规范要求，不同地段的照明布置见表 4-19。

表 4-19 隧道不同地段的照明布置

工　作　地　段	灯头距离(m)	悬挂高度 (m)	灯泡容量 (W)
施工作业面	不少于 15 W/m^2(断面较大可适当采用投光灯)		
开挖地段和作业地段	4	2～2.5	60
运输巷道	5	2.5～3	～60
特殊作业地段或不安全因素较多地段	2～3	3～5	100
成洞地段　用白炽灯时 用日光灯照明时	8～10 20～30	4～5 4～5	60 40
竖井内	3		60

(3)事故照明设施

在主要交通道、竖井、斜井、涌水较大的抽水站、高压变电站等重要地点，应设事故照明装置以保安全，事故照明自动线路见图 4-1。

图中 K_1 为检查事故照明系统工作状态的开关，一般每天应拉断开关检查一次。K_2 为充电电路开关，如蓄电池充电已足，可根据情况断开充电电路，以免蓄电池过分充电，遭到破坏。继电器可选用 Z-51 或 DZ-54 型与线路电压相适应的交流中间继电器；但所接灯泡容量不应超过 50 W，否则还需要在蓄电池电路中增设相应容量的电磁开关。

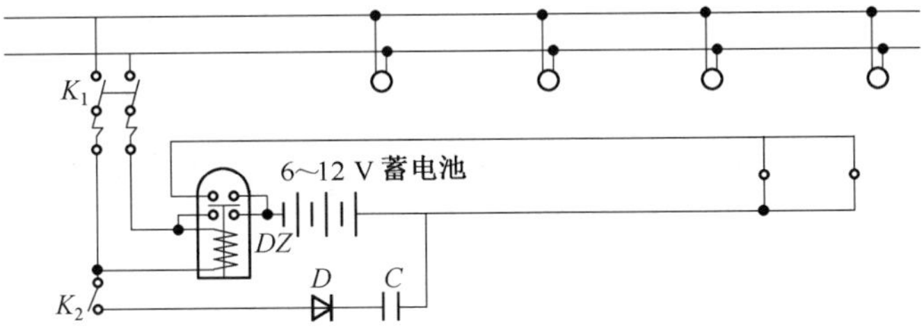

图 4-1　事故照明自动线路

4.4.2　新光源照明

(1)新光源如：低压卤钨灯、高压钠灯、钪钠灯、钠铊铟灯、镝灯等具有以下优点，可选择使用。

1)大幅度地增加了施工工作面和场地的照度，为施工人员创造了一个明亮的作业环境，可保证安全生产和提高操作质量；

2)安全性能好，可保证隧道安全用电；

3)节约用电，效果明显；

4)使用寿命长，维修方便，减轻了电工的劳动强度；

5)美化施工场地环境。

(2)新光源照度标准，见表 4-20。

表 4-20　新光源照度标准

工　作　地　段	照度标准(lx)
开挖作业面	150～200
喷锚作业面	60～80
成洞与不作业地段最暗点	不少于 10
灯垂直下焦点与最暗点	平均不少于 20

(3)新光源洞内外照明布置，见表 4-21。

表 4-21　新光源洞内外照明布置

工　作　地　段	照　明　布　置
开挖面后 40 m 以内作业段	两侧用 36 V500 W 卤钨灯各 2 盏(或 300 W 卤钨灯 7 盏，以不少于 2 000 W 为准)，灯泡距离隧道底面高 4 m
开挖面后 40～100 m 区段	安设 2 盏 400 W 高压钠灯和 2 盏 400 W 钠铊铟灯，间距约 15 m，灯泡距隧道底面高 5 m
开挖面后的 100 m 至成洞末端	每隔 40 m，左右侧各设计 400 W 高压钠灯 1 盏
模板台车衬砌作业段	台车前后 10～15 m，增设 400 W 高压钠灯各 1 盏，台车上亮度不足时，增设 36 V300 W 或 500 W 卤钨灯
成洞地段	每隔 40 m 安装 400 W 高压钠灯 1 盏
斜井、竖井井身掌子面及喷混凝土作业面	使用 36 V500 W 或 36 V300 W 卤钨灯，已施工井身部分选用小功率 110 V 高压钠灯，间距：混合井 30 m 安装 1 盏，主副井每 25 m 安装 1 盏
洞外场地	每隔 200 m 安装高压钠灯 1 盏

第5章　通风、防尘与降噪

5.1　概　　述

隧道施工独头掘进长度超过150 m时，应采用机械通风。独头掘进长度超过1 000 m的隧道，应进行施工通风专项设计。隧道施工通风应纳入工序管理，成立专门的通风班组，由专人负责管理。

隧道施工作业环境应符合国家有关规定，并应满足下列卫生及安全标准的要求：

(1)空气中氧气含量，按体积计不得小于20%。

(2)每立方米空气中粉尘容许浓度：含有10%以上游离二氧化硅的粉尘不得大于2 mg；含有10%以下游离二氧化硅的矿物性粉尘不得大于4 mg。

(3)空气中常见有害气体浓度应符合下列要求：

1)一氧化碳容许浓度不得大于30 mg/m^3，在特殊情况下，施工人员必须进入开挖工作面时，浓度可为100 mg/m^3，但工作时间不得大于30 min。

2)二氧化碳按体积计不得大于0.5%。

3)氮氧化物换算成二氧化氮浓度应在5 mg/m^3以下。

(4)隧道内气温不得高于28 ℃。

(5)隧道内噪声不得大于90 dB。

瓦斯隧道施工通风应符合现行《铁路瓦斯隧道技术规范》的有关规定。

隧道施工通风应能提供洞内各项作业所需的最小风量，每人应供应新鲜空气3 m^3/min，采用内燃机械作业时，供风量不应小于3 $m^3/(min \cdot kW)$。

隧道施工通风的风速，全断面开挖时不应小于0.15 m/s，分部开挖的坑道内不应小于0.25 m/s，并均不应大于6m/s。瓦斯隧道施工通风风速不宜小于1 m/s。

瓦斯隧道通风按瓦斯绝对涌出量计算风量时，低瓦斯工区应将洞内各处的瓦斯浓度稀释到0.5%以下；高瓦斯工区和瓦斯突出工区，其长度较大的独头巷道，应将开挖工作面风流中的瓦斯浓度稀释到0.5%以下；平行导坑仅作巷道式通风的回风道时，其瓦斯浓度应低于0.75%。

5.2　施工通风

隧道施工通风的目的是供给洞内足够的新鲜空气，并冲淡、排除有害气体和降低粉尘浓度，以改善劳动条件，保障作业人员身体健康。

5.2.1　洞内有害气体与卫生标准

1. 空气中含氧量和有害气体浓度与中毒症状

空气中含氧量和有害气体浓度与中毒症状见表5-1～表5-4。

表 5-1　空气中氧(O_2)含量减少对人体影响

空气中含量(%)	中毒症状	安全浓度
16 以上	在正常状态无特别症状	不低于 20%
16～12	呼吸及脉搏跳动急促、头痛、体温上升	
14～10	皮肤发绀	
9～6	痉挛、失去劳动力、意识不明，时间稍长即有生命危险	

表 5-2　二氧化碳(CO_2)含量与中毒症状

空气中含量(%)	症　状	安全浓度
1	呼吸感到急促	不得超过 0.5%
3	呼吸量增加二倍，易发生疲劳现象	
5	呼吸感到困难、耳鸣、血压上升	
10	头昏，发生昏迷状态	
10～20	呼吸处于停顿状态，失去知觉	
20～25	中毒死亡	

表 5-3　一氧化碳(CO)含量与中毒症状

中毒浓度		呼吸时间	症　状	最高容许浓度	
mg/m^3	%			mg/m^3	%
200	0.016	数小时	轻微症状	30	0.002 4
600	0.048	1 h 以内	轻微中毒、耳鸣、头痛、心跳		
1 600	0.128	0.5～1.0 h	严重中毒、四肢无力、呕吐		
5 000	0.400	短时间内	致命中毒、死亡		

表 5-4　二氧化氮(NO_2)含量与中毒症状

空气中含量(%)	症　状	安全浓度(%)
0.000 6	短时间内即对呼吸器官有刺激作用	<0.000 25
0.01	咳嗽、胸痛	
0.25	很快致人死亡	

2. 有害气体浓度单位换算，见表 5-5。

表 5-5　有害气体浓度单位换算

名称符号 / 项目	一氧化碳	硫化氢	二氧化碳	二氧化氮	换算公式
	CO	H_2S	SO_2	NO_2	
分子量 M	28	34.09	64.07	46.01	$K_{\%}=22.4/(10\times M)\times K_{mg}$ $K_{mg}=10\times M/22.4\times K_{\%}$
单位换算	换算系数				
百分比换算毫克(%→mg)	12.5	15.2	28.6	20.5	
毫克换算百分比(mg→%)	0.08	0.065 7	0.035	0.048 7	

5.2.2 风量计算

1. 洞内风量计算

(1)按洞内同一时间内工作最多人数计算:

$$Q = 3km \quad (m^3/min) \tag{5-1}$$

式中 3——每人每分钟供应的新鲜空气标准(m^3/min);

k——风量备用系数,取 1.1~1.25;

m——同一时间内洞内工作最多人数。

(2)按爆破工作量确定风量:

1)煤矿安全生产试行规程规定:每公斤炸药供风量不得少于每分钟 25 m^3。

2)按洞内同一时间内爆破使用最多炸药量计算风量(Q):

$$Q = 5Ab/t \quad (m^3/min) \tag{5-2}$$

式中 A——同时爆破的炸药消耗量(kg);

b——1 公斤炸药爆破时所构成的一氧化碳体积(L)参见表 5-6,计算时,一般采用 b=40L;

t——通风时间。

表 5-6 1 公斤炸药产生有害气体统计(L)

气体名称	防水硝铵炸药		2# 岩石硝铵炸药		1# 粒状硝化甘油		2# 粒状硝化甘油	
CO	9.8	13.43	14.03	8.16	36.40	43.50	44.47	56.07
NO	2.97	3.04	3.57	3.89	0.73	0.37	0.49	0.69
换算为 CO 共计	29.11	33.19	37.24	33.45	41.50	45.41	47.66	50.56
平均	31.15		35.35		43.71		54.11	

上述公式理论基础是纯稀释(静止冲淡)炮烟的原则,事实上有一部分炮烟扩散被主风流带走,因此计算风量偏大。因其计算简便,一般仍以它为主要计算风量的方法。

3)按照爆破后稀释一氧化碳(CO)至许可最高浓度的计算公式:

$$Q = 5/6 \times (10 \times A \times K)/t \times 60 \quad (m^3/min) \tag{5-3}$$

式中 A——同时爆炸的炸药消耗量(kg);

K——风量备用系数,K =1.10;

t——通风时间(min)。

采用压入式通风:

$$Q_{压} = \frac{7.8}{t}\sqrt[3]{AV^2} = \frac{7.8}{t}\sqrt[3]{AS^2L^2} \quad (m^3/min) \tag{5-4}$$

式中 t——通风时间(min);

A——同一时间爆破耗药量(kg);

V——巷道容积(m^3);

S——巷道断面积(m^2);

L——巷道长度(m)。

采用吸出式通风(电雷管起爆):

$$Q_{吸(电)}=\frac{15}{t}\sqrt{(15+\frac{A}{S})AS}\quad (m^3/min) \tag{5-5}$$

采用混合式通风：

$$Q_{混、压}=\frac{7.8}{t}\sqrt[3]{AV_L^2}\quad (m^3/min) \tag{5-6}$$

$$Q_{混、吸}=(1.2\sim 1.3)Q_{混、压} \tag{5-7}$$

式中　V_L——吸风管口至工作面整段巷道的容积(m^3)，$V_L=L_V\times S$

其中 L_V——吸风管口至工作面的距离(m)，一般为 22～25 m 左右。

(3)按最小风速计算：

$$Q=V\times S\times 60\quad (m^3/min) \tag{5-8}$$

式中　V——洞内允许最小风速(m/s)；

S——最大断面积(m^2)。

2. 竖井掘进通风量的计算

对于竖井爆破后的通风以压入式为佳，当竖井深度超过 300 m 时，则应采用混合式通风。

$$Q_{竖、压}=\frac{7.8}{t}\Phi\sqrt[3]{AS^2L^2K}\quad (m^3/min) \tag{5-9}$$

式中　A——一次爆破所消耗的炸药量(kg)；

S——竖井断面积(m^2)；

L——竖井深度(m)；

t——通风时间(min)；

K——考虑竖井淋水使炮烟浓度降低的系数见表 5-7；

Φ——风筒漏风系数见表 5-8。

表 5-7　竖井内炮烟浓度降低系数(K 值)

项别	竖井淋水特征	K
1	干燥或有淋水，但井深小于 200 m	1.0
2	含水，井深大于 200 m，涌水量小于 6 m^3/h	0.6
3	含水，井深大于 200 m，降水如雨，涌水量为 6～15 m^3/h	0.3
4	含水，井深大于 200 m 降水如暴雨，涌水量大于 15 m^3/h	0.15

表 5-8　竖井风管的漏风系数(Φ 值)

竖井深度(m)	风管直径(mm)					
	500	600	700	800	900	1 000
300	1.32	1.21	1.17	1.13	1.12	1.07
400	1.51	1.35	1.28	1.20	1.19	1.11
500	2.07	1.53	1.40	1.29	1.28	1.16
600		1.69	1.54	1.39	1.36	1.20
700		2.0	1.71	1.50	1.46	1.27
800		2.16	1.89	1.64	1.57	1.34
900			2.12	1.80	1.42	1.42
1 000			2.34	1.96	1.82	1.46

3. 洞内使用内燃机械通风量的计算

洞内使用内燃机械的通风量由于内燃机的制造型号、结构、燃料、负荷等因素的不同而有很大差别,当得出需风量后,应按规定的风速和单位风量进行核算。

稀释有害气体风量计算的基本公式:

$$Q=q\cdot c/y\cdot\eta=q\cdot\delta\cdot\eta\quad(\mathrm{m^3/min})\tag{5-10}$$

式中 q——柴油机废气排量($\mathrm{m^3/min}$),

(1) $q=V\times n/2\cdot\beta\quad(\mathrm{m^3/min})$ (5-11)

式中 V——汽缸的工作容积($\mathrm{m^3}$);

n——柴油机的转速;

β——吸气系数,自然吸气:$\beta=1$;齿轮增压:$\beta=1.2$;

(2) $q=N\times K\times\alpha/60\quad(\mathrm{m^3/min})$ (5-12)

式中 N——柴油机功率(kW);

K——单位耗油量[kg/(kW·h)];

α——烧1 kg柴油所需供应的空气量($\mathrm{m^3/kg}$),可按$\alpha=20.83(\mathrm{m^3/kg})$计算;

c——废气中有害气体浓度(%);

y——有害气体最大允许浓度(%);

δ——稀释系数 $\delta=c/y$;

η——安全系数(1.5~2.5)。

以上(1)、(2)分别计算,取其最大值。

4. 高山地区风量修正

高山地区由于大气压力降低,计算总风量应按下式修正

$$Q_{高}=760/P_{高}\cdot Q_{正}\quad(\mathrm{m^3/min})\tag{5-13}$$

式中 $P_{高}$——高山地区大气压力(kPa)见表5-9;

$Q_{正}$——正常条件下计算的风量。

表5-9 海拔高度与大气压力($P_{高}$)的关系

海拔高度(m)	1 600	2 000	2 600	3 000	3 200	3 400	3 600	3 800	4 000	4 400	5 000
大气压力 $P_{高}$(kPa)	6.119	5.845	5.423	5.158	5.031	4.903	4.776	4.648	4.531	4.305	3.972

5.2.3 通风阻力

根据通风阻力(摩擦阻力和局部阻力)引起的压力损失,选择适当功率的风机设备,以保证将所需新鲜空气送到工作面。压力损失可用下式表示:

$$\Delta h=RQ^2\tag{5-14}$$

式中 Δh——压力损失(daPa);

Q——通过风管的风量($\mathrm{m^3/s}$);

R——风管的风阻($\mathrm{k\mu}$),

$$R=\alpha L\rho/S^3\tag{5-15}$$

其中 α——风管的摩擦阻力系数,

L——风管长度(m),

ρ——风管断面圆周界(m),

S——风管断面积（m^2）。

一般风管都是圆断面的，

故
$$R=6.5\times\alpha=L/d^5 \quad (5\text{-}16)$$

式中　d——风管直径(m)。

隧道总风压($h_{总}$)

$$h_{总}=h_{摩总}+h_{局总}+h_{其他} \quad (\text{daPa}) \quad (5\text{-}17)$$

(1)管道(巷道)摩擦阻力($h_{摩总}$)

$$h_{摩总}=\alpha LPQ^2/S^3=6.5\times\alpha LQ^2/d^5\cdot g \quad (\text{daPa}) \quad (5\text{-}18)$$

式中　L——管道(巷道)长度(m)；

P——断面的周界长(m)；

Q——风量(m^3/min)；

S——断面积(m^2)；

d——风管直径(m)；

g——重力加速度，$g=9.81\ m/s^2$；

α——风管摩擦阻力系数或风阻值，见表 5-10 及表 5-11，巷道阻力参考表 5-12。

表 5-10　风管摩擦阻力系数 α 值及 1 m 长风阻率 r

风管直径（mm）		500	600	700	800	900	1 000
金属风管	α	0.000 35	0.000 32	0.000 30	0.000 25	0.000 23	0.000 23
	r	0.073 0	0.026 0	0.011 6	0.004 9	0.002 4	0.001 6
塑料风管	α	0.000 16	0.000 15	0.000 13	0.000 13	—	—
	r	0.033 30	0.015 24	0.005 00	0.002 58	—	—

表 5-11　胶皮风管的风阻值(kμ)

长度(m) 直径(mm)	50	100	150	200	250	300	400	500	600	700	800	900	1 000
500	5.2	10.7	15.5	20.3	25.5	30.9	41.2	51.6	63.4	73.1	83.7	94.2	107.2
600	2.1	4.3	6.1	7.9	9.9	11.9	16.3	19.9	21.3	27.6	31.9	36.2	40.7

表 5-12　巷道阻力系数 α 值

项别	施工地段及其支护特征	α 值
1	成洞，用混凝土砌筑	0.000 4～0.000 45
	成洞，用块石砌筑，带有角面	0.000 6～0.000 8
2	用木料支撑的全断面开挖隧道	0.001 2
3	用金属拱架木模板支护的隧道	0.001～0.001 2
4	上导坑，有支撑	0.002 5
5	下导坑，有支撑，但中间没有加强支柱	0.002 0～0.002 5
	下导坑，双道中间有支柱	0.030～0.004 0
	下导坑，没有支撑	0.001 1～0.002 0

续上表

项别	施工地段及其支护特征	α 值
6	用木料框架支撑的漏渣孔	0.002 6
7	拱部扩大	0.005 5～0.006 0
8	完成拱部衬砌,马口未开挖	0.001 0～0.001 2
9	挖 底	0.001 0
10	风道	0.004 0

(2)局部阻力

局部性的压力损失,是由于影响风流的各种局部原因所引起的,如风道缩小、扩大、转弯等。局部阻力($h_{局}$)可用下式计算:

$$h_{局}=\zeta h_v=\zeta\cdot v^2/2g\cdot\gamma \quad (\mathrm{daPa}) \tag{5-19}$$

式中 ζ——对于每一种独立形式的局部阻力系数;

h_v——速度压头(daPa);

γ——空气比重,$\gamma=1.2\mathrm{kg/m^3}$;

v——风流经过局部断面形状变化后的速度(m/s);

g——重力加速度,$g=9.81\mathrm{m/s^2}$。

(3)其他局部阻力($h_{其他}$)

在巷道通风中,为考虑施工中如开挖马口、落中层等其他因素增加阻力,故 $h_{其他}$ 应适当增加 20%～30%。

当一列车在坑道内行驶时为 1.15。

当坑道内停放斗车时每辆为 0.5,如数辆斗车同时停放于主风流道内,每辆之间距离不超过 1 m,可按一辆计算,如超过 1 m 则逐辆相加。

使用风管通风时,$h_{其他}$ 一般可考虑增加 5%～10%。

5.2.4 漏风计算

按照上述各种公式计算风量,均未考虑漏风而损失的风量,故洞内实际所需总风量($Q_{需}$)应为

$$Q_{需}=P\,Q\ (\mathrm{m^3/min}) \tag{5-20}$$

式中 P——漏风系数;

Q——计算风量($\mathrm{m^3/min}$)。

(1)各种管道漏风系数

在管道通风中,漏风系数 P 值和风管接头安装严密与否有关,接头愈多,漏风也愈大。P 值的决定,因计算公式中不定因素较多,很难反映实际情况,对于长度和直径不同的金属风管的漏风系数,可参考表 5-13。

胶皮风管漏风,视接头漏风情况可以概略计算,即在前 20 节,风管内每个接头漏风约为 1%,而以后每个接头漏风则为 0.5%。一般按标准安装并处于良好状态时,每节长 20 m 的胶皮风管漏风系数,见表 5-14。

塑料风管,每节长 10 m,在安装符合标准的情况下,其漏风系数可参考表 5-15。

表 5-13　金属风管漏风系数 *P* 参考值

风管长(m)	单个接头漏风系数	风管每节 3 m 及下列直径(m)的漏风系数				风管每节 4 m 及下列直径(m)的漏风系数			
		0.5	0.6	0.7	0.8	0.5	0.6	0.7	0.8
100	0.001	1.02	1.01	1.01	1.01	1.02	1.01	1.01	1.008
	0.003	1.09	1.06	1.04	1.03	1.06	1.04	1.03	1.02
200	0.001	1.08	1.06	1.05	1.03	1.06	1.04	1.02	1.02
	0.003	1.27	1.21	1.16	1.16	1.19	1.15	1.11	1.06
300	0.001	1.16	1.12	1.09	1.06	1.10	1.08	1.06	1.04
	0.003	1.51	1.38	1.29	1.18	1.37	1.28	1.22	1.12
400	0.001	1.25	1.19	1.15	1.10	1.16	1.12	1.10	1.06
	0.003	1.82	1.60	1.46	1.32	1.61	1.45	1.34	1.23
500	0.001	1.36	1.27	1.21	1.14	1.25	1.18	1.14	1.08
	0.003	1.25	1.90	1.62	1.45	1.88	1.65	1.51	1.32
600	0.001	1.49	1.36	1.28	1.19	1.27	1.25	1.18	1.12
	0.003	2.76	2.25	1.93	1.57	2.22	1.87	1.66	1.45
700	0.001	1.63	1.47	1.36	1.27	1.48	1.32	1.28	1.16
	0.003	3.44	2.75	2.20	1.79	2.60	2.17	1.85	1.56
800	0.001	—	1.58	1.45	1.33	—	1.41	1.30	1.22
	0.003		3.35	2.63	2.05		2.57	2.13	1.74
900	0.001	—	1.72	1.54	1.36	—	1.57	1.39	1.25
	0.003		3.65	2.89	2.25		2.74	2.28	1.87
1 000	0.001	—	—	1.65	1.50	—	—	1.46	1.28
	0.003			3.42	2.52			2.62	2.07

表 5-14　胶皮风管漏风系数 *P* 值

风管长度(m)	50	100	150	200	250	300	400	500	600	700	800
漏风系数	1.04	1.08	1.11	1.14	1.16	1.19	1.25	1.30	1.35	1.38	1.43

表 5-15　聚氯乙烯塑料风管漏风系数 *P* 值

风管直径(m) \ 风管长度((m)	100	200	300	400	500	600	700	800	900	1 000
0.5	1.019	1.045	1.091	1.045	1.157	1.230	1.230	—	—	—
0.6	1.014	1.036	1.071	1.112	1.130	1.180	1.261	1.330	—	—
0.7	1.010	1.028	1.053	1.080	1.108	1.145	1.188	1.237	1.288	1.345
0.8	1.008	1.022	1.040	1.067	1.090	1.260	1.153	1.195	1.229	1.251

风管百米漏风率

$$P_{漏100} = Q_{扇} - Q_{末}/(Q_{扇} \times L) \times 100 \times 100 \tag{5-21}$$

式中　$P_{漏100}$——100 m 长风管的漏风率；

L——风管全长(m)；

$Q_{扇}$ ——局部通风风量(m^3/s);

$Q_{末}$ ——局部通风末端风量(m^3/s)。

一般要求风管百米漏风率不得大于10%。

(2)风门的漏风系数

风门漏风量($Q_{风漏}$)的计算:

$$Q_{风漏}=K\sqrt{hs}\quad(m^3/s) \tag{5-22}$$

式中 h ——风门所承受压差(daPa);

s ——风门面积(m^2);

K——指数,当风流为层流时 $K=1$,当风流为紊流时尺 $K=2$,当风流为混合流时 $K=1\sim2$。

风门的漏风量,主要在于风门结构是否严密。不同的风门质量,其漏风系数可参考表5-16。

表 5-16 风门漏风系数

类 型	漏 风 系 数
砖墙包铁皮风门,边缘是毛毡或胶皮垫砖墙木门	0.015~0.04 平均 0.03
(普通)	0.03~0.054 5 平均 0.04
板条墙(二面抹灰浆)普通木门	平均 0.03
板条墙(二面抹黏土)普通木门	0.059~0.09 平均 0.06

5.2.5 通风管道

1. 风管管径的选择

通风管管径的选择,可参考表5-17。

表 5-17 通风管径选择

管径(mm) / 风量 Q(m^3/s)	通风距离(m)						附 注
	50	100	200	400	600	800	
1.0	265	285	320	375	375	440	例:$Q=3m^3/s$,$L=400.0$ m 查表管径=595 mm,通风管径选600 mm
1.4	285	320	375	440	440	440	
1.8	320	375	440	440	495	545	
2.0	375	375	440	495	545	545	
3.0	440	495	545	595	660	660	
4.0	495	545	595	660	—	—	
5.0	545	595	660	—	—	—	
6.0	595	660	—	—	—	—	

2. 通风管的布置

各种管道通风方式,其通风效果好坏,与风管末端到工作面的距离有关,其有效范围一般要求见表5-18。

表 5-18　风管末端距工作面有效作用范围

通风方式		风管末端距工作面距离(m)
压入式通风		不超过 15
吸出式通风		不超过 5
混合式通风	压入(局扇)	不超过 15
	吸出(主扇)	距工作面距离,视开挖方法而定,一般不大于 70

通风管的安装应符合下列要求:

(1)排出通风的出风管口应设在洞外,并应做成烟囱式。

(2)通风管宜采用高频热塑焊接工艺加工的高强、低阻、阻燃的软质风管。应采用加长的风管节,尽量减少接头数量,接头应严密,每 100 m 平均漏风率不宜大于 1%。弯管平面轴线的弯曲半径不得小于通风管直径的 3 倍。

(3)通风管靠近开挖工作面的距离应根据具体情况确定。压入通风出风口距开挖工作面的距离应小于风流的有效射程。

(4)混合式通风当一组通风机向前移动,另一组通风机的管路应相应接长,两组风机通风管交错的距离不得小于 20 m。局部通风中,排出式通风管的出风口应引入主风流循环的回风流中。

(5)施工通风在断面净空允许的前提下,应采用大直径风管。

(6)通风管路安装完成后应调整至整个风路平、直,无扭曲和褶皱。

(7)通风管破损时,应及时修补或更换。当采用软风管时,靠近风机部分,应采用加强型风管或硬质风管过渡。

(8)为了减少阻力,当外径不同的风机与风管连接时,应以小大头过渡节过渡,以降低局部阻力。小大头过渡节长度以 3~5 m 为宜。

(9)风管吊挂要平直、拉紧吊稳,避免出现褶皱增加阻力,在与横洞交接处要避免死弯。

5.2.6　通 风 机

选用电动机容量 N

$$N = Qh/(102 \times \eta_1 \times \eta_2) \cdot B \quad (\mathrm{kW}) \tag{5-23}$$

式中　Q ——总需风量(m^3/s);

h ——坑道总负压(daPa);

102——功的换算值,102 kg · m=1 kW;

η_1——静压效率;

η_2——机械效率,皮带转动时为 0.9~0.97,计算时一般取 0.95;

B ——电机容量贮备系数,见表 5-19。

表 5-19　电机容量贮备系数

电机容量	B 值
在 1.0 kW 以内时	1.5
2.0 kW	1.4
5.0 kW	1.3
在 5.0 kW 以上时	1.2

通风机的安装与使用应符合下列要求：

(1)主风机安装应符合通风设计的要求，洞内辅助风机应安装在新鲜风流中；压入式通风主风机应架设在距洞口大于 30 m、一定高度的支架上；洞内风机应安设在一定高度的支架上。

(2)主风机应保持正常运转，如需间歇时，因停止供风而受影响的开挖工作面必须停止工作。

(3)通风机前后 5 m 范围内不得堆放杂物，通风机进气口应设置铁箅，并应装有保险装置，当发生故障时应能自动停机。

(4)长及特长隧道应备有应急通风的通风机和电源。

(5)巷道内的风速小于通风要求最小风速时，可布设射流风机来卷吸升压，提高风速。

5.2.7 通风方式

机械通风布置应根据坑道长度、断面大小、施工方法、设备条件等综合确定，可选用压入式或混合式通风，有条件时宜采用巷道式通风。

几种常见施工通风方式见图 5-1～图 5-5。

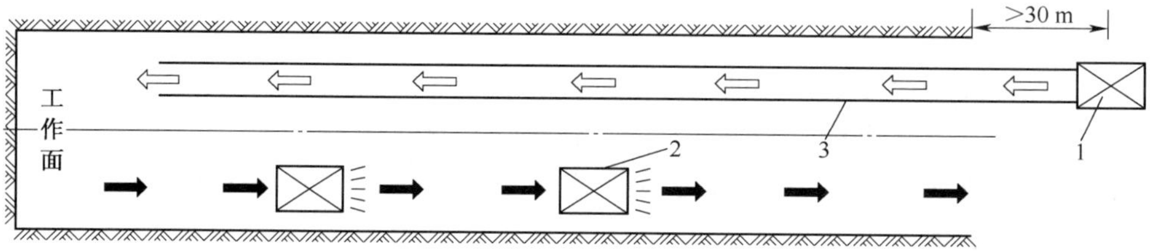

图 5-1 送风式(压入式)示意图

1—轴流式风机；2—射流式风机；3—风管

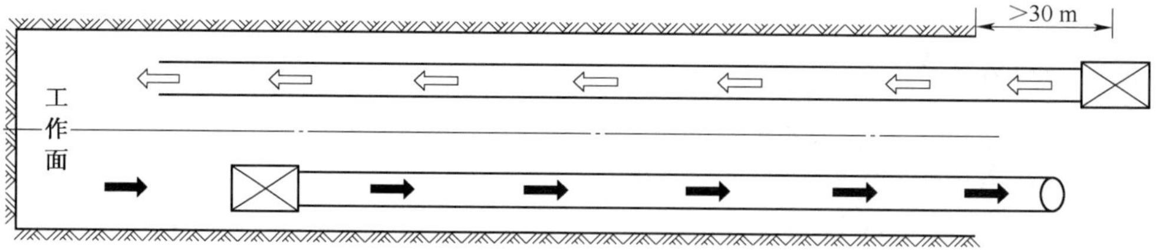

图 5-2 送排风并用式示意图

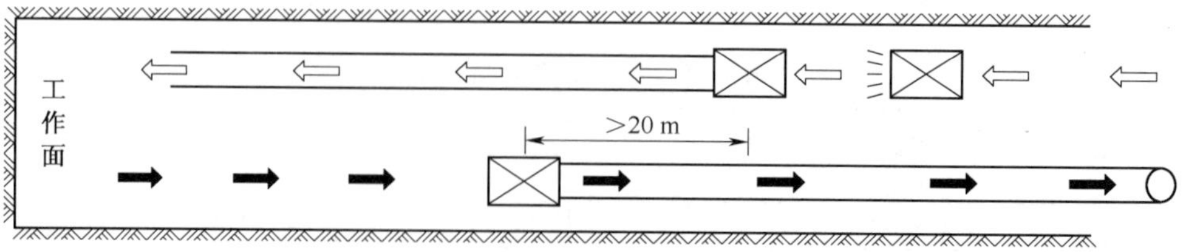

图 5-3 送排风混合式示意图

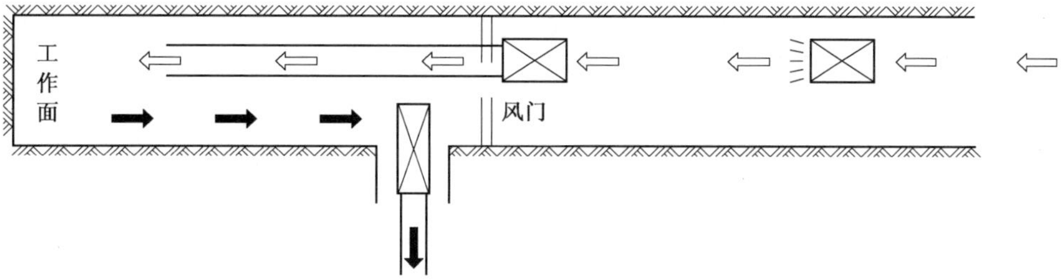

图 5-4 竖井排风坑道(隧道)送风方式示意图

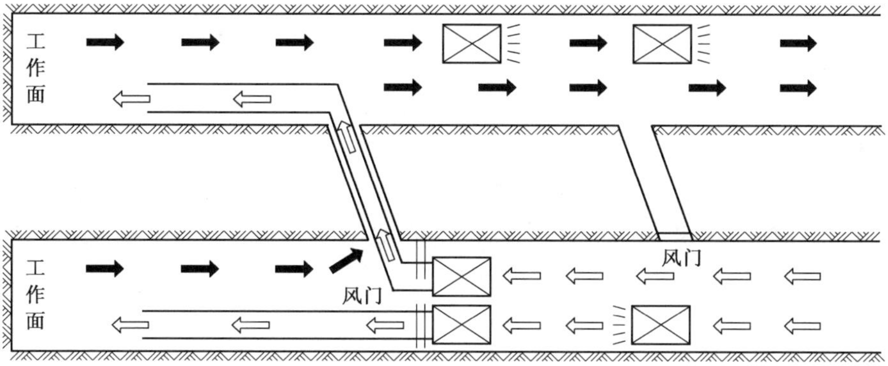

图 5-5 巷道(正洞、平导)通风方式示意图

通风设备的选择应根据隧道环境条件、人员及设备需求、职业健康要求、独头掘进长度、装渣运输方式、断面大小和通风方式等因素计算确定。

5.3 防 尘

洞内进行凿岩、爆破和装渣的同时,伴有大量粉尘产生,一个直径为 40 cm、深 1.0 m 的炮眼产生粉尘约 3 kg,其中危害最大的是含游离二氧化硅大于 5%的硅尘,这种含硅粉尘进入肺泡使肺组织发生了纤维化和产生硅结节,引起矽肺疾病,直接危害工人身体健康。

5.3.1 湿式凿岩

湿式凿岩是主要防尘措施之一,它将压力水输入炮孔眼底冲洗、湿润孔内岩粉再排出孔外,使粉尘不能飞扬于空气中。

1. 湿式凿岩供水量

(1)湿式凿岩采用侧式供水或中心供水,在相同水压条件下的供水量见表 5-20。

表 5-20 相同水压条件下两种供水方式的供水量

供水方式	在下列水压(MPa)的供水量(L/min)				
	0.1	0.2	0.3	0.4	0.5
侧式供水	3.0	4.9	5.9	6.5	7.5
中心供水	2.0	3.2	4.3	5.0	5.5

(2)不同倾角炮眼的最佳供水量见表5-21。

表5-21　不同倾角炮眼最佳供水量

炮眼倾角(°)	水平	向　上						向下
		15	30	45	60	75	90	
供水量(L/min)	3.0～3.5	3.75	4.0	4.0	5.0	5.5	6.0	2.5～3.0

2. 湿式凿岩技术措施

(1)选用凿岩机应配有风、水联动给水装置,杜绝干式开眼。

(2)使用小直径钎头和锋利的钎刃,在凿岩机冲击功相同的情况下,使用比较小的钎头直径时,炮眼底单位面积所受的冲击力大,岩石易被粉碎成较大颗粒,被研磨成为微小的粉尘相应地减少。一般用33～36 mm直径的钎头较用46 mm直径的钎头,每立方米空气中含尘量可减少40%左右。

(3)保持高风压,风压愈高凿岩机冲击功及扭力矩愈大,炮眼底微细粉尘产量相应减少,在凿岩中要求保持额定风压,一般不低于0.45～0.5 MPa。

(4)保证工作面水量和水压。湿式凿岩主要是靠水来抑制粉尘,如果供水量不足,则有些未被湿润的粉尘从炮眼逸出,增加空气中的粉尘浓度,从防尘效果要求,最低供水量不得小于以下标准:手持式凿岩机3 L/min;支架及向上式凿岩机5 L/min;深孔凿岩机10 L/min。工作面水压低于风压0.05～0.10 MPa。

(5)排除、降低凿岩时的机油雾。凿岩机排出微粒小于5 μ的油雾,侵入人体肺泡使肺功能削弱,损害呼吸系统,导致人体对粉尘防御功能的降低。凿岩机排出的油雾,大多是汞注油方式不当或向凿岩机内注油过多造成的,因此,应采用自动注油器,合理地控制注油量使之既满足润滑机件的需要,又不致排出大量油雾,这是洞内防油雾的基本措施。

5.3.2　喷雾洒水

在放炮时实行喷雾,是防止爆破中产生粉尘危害的有效措施。

喷雾器分为两大类,即:风水混合喷雾器和单一水力作用喷雾器。风水混合喷雾器的主要作用是利用高压风将流入喷雾器的水吹散,形成雾粒。这种喷雾器宜用于爆破作业过程中。水力作用喷雾器无需高压风,只要具有一定压力的水,通过喷雾器便可进行喷雾。这种喷雾器安装容易,使用方便,适用于各种水幕和装渣机上的喷雾。

(1)爆破波启动喷雾器

主要是利用爆破冲击波控制旋塞开关。这种旋塞开关安装在距离工作面15～20 m处。在旋塞上面的手柄上焊接一块钢制长方形波动板,爆破前将波动板面向工作面,爆破时爆破波冲击波动板使它转向启动开关,水阀随之被打开,与水阀相连接的水幕或喷雾器即启动工作。

(2)电气控制喷雾器

电气控制喷雾器的原理是:爆破瞬间,爆破冲击波使附于波动板上的水银开关接点相接触,中间继电器磁力线圈通电,使常开触点闭合,风水电磁阀(或牵引电磁铁)线圈带电,阀门开放进行喷雾。

(3)装岩机喷雾

使用装岩机进行喷雾降尘,是在铲斗的一侧安装一个使喷雾器开闭的控制阀,阀座内安有弹簧,弹簧一端与阀座底接触,另一端与阀杆的前端接触;出水管与进水管接通,开始喷雾;阀杆压进后，喷雾即停止。

5.3.3 水 幕

(1)光电控制自动水幕

光电控制自动水幕广泛用于串联风流的空气净化和风源净化。

通常情况下，水幕处于工作状态。当人行或车辆通过时，将光源遮住，光导管不受光，此时其阻值变大，这样在光电控制器中就产生一电流信号，该电流信号经光电控制器放大，变成一较强的矩形脉冲电压信号，推动光电控制器中的继电器动作，从而使交流接触器动作，并控制电磁阀工作。

(2)超声波控制自动水幕

超声波控制自动水幕与光电控制自动水幕不同之处，仅在于以超声波继电器代替光电控制器。其他元件与光电水幕相同。

使用时将超声波发射机和接收机分别安装在巷道适当地点的两侧，且必须在同一断面的同一水平中心线上，安装误差不得超过 20°。

5.3.4 洒水和洗刷岩帮

洒水是降低粉尘浓度的简单而有效的措施，即使在通风较好的情况下，洒水降尘仍然需要。因为单纯加强通风，能使已经湿润了的粉尘干燥而重新飞扬，甚至出现粉尘浓度反而增高的现象。

对渣堆洒水必须分层洒透，装渣时只洒一次水，粉尘浓度为 5 mg/m^3，如采用分层多次洒水，粉尘浓度可以降低到 1.8～3 mg/m^3。

装渣洒水的耗水量，在干燥的岩石中洒水时一般每吨石硅为 10～20 L，如果岩石湿度较大，水量可适当减少。

洗刷岩帮是在放炮后恢复作业以前，利用湿式凿岩的胶皮水管进行。洗刷范围按风管距工作面远近而定，一次洗刷时间大约在 5～10 min。大断面须用两根水管沿两帮同时洗刷。洗刷岩帮时水压一般与湿式凿岩相同，宜为 0.3～0.5 MPa，水压过低时，冲刷力小，岩帮上的岩尘不能全部被洗落，通风干燥后仍可飞扬。

5.3.5 干式凿岩孔口捕尘

干式凿岩孔口捕尘适用于水源缺乏、容易冻害或岩石性质不适于湿式凿岩地区。捕尘方式分中心抽尘和旁侧抽尘两种。

干式捕尘凿岩机有 $YT_{25}X$(中心抽尘)和 $YT_{25}C$(旁侧抽尘)两种型号。使用的钎头有一字形两孔和十字形四孔两种。钎刃以 BK15 硬质合金片制成。钎杆中心孔直径为 8～10 mm，钎尾长度为 108 mm。

5.3.6 粉尘测定方法

测尘工作一方面是为了切实了解粉尘危害情况，以正确评价作业地点的劳动卫生条件，另一方面也是为了给制定防尘措施、选择除尘设备提供依据，并能起到鉴定措施和设备的效果的作用。所以测尘是防尘工作的重要组成部分。

(1)用滤膜测定空气中粉尘浓度

滤膜测尘是一种计重的测尘方法,就是抽取含尘空气通过安在采样头上的滤膜,使粉尘阻流在浓膜表面,根据滤膜增加的重量(即被阻留的粉尘量)和过滤的空气量,计算出空气中的粉尘浓度。

(2)用焦磷酸法测定游离二氧化硅含量

用焦磷酸法测定游离二氧化硅,主要是焦磷酸在245～250 ℃条件下,能够溶解粉尘样品中的磷酸盐和无机杂质,而游离二氧化硅不被溶解,处理溶解后剩下的量,即可算出样品中游离二氧化硅的含量。

5.3.7 施工防尘要求

(1)隧道施工应采用综合防尘措施,每月至少应检测一次洞内各工序作业面的粉尘浓度和空气中有害气体浓度。

(2)钻眼作业采用湿式凿岩,严禁采用干式凿岩,喷射混凝土应采用湿喷工艺,内燃机械应安设尾气净化装置。

(3)凿岩及装运渣作业应符合下列要求:

1)风动凿岩机钻眼时应先送水后送风。

2)爆破后应进行喷雾或洒水。

3)出渣前宜用水淋湿全部石渣和附近的岩壁。

4)施工人员应佩戴防尘口罩。

(4)新鲜风流连续经过几个工作面时,在两工作面间和混合式通风系统中两组通风管交错的距离范围内,粉尘浓度超标时,应采取措施降尘或除尘。

(5)长及特长隧道洞内运输道路,应根据需要采取降尘或除尘措施。

5.4 降 噪

5.4.1 噪声标准

隧道内的各种声响都是在同一个五面封闭的环形坑道中产生或消失的,施工人员就处在听觉暴露受损的强噪声之下,这些无规则的、杂乱的噪声会影响工人的听觉,诱发多种疾病,降低工作效率和影响安全生产。

(1)隧道施工中的噪声来源大致分五种:

1)施工噪声:包括钻孔、爆破、挖掘、装渣运输作业所产生的巨大声响。

2)机械噪声:包括内燃机械和电动机械运转提供施工用动力所发出的声响。

3)交通噪声:包括出入洞内的各种车辆、爬行机械以及行人所产生的声响。

4)摩擦噪声:包括机械(具)与围岩之间、设备相互配合之间、机械本身摩擦以及劳动工具与作业对象之间摩擦所产生的声响。

5)人为噪声:锤打敲击、高音喇叭、多人喧闹产生的声响。

(2)按照声源的不同,上述噪声又可分为两大类:一是气体振动所产生的,如轴流风机等;二是固体振动所产生的,如凿岩机等。了解噪声产生与分类的目的就是从噪声的根源着手进行防治与控制。

根据有关资料和现场经验，隧道噪声是各种声响的混合，比较复杂。虽然有些噪声瞬间消失（如爆破），但总的噪声一般都在 85～90 dB，甚至更高。在施工中噪声随工序不同而变化，并具有时间性和阶段性，噪声每增高（减少）10 dB，响度就增加（下降）一倍，隧道施工设备相关声级见图 5-6。

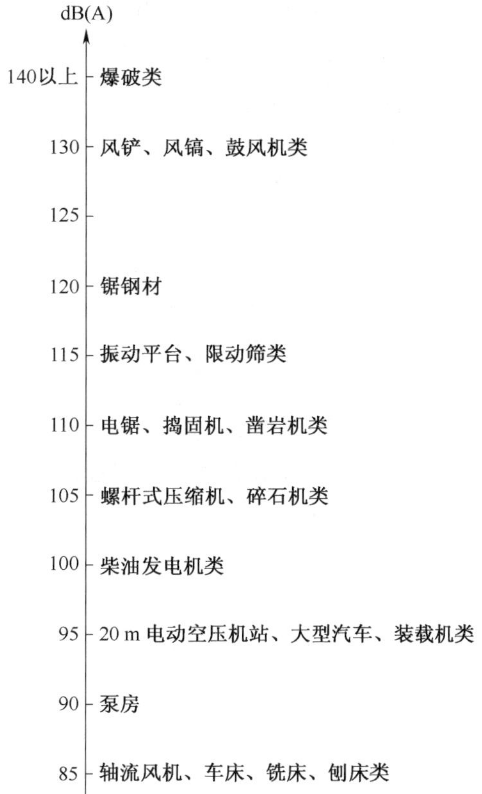

图 5-6　隧道施工设备相关声级(dB)

必须注意的是，在隧道内发出的噪声消失慢，同级噪声感觉比露天强烈；多台设备同时运转与作业所产生的噪声比单台露天噪声强 5～10 dB；旧设备噪声比新设备强 5 dB 以上；噪声为 85 dB 以上的设备应尽可能避免固定在洞内不间歇地作业。

隧道施工机械音响程度相对指标见表 5-22。

5.4.2　噪声的测量

噪声的测量仪器可采用声级计、滤波器、频谱分析仪、纸带记录仪、磁带记录仪、实时分析仪等。

噪声测量的目的是评价作业地点噪声危害程度。测点一般远在受危害的主要对象处。如在工作人员耳朵附近。当需要掌握整个作业地点的噪声环境，可在其间选择若干测点进行测量，然后取平均值。

表 5-22　隧道施工机械音响强度程度相对指标

机械名称（台）	提升绞车	汽车	电钻和风镐	混凝土搅拌机	水泵	风动装砂机	凿岩机	BY 型通风机
声级[dB(A)]	50	70	70	80	90	90	110～115	120

5.4.3　噪声的控制

采取光面爆破或预留光爆层爆破技术，依据围岩的类别确定开挖进尺、炮眼间距和装药量，减少超欠挖和爆破冲击波对围岩的扰动，防止塌方和控制噪声。

选择低噪声设备、进洞作业的机械（具）尽可能地采用液压设备或以摩擦压力代替机械振动，能在洞外完成的构件不作进洞工序安排。

空压机站、混凝土搅拌机、泵站、发电机站、机修站以及生活工作区域等应合理布局，使其相互分开隔离；有条件的将大型设备安装在较偏僻处，用机房把噪声隔离起来，使其不能联声；另外，还可利用距离、隔墙使噪声大幅度自然衰减。

风量为 1 000 m^3/min 以上的通风机应当安装在洞外，使洞内施工场所保持安静。

高压风管、高压水管、通风管、道路、电路”应合理布置，正确安装固定，减少阻力及冲击振动，尤其是通风管一定要选择低阻软质管，确保风压、风量，以达到有效通风排烟之目的。钢管内径应一致，并符合设计要求，弯头过渡不留变径截面，以减缓高压冲击声。

道路凸凹也会增大履带(轮胎)与地面的摩擦噪声,应始终坚持"修路少修轮胎"的原则,尽量为进洞施工人员改善作业环境。

还可采取如下措施:

(1)出入洞内的机械、车辆不鸣笛,不急刹车。

(2)汽车在待候装渣时开启小油门或停机,不工作的电动或内燃机械一律停机。

(3)隧道专用车辆使用优质减震器和装置具有低污染的消音器。

(4)施工人员应掌握噪声传递规律,避免长时间强噪声干扰,远离超强噪声。

(5)机械操作人员不开启车门或玻璃,对噪声进行隔离。

(6)施工人员提高自我防护,在耳门处堵小棉球,有条件的可佩戴合格的耳塞或耳罩,切实提高劳动保护。

(7)加强设备维修,定时保养润滑,减少松旷摩擦和过大振动,以免引起噪声。

(8)各类机械,车辆禁止轰踩油门、超速、超载、超负荷作业。

第6章　TBM掘进

6.1　概　　述

全断面岩石隧道掘进机(TBM)开挖的岩石隧道断面基本能自稳,且系常压式、刀盘式机头的平洞掘进机。全断面岩石隧道掘进机是目前使用最为广泛的掘进机。在我国隧道施工工程中,已成功使用过的全断面岩石隧道掘进机有:单T型支撑敞开式、双X型支撑敞开式、双护盾三种。

掘进机法隧道施工应根据工程地质、水文条件、超前地质预报及监控量测信息,设置、调整掘进参数,控制掘进姿态,优化支护参数,实施全过程的动态管理。在特殊地段及特殊地质条件下掘进,应根据工程地质及水文条件、超前地质预报、周边环境,制定相应可靠的施工方案和技术措施,并制定应急预案。施工前应根据掘进机法施工特点,完成前期调查、技术、设备和设施、组装、调试及始发等各项准备工作。施工测量方案应结合掘进机及其自身配置的导向系统的特点、精度及人工测量仪器精度等制定。

组装调试场地应符合掘进机组装及调试的平整度、空间限界、承载力等的要求。组装完成后,应进行各系统的空载调试和整机空载调试。调试完成后应分系统逐项进行验收,验收合格后方可掘进。

开敞式掘进机法隧道施工,初期支护应及时施作,并按照设计要求进行监控量测。护盾式掘进机采用管片或仰拱块拼装时,应及时填充豆砾石并注入砂浆固结。

掘进机施工进料应采用轨道运输,出渣运输可根据隧道的长度、掘进能力、掘进速度选择轨道运输或皮带运输方式。掘进机施工尚应符合现行《铁路隧道全断面岩石掘进机法技术指南》的有关规定。

6.2　全断面岩石隧道掘进机的构造

全断面岩石隧道掘进机的第一代产品都是单(T型)支撑结构的。由于单支撑型掘进机的头部较重,而且都由洞底承受,容易造成头部下陷的缺点。所以逐步改进发展到第二代产品:双(X型)支撑。又由于掘进机在软岩地层中,无论单(T型)支撑或双(X型)支撑都无法在洞壁中撑牢,因而引入了盾构—靠支撑管片用以掘进的技术。即发展成第三代产品:双护盾掘进机。因此这三类掘进机在构造上有许多相似之处,也有一些不同的地方。

全断面岩石隧道掘进机是一个集机、电、液、气、光为一体的高科技的复杂的机械。为了实现开挖、出渣、成洞等一整套功能,全断面隧道掘进机的构造可以分成结构、机构和系统三个部分。

6.2.1　刀　　具

刀具是全断面岩石隧道掘进机破碎岩石的工具,是掘进机主要研究的关键部件和易损件。

经过几十年的工程实践,目前公认为 ϕ432 mm 的窄形单刃滚刀是最佳刀具。

掘进机在掘进过程中,刀具受到顺刀圈径向和侧向的复合压力及刀圈和岩石的摩擦力。

刀具是掘进机使用过程中用量最大的易耗品。一般开挖 10 km 硬岩隧道,刀具的使用消耗将占整机价格的 30%左右。刀具的寿命又直接决定了换刀次数和换刀停机时间,一般情况下换刀时间占全部时间的 10%~20%左右。因此刀具的使用寿命直接影响了开挖成本和掘进机的作业率。

刀具的损坏形式分正常磨损损坏和非正常损坏。正常磨损占全部损坏刀具的 90%以上。为了延长刀具使用寿命,在使用中应采取如下措施:

(1)常规措施

1)选用品牌刀具,其中刀圈、轴承、金属浮动密封必须是品牌产品。

2)严格按照规定组装刀具,包括装配精度、温度、油质、油量、油压,严格测定油压和保压时间、刀盘回转力矩。

3)将刀具正确安装在刀盘上,按规定调整螺栓预紧力。

4)及时检查、测量刀具磨损及其他损坏情况,及时更换已损坏的刀具。

5)保证刀盘水系统的正常工作,做到先喷水雾、再掘进。

6)做好刀具的档案记录,根据记录数据及时制定相关措施。

(2)非常规措施

1)对完整性好、抗压强度特高的岩石,掘进速度<1.5 m/h 时,应考虑全盘更新刀具,并增设喷泡沫剂的工艺。

2)对掘进前方遇有金属物,如钢丝网、钢管、木船钢钉、锚等,必须先清除后掘进。

3)避免在掘进前方先开掘导洞再行扩挖。因为导洞与扩挖洞交界处刀具受力工况十分恶劣,最易损坏。

6.2.2 刀　　盘

刀盘是安装刀具的、由钢板焊接的结构件,是掘进机中几何尺寸最大、单件重量最重的部件。因此它是装拆掘进机时起重设备和运输设备选择的主要依据。刀盘与大轴承转动组件通过专用大直径高强度螺栓相连接。

刀盘在掘进过程中是沿着掘进机轴线向前作直线运动,同时又环绕掘进机轴线作单向回转运动,这是典塑的螺旋运动轨迹。全断面岩石掘进机的刀盘回转运动的特点是:在掘进硬岩时,必须单向回转,即刀盘回转只能顺着铲斗铲着岩渣方向进行,任何逆向回转都有可能损坏刀盘。

6.2.3 刀具在刀盘上的布置

刀具在刀盘上的安装形式有两种:一种是表面凸装式,刀座直接焊在刀盘表面上,整个刀具也都凸出在刀盘面上。这种方式制造工艺简单,但刀座容易磨损并容易受到破碎石块下落时的冲击而造成的焊缝开裂。一般用于较软的岩石中;另一种是埋入式,刀座埋在刀盘表面以下焊在刀盘体上,刀具安装后仅有 1/3 露出刀盘表面以破碎岩石。埋入式对刀具、刀座具有良好的保护作用,但制造工艺复杂,刀盘重量增加。这种形式较普遍采用。

刀具更换是掘进机掘进作业最频繁的工作。一般有刀盘前面更换和刀盘后面更换二种方式。为了人身安全,目前普遍采用背后换刀的方式,但这种方式必然增加刀盘的轴向长度、增加刀盘的重量。刀盘背后换刀需要一些小型专用工具来实施。

6.2.4　大轴承及其密封

大轴承及其密封是掘进机最关键的部件，是决定掘进机使用寿命的机构。大轴承的预定使用寿命由用户根据工程需要和投资成本提出。目前大轴承的使用寿命一般为 15 000～20 000 h。这一使用寿命是确保掘进机掘进 20 km 不更换轴承的依据。平常通称掘进机一次使用寿命为 20 km，就是由此而来。

对大轴承寿命的影响还需考虑如下因素：

(1)大轴承的润滑和密封。良好的强制性稀油润滑和多道有效密封是确保大轴承寿命的必要条件之一。

(2)大轴承安装工艺，特别是刀盘电焊时必须控制电流不能通过大轴承。否则大轴承滚道表面因电焊电流的通过形成火花，产生凹坑而损坏。

(3)大轴承都是单件生产，价格昂贵(一般占整机造价的 10%左右)，按国外大轴承生产规定，允许有 10%的不合格率。因此购买掘进机时买方要承担 10%的风险。

大轴承的密封分内密封(大轴承内圈处)和外密封(大轴承外圈处)。每处的密封通常由三道优质密封圈和二道隔圈组成。三道密封圈的唇口有一定的压力，压在套于刀盘支承上的耐磨钢套上。二道隔圈四周分布有小孔，润滑油和压缩空气从这些小孔喷出成雾状以润滑三道密封圈的唇口，确保密封圈的使用寿命。正常情况下，密封圈的使用寿命与大轴承使用寿命相一致。

由于密封圈的直径较大，在粘制密封圈时长度余量必须严格控制。长度过短，粘制后直径偏小，安装后容易胀裂或减小唇口压力；过长则粘制后直径偏大，安装后容易松动(外圈)或起皱折(内圈)从而降低密封效果，甚至失效。

由于密封圈的直径较大，在安装时应多人多点同步装入，避免扭曲和不同步使密封圈拉伸变形。

除了密封圈密封外，根据需要还可增设机械的迷宫密封。安装时迷宫槽内充满油脂，使用时还不断注入油脂以防粉尘和水分通过密封圈浸入大轴承。

6.2.5　刀盘驱动系统

1. 刀盘驱动系统的特点

(1)大功率、大速比：传递功率大，一般在 1 000 kW 以上；从电机到刀盘减速比也大，一般 $i>200$。

(2)刀盘驱动系统为系列化、多套式，每套功率都在 200 kW 以上。

(3)具有二级变速功能以满足不同硬度岩石的需要。

(4)具有慢速点动功能以满足换刀需要。

(5)挖掘硬岩时只能顺铲斗铲渣方向回转。

(6)驱动系统的元件要求径向尺寸小，而轴向尺寸可适当放宽。

(7)刀盘驱动系统要有能承受一定轴向载荷的能力。

2. 驱动系统的布置形式

驱动系统的布置形式有前置式和后置式两种。

(1)前置式

前置式的驱动系统其减速箱、电机直接联在刀盘支承上，结构紧凑。但掘进机头部比较拥挤,增加了头部重量。

(2)后置式

后置式驱动系统其减速箱、电机布置在掘进机中部或后部,通过长轴与安装在刀盘支承内的小齿轮相连。这样布置有利于掘进机头部设施的操作和维修,也对掘进机整机重量的均衡布置有益,但增加了整机重量。

3. 有关轴向力问题

由于全断面岩石掘进机名义上在平洞中掘进,实际上隧洞都有一定的坡度,或上坡或下坡,所以刀盘驱动系统中电机、齿轮箱选型时都必须具有承受双向轴向载荷的能力。否则驱动系统会发生不必要的故障而降低掘进机的作业率。

6.2.6 刀盘支承

刀盘支承是一个主要受力的钢结构件。其前部与大轴承固定圈相连接,通过大轴承传递刀盘的巨大破岩力,其四周精密加工有一组圆孔以安装驱动系统的小齿轮、减速机(或长轴),通过回转大齿圈传递刀盘的巨大破岩回转力矩。其中心部分有出渣胶带机通过。刀盘支承受力复杂,对大轴承和驱动系统安装部位加工要求高,刀盘支承的外形尺寸较大,所以必须选择有相应焊接、精加工和热处理能力的生产厂制作。

6.2.7 掘进机头部机构及稳定头部装置

掘进机在掘进作业时,因岩石的不均质性,常引起头部的激烈振动。掘进机头部刀盘支承的四周连接了一圈护盾装置,这些装置起着保护机头、稳定机头的作用,必要时还辅以调向的作用。

敞开式掘进机头部常有顶护盾、侧护盾、下支承及其相关的油缸组成。它通过油缸调节可与下支承组成一个理论开挖直径的圆周,有定位标尺可以监控,与洞壁保持低比压接触,以确保头部的稳定。

双护盾掘进机头部则有上下支撑体直接与内侧刀盘支承相连;后部直接与前护盾相连,起到顶住岩石崩塌以保护机器和人身安全,以及减低头部接地比压、防止掘进机头部下陷的作用。其头部直径均比开挖直径小 50 mm,因此只有底部与洞壁接触,顶部和两侧都不接触洞壁。为了避免头部振动,特配置了左右各一的侧翼支撑,与底部组成三点一圆的稳定机构。

根据使用要求,顶护盾、侧护盾、侧翼支撑与洞壁接触的比压一般控制在 2 MPa 左右,压力过大要增加掘进时掘进机头部与洞壁的摩擦阻力,从而损耗推进缸的推进力降低破岩能力和掘进速度。

必要时侧护盾缸可以辅助掘进机的左右调向,下支承缸可以辅助掘进机的抬头式或低头式作业。掘进时,利用头部油缸调向,其结果是调向反应效果快,但对边刀损耗也大。

6.2.8 司机室

司机室是掘进机主机集中操作和监控的场所。

司机室一般采用全封闭、四周设窗的形式。为改善工作环境,需配置空调。司机室内配置有操作台、PLC 触摸屏、各仪器仪表显示装置、掘进机位置显示屏和多路闭路电视传递信息,还配有多路有线通信和洞内无线双功对讲机。

对于小直径掘进机,限于空间位置,采用敞开式的司机室。此时,司机室顶部必须有安全挡板，操作人员应配有耳塞以防止噪声。

6.2.9　出渣系统

全断面岩石掘进机的出渣系统由主机部分的溜渣槽、主机胶带机和主机后部的转载渣斗、转载胶带机、后配套上的转载渣斗和长胶带输送机组成。

(1)选用的胶带机应具有如下特点：

1)采用深槽胶带机，以避免岩渣撒落。

2)采用双金属刮板或双犁式清扫器以刮清岩渣。

3)采用优质高拉伸强度多层胶带以减少洞内修补或更换胶带的时间。

4)胶带机托棍采用金属浮动密封以防岩浆的渗入。

5)胶带机转载部分设摄像机以便操作员通过电视监视随时了解掌子面岩质情况。

6)胶带机的输渣量要大于刀盘的最大破岩量。

7)沿胶带机布置水系统，以便停机前彻底清洗。

(2)由于胶带机是掘进机中最长的部件，它是控制掘进机开挖弯道时的主要因素之一。因此所配置的胶带机还应满足如下条件：

1)转载渣斗要有足够宽度。当掘进机左右方向偏离或进入弯道时，胶带机始终在渣斗口范围内移动。否则，岩渣就会撒落在胶带机下方的设备上，造成额外的停机故障。

2)胶带机托棍支架要有两侧可垫成不一样高的装置，以满足通过弯道的需要。

3)两条胶带机交接处要留有足够的高度空间，避免安装或进行有坡度掘进时胶带机尾部与转载渣斗相碰。

4)掘进上坡时胶带机需要的运渣功率减少；掘进下坡时则需增加功率，下坡度越大，所需功率越大。因此，出渣胶带机的最大功率应大于最大下坡、最大出渣量所需的功率。

5)胶带输送机倾角一般小于 14°。否则岩渣将自滑，造成掘进下坡时出不了渣的困难局面。

6)由于敞开式掘进机主机胶带机是安装在主梁内，而主梁空间有限，为了顺利安装，还必须配置相应的油马达作为胶带机运入主梁的工具。

7)后配套长胶带输送机与其后的出渣矿车的配套方式有两种：

①移车式。胶带输送机落渣点不变，靠移动矿车来逐节装渣。

②移渣式。矿车位置不变，用移动出渣斗给逐节矿车装渣。

由于移渣式胶带输送机要增设卸渣小车而需要增加一定的空间，因此这种方式适用于中大直径掘进机；而移车式则适用于小直径掘进机。

6.2.10　润滑系统

掘进机的润滑系统是掘进机最关键的系统，其中大轴承的润滑如果出现故障，可能几分钟内就致掘进机于死地，而修复时间却要长达一个多月。

1. 润滑方式的分类

根据各相对运动部件的功能、受力大小及运动速度快慢采取不同的润滑方式，主要有油脂、油液、混合三种方式。

2. 润滑的时间

按时间分润滑可分成一次性加油、定时加油和边掘进边加油三种。

(1)一次性加油润滑

在使用金属浮动密封的刀具、胶带机元件、联轴器部件中均可按使用说明书一次性加入规定的油量后长时间的使用。有的联轴器的润滑介质是脂、液按一定比例配制而成的混合润滑脂液。

(2)定时加油润滑

各油缸铰支点、各齿轮减速箱、各转轴均需按使用说明书要求按时检查并注入润滑油(脂)。

(3)边掘进边润滑

对于重要的运动部件,如大轴承及其密封、大齿圈、小齿轮、行星减速机、主梁与支撑间的轨道,一边掘进一边不断地注油(脂)润滑,以确保掘进机正常作业。

3. 润滑系统的注意点

(1)脂润滑系统均采用优质锂基脂。

(2)同一泵系统多路供油(脂)润滑时,必须采用定量定点供油(脂)的方式。因为一泵多点供油(脂)时,油(脂)按向低能位方向流动的原则分布,一些高位设置的润滑点将得不到预期足够的润滑油(脂)而造成故障。

(3)刀盘驱动系统的强制润滑采用封闭式内循环或外循环两种。

1)在前置式刀盘驱动系统中,因行星减速器直接安装在刀盘支承内,相应采用润滑油外循环方式,油液通过抽油泵从减速机油底抽出,进入油水冷却器和过滤器,再用泵压入齿轮箱。油液的冷却和滤清在行星减速器外的专门机构中完成,而掘进机头部无足够空间来安置这些机构,因此必须采用外循环方式。

2)在后置式刀盘驱动系统中,因行星减速器安装在掘进机的中后部,所以一般采用封闭式内循环。油液一次性按规定加入减速箱内,靠减速机内齿轮泵强制润滑,而产生的热量通过行星减速壳体的水冷套中,从水系统中输出。

(4)大轴承密封都采用边掘进边润滑的方式。根据设计不同,有的采用油、气混合喷油雾的润滑方式,有的采用压力油脂润滑,两种方式技术上都是可行的。无论脂润滑、油气润滑均要求润滑后的脂(液)向密封的外侧排出,而不能进入大轴承内,因此三道密封唇口的设计安装方式必须是阻止润滑脂(液)进入大轴承内的。

(5)大轴承、齿轮箱等关键件的润滑油必须定期采取油样监测。一般为 500 h 一次,必要时可以增加抽样次数以确保运动部件的正常运行。

6.2.11 液压系统

掘进机的液压系统由于具有远距离传递能量和运动的功能,又具有占用空间小的优点。所以除掘进时刀盘回转外,液压系统几乎控制了极大部分的运动,包括用油缸实现的直线运动和用油马达实现的转动。

1. 液压系统的安全点

液压系统关系到掘进机的安全,必须采取合理的布置及液控、液电控联锁来确保安全。

(1)敞开式掘进机在掘进作业时,水平(X 型)支撑未撑到额定压力,刀盘不准回转掘进。

(2)敞开式掘进机在后支撑未撑到额定压力时,水平(X 型)支撑不得收缩脱离洞壁。

(3)掘进作业开始时,必须先启动出渣胶带机,再开始刀盘挖掘出渣。

(4)掘进作业结束时,刀盘停止回转后,出渣胶带机运渣干净后才能停止运作。

(5)掘进作业时,后配套牵引缸放空自由伸出,后配套不随机前进。掘进作业完成后换行程时,后配套牵引缸才能动作,这样可以使主机推进缸推力在掘进过程中不消耗在后配套牵引上,而确保有足够的推力破碎岩石。

(6)液压锁必须安装在回路的软管之前靠近执行元件处,以避免软管破裂时液压锁继续有效。

2. 液压件的寿命

(1)液压件是掘进机除刀具、传动系统的离合器、摩擦片外的第三位的易损件。液压件的寿命直接影响到掘进机的作业率,选用优质液压元件是掘进机洞内作业的必须。目前国外掘进机均采用德国、美国优质液压件,其使用寿命是:

1)泵、马达、阀件的正常使用寿命是 8 000～10 000 h,是国产件寿命的 4～6 倍。

2)油缸密封的正常使用寿命是 8 年,是国产件的 4 倍。

3)软管能满足 200 万冲次的使用寿命,满足 1 年以上的使用周期。

4)管接头从开始使用直至拆开均应保持不漏油,拆开即更换新的。

(2)为了确保液压系统的使用寿命,建议:

1)选用德国、美国产的泵、马达、阀件、管接头。

2)软管可采用进口钢丝网国内制作,采用寿命在 200 万冲次或 500 万冲次的优质多层软管。

3)定期作油样分析,预测系统可能发生的故障,确保油液清洁有效,确保系统正常运行。

6.2.12　水 系 统

水系统是掘进机中比较简单的系统。它由进、排水两个独立的部分组成。

进水系统主要用于冷却、降尘和清洗。一般按每开挖 1 m^3 岩石需要供给 0.25～0.3 m^3 水量即可,进水压力一般<2 MPa。所以,可以用泵站供水,也可以用洞外高位水池供水。供水需经滤网滤清后经掘进机上的水管卷筒进入各用水机构。

除尘、冷却、清洗是三个作用不同、所需压力也不同的回路,应独立的配置而互不干涉。除尘、清洗用水是不回收的,直接通过排水系统排出洞外。内循环冷却用水回到后配套水箱,供软水循环使用。

排水系统主要根据隧道坡度和隧洞最大涌水量设置。

(1)在掘进上坡时,可采用隧洞排水沟自流方式排水。

(2)在掘进下坡时,必须配置抽水量大于最大涌水量的排水泵。隧洞中隔一定距离设置集水坑。排水泵应设置两台,一台工作另一台备用,避免排水泵发生故障造成掘进机整机泡在涌水中的大事故。

6.2.13　空气系统

空气系统在掘进机中也是一个较为简单的系统。它分为压缩空气和多级串联的轴流风机两个独立的系统,分别完成气泵、空气离合器、油雾气供气和新鲜空气的供气。

掘进机后配套拖车上,一般配有 0.1 MPa,10～20 m^3/min 空压机及 2 m^3 储气罐。所产生的压缩空气有的用于刀盘驱动系统的空气离合器,这样的系统具有离合反应快,超载保护效果好的优点;也有用于大轴承密封油气雾润滑的,通入的气压 0.12 MPa;还有的用于主梁轨道、大轴承润滑气泵。

在洞外设置多级串联的轴流风机将洞外新鲜空气压入洞内,出风口设在司机室附近,以保证操作人员获得足量的新鲜空气。出风口的风量为 25～35 m^3/s,在司机室处风速为 0.3 m/s。

由于掘进机不断向前推进,因此掘进机上必须设置能安装风管伸缩节的机构,不断添加新的风管与挂在洞壁上的固定风管相连接,才能保证新鲜空气的不断输到司机室附近。

6.2.14 除尘系统

掘进机在掘进时,刀具在破碎岩石的同时产生了大量粉尘,这是掘进机粉尘污染的源根。为了将这些粉尘有效的去除,主要采用一堵二疏的方法。

(1)为了将粉尘堵在掘进机刀盘前部,不向机头后溢出,在掘进机机头刀盘支撑外侧设有挡尘板。挡尘板可以弥补掘进机头部顶护盾、侧护盾、下支撑封闭不到的部位。挡尘板外侧有80～100 mm 橡胶圈与洞壁相接,既起密封作用又可避免被洞壁磨损。

(2)沿刀盘四周设置喷嘴,其喷水可以形成环状水雾,与较大颗粒粉尘结合沉降,可去除一部分粉尘。

(3)在掘进机机头上部两侧顶护盾下方开有排风口,与排风管相接,由高效抽风机将中小颗粒粉尘从风管中抽出,送入设在胶带桥或后配套拖车上的水膜除尘器中,足量的水膜能在水膜除尘器上除去中小颗粒的粉尘。

(4)经喷嘴喷水除尘和水膜除尘后的空气再经过多层滤网除尘释后,排入洞内就是合格的空气了。

(5)从水膜除尘器和滤网除尘器中清除的粉尘,适时地排在洞内。

由于除尘风机的高速运转在洞内噪声很大,因此必须在除尘风机处一定范围内安装隔音层来降低噪音。司机室的安装位置不宜布置在除尘设备一侧。

6.2.15 定位导向系统

为了确保掘进机在长隧道施工中能连续的按设计的洞线进行施工,在掘进机系统中都配置有定位导向装置。目前,较常用的有 GPS 网、陀螺导向仪、激光导向系统三种。洞线的偏离可控制在±50 mm 以内,足以满足工程需要。

GPS 网是高科技的定位导向系统,近年来才开始用于洞外的测量定位。陀螺导向仪是借用航海定位设备。它的优点是不受洞内空气清晰度的影响,也不受洞内障碍物的影响。但设备价格较贵,国内使用较少。激光导向系统是目前我国掘进机洞内施工中最常用的导向设备。

6.2.16 信息处理系统

掘进机是一个由许多子系统组合成的复杂的机械系统。数十个信息同时汇送到司机室,有些经计算机进行处理,再经操作人员综合判断识别后,及时做出相应的操作处理。信息处理系统包含:信息的采集、传递、处理、显示及相关处理措施的再传递的全过程。信息及时、正确的采集、传递和处理是确保掘进机正常工作的必要条件。大部分信息的采集通常由检测元件执行,如显示位置的行程开关;显示速度的电流信号;显示温度、压力的传感元件;显示运转状态的摄像系统等。信息的传递通过通信设备、屏蔽电缆等。信息的处理由 PLC 或计算机完成,最终在模拟屏上显示。也有部分信息是由操作人员直接观察收集的。信息的相关处理措施除计算机、PLC 自动控制外,其余均由人工操作完成。各种信息可以通过远程接口传递到上级,供领导部门及时了解工程概况和作出相关决策。

6.2.17　地质预测系统

正确的地质预测和采取相应的预处理措施对指导掘进机避免盲目掘进，保护掘进机安全是至关重要的。

在掘进洞线选定前，必须做大量的地质勘察。这种勘察离洞线越近，勘察点密度越大，结果会越符合实情。沿洞线的地质资料是最直接的预测资料，操作人员必须提前熟悉和研究，并在随机掘进时与实际取样加以比较。

随机掘进时，随时观察主机胶带机出渣口岩渣的粒度、品质、含水量，同时观察推进速度、压力、电机功率，可以对现有开挖的掌子面做出判断。

对地质资料中预测的破碎带、断层、软地质，在必要时，可用超前钻进行掘进机头部 100 m 范围内的取样预测。

6.2.18　衬砌、支护系统

根据预报的地质资料，对断层、破碎带、溶洞等不良地质段，掘进机都配备有支护、衬砌设备。这些设备主要通过采用：锚、撑、衬、灌、喷、冻等方法，使掘进机通过不良地质段，并获得所需的隧道断面。敞开式掘进机和护盾式掘进机由于洞壁裸露情况不一而配置各自不同的衬砌、支护系统。

6.2.19　吊运系统

在掘进机检修过程中，更换的新刀具必须运入到刀盘内，被更换出来的废刀具必须运出；支护材料、用于维修的机电设备配件必须运入，相关更换下来的损坏件要运出；润滑油脂、液压油液要运入，空桶需要运出。因此随机必须布设相关的吊装运输设备。

(1)吊运设备的特点

1)由于掘进机空间很有限，所以选用的运输设备在起升高度、方向上有较高的要求，设备的径向尺寸应小。

2)由于运输设备是在主机主要设备设计、安装完成后，再在仅有的空间里考虑布置的，因此吊运设备沿掘进机轴线行走可能是直线的，也可能是折线的。

3)吊运设备应同时满足垂直方向的吊、放和轴线方向的前后移动。

4)为了增加限位装置使用寿命，吊运设备的电气限位常采用二道磁性，红外线无触点开关。

5)为了使用安全，吊运设备常采用电缆供电，必须考虑电缆安放位置。

(2)吊运设备

1)掘进机下部常采用小尺寸、足够起重量的电动葫芦。

2)掘进机上部采用油马达链驱动的小尺寸移位装置。

3)掘进机由下而上的吊运可采用液压升降平台加回转吊，也可直接用小型回转吊。

吊运设备大部分采用市场上能够买到的优质产品，少量特殊起吊设备可专为设计制造。

6.3　掘进机选型

6.3.1　工程施工对掘进机选型的要求

1. 功能要求

所选掘进机必须适合地质现状、符合隧道特性、满足隧道用途。

2. 工期要求

工程施工对掘进机的工期要求应是包含掘进机前期准备、掘进衬砌、拆卸转场全过程的工期要求。

(1)掘进机前期准备工作:设计、制造、运输、场地、安装、调试、进洞等应满足预定的隧道掘进开工日期的要求。

(2)掘进机开挖总工期应满足预定的隧道开挖所需工期的要求。

(3)对边掘进边衬砌的掘进机,掘进机成洞的总工期应满足预定的成洞工期的要求。

(4)掘进机的拆卸、转场应满足预定的后续工序工期的要求。

3. 经费要求

关于经费要求,应从两个方面来考虑:一是完成隧道开挖、衬砌的成洞总费用;二是一次性购买掘进机系统设备的费用。前者是工程的需求,后者是隧洞承包商自身承受能力的需求,二者缺一不可。

6.3.2 掘进机选型的依据

1. 隧道设计参数

(1)隧道截面的形状和几何尺寸。

(2)隧道的座数和相互位置。

(3)隧道的长度。

(4)隧道的坡度。

(5)隧道的转弯半径。

(6)隧洞的埋深。

2. 隧道沿线的地质资料

(1)隧道沿线岩质种类、物理特性、节理走向和发育程度。

(2)隧道沿线的断层数量、宽度、充填物种类和物理特性。

(3)隧道沿线的岩体自稳性。

(4)隧道沿线的含水层和水系分布情况,涌水点和涌水量。

(5)隧道的地应力。

(6)隧道沿线的有害、可燃性气体的分布情况。

3. 地理位置环境因素

(1)隧道经过的地方或附近是否有城市、江河、湖泊、水库、文物保护区?

(2)隧道进出口是否有足够的组装场地?

(3)是否具有掘进机的大件运输、吊装的条件?

(4)隧道施工现场水、电供应如何?

(5)隧道施工现场交通情况。

(6)隧道施工现场或附近可提供的备品备件、专用工具、维修能力。

4. 隧洞施工进度

(1)隧道施工总工期。

(2)隧道准备工期。

(3)隧道开挖工期。

(4)掘进机拆除工期。

(5)隧道衬砌工期。

(6)隧道全部成洞工期。

5. 其他因素

施工队伍的经济实力、施工队伍的技术水平和管理水平、预期下一工程的有关参数等。

6.3.3　掘进机的选型

目前掘进机选型有两种方法：分类顺序法和类比法。

1. 分类顺序法

根据掘进机选型依据，从各类掘进机中按顺序选择适合工程需要的掘进机类型，步骤如下：

(1)首先由隧洞洞线的走向选择掘进机

1)竖井隧道轴线垂直于地面，应选择竖井掘进机。美国Robbins公司是设计制造竖井掘进机最有经验和业绩的厂家，可列为首选。

2)斜井隧道轴线倾斜于地面则应选择斜井掘进机。德国Wirth公司是设计制造斜井掘进机最有经验的厂家，可列为首选。

3)平洞掘进机隧道轴线与地面交角<3%，就可以选择平洞掘进机。平洞掘进机应用最广泛，机型也多，是选型的重点。

(2)由隧洞地质的稳定性选择

1)闭式掘进机—盾构(增压式)。用于地质不能自稳的，必须通过加压方法才能保持掌子面和洞壁稳定的，应选择盾构。

①岩质以土为主，则选用土压平衡盾构。土压平衡盾构主要标志是螺旋输送机接胶带机出渣控制螺旋机的转速和出渣口的开度，能建立维持洞壁稳定的压力。

②岩质以泥水为主则选用泥水平衡盾构。这种盾构机的主要标志是：用泥浆泵管路排渣。控制排泥量可以建立起维持洞壁稳定的压力。

③气压式盾构以压缩空气建立一定压力。压缩空气的建压过程快，但密封保压困难，现已很少使用。

④对于大部分围岩不能自稳，仅有很少一部分围岩能自稳并有一定硬度岩石的隧洞，应选用混合式盾构。其特点是刀盘上配有足够数量的盘形滚刀用以破碎岩石。

2)开式掘进机。用于围岩能自稳定的隧道的开挖。这类掘进机的特点是用胶带机或刮板机出渣。掌子面、洞壁与外界直接相通，维持通常气压下的掘进。

(3)由隧道的形状选择掘进机

1)臂架式掘进机：这类掘进机配有1～3个臂架，每个臂架上配有一个或一组刀具。

①单臂、双臂式掘进机能开挖非圆形断面的隧洞，主要用于城门洞形或矩形断面隧道的开挖。

②三臂式布依格掘进机，开挖的隧洞为球冠形，最终成洞为圆形。由于刀具只有三把，所以只适合于岩石抗压强度<60 MPa的隧洞施工。

2)刀盘式掘进机：刀具装在同一刀盘上，回转刀盘、全部刀具同时破碎岩石。

①一次开挖成圆形隧道的掘进机，这是本章研究的主要课题：即全断面岩石掘进机。

②先开挖小直径隧道，然后在此基础上，用盘式扩孔机进行扩孔。

扩孔掘进机的主要制造商是德国Wirth公司，该公司还生产斜井扩孔掘进机。

在早期隧道施工中,由于基础工业的限制,掘进机的推力和刀盘回转功率往往达不到工程需要,因此才出现了扩孔掘进机。随着一次性掘进机能力的增加,扩孔掘进机现已很少采用。因此,在掘进机选型中,一般不推荐扩孔掘进机。只有在下述二种情况下,才可考虑选用扩孔掘进机:

第一种情况:已有圆形隧道需要扩挖。

第二种情况:承包商已有小型掘进机可以马上投入使用,为了赶工期,可以先用小型机开挖导洞,再配置扩孔机扩孔。

另外,扩孔机的适应性太差,一次使用后别无用处,造成设备浪费。

总之,从施工进度和费用角度考虑,一次成洞为首先,二次扩孔是不得已而为之的选择。所以除上述二种情况外,建议不要选用扩孔掘进机。

(4)由隧洞岩石可支撑性选择

1)敞开式掘进机

隧道岩石不仅能自稳,而且岩石强度能承受水平(X 型)支撑的巨大支撑力,还能承受掘进机头部接地比压而不下沉,这时可采用敞开式掘进机。

2)单护盾掘进机

隧道岩石仅仅能自稳、不塌落,但承受不住水平(X 型)支撑的巨大支撑力,则必须采用辅助推进缸将破岩力传递到混凝土管片上,这就需要选择单护盾掘进机。由于护盾的作用,可以大大减轻掘进机头部接地比压,从而避免掘进机的下沉。

3)双护盾掘进机

由于隧道岩石的复杂性,如有部分能自稳并被水平支撑撑住;但有的围岩仅能自稳而承受不了水平支撑力。此时宜采用双护盾掘进机。再根据不同地质,采用水平支撑加 V 型推进缸或采用辅助推进缸两种模式掘进以取得最快的掘进速度。

对于隧道开挖时能自稳,而开挖后洞壁容易潮解失稳的地质,也宜采用双护盾掘进机。因为双护盾掘进机能边掘进边进行混凝土管片的衬砌,从而解决洞壁滞后失稳的难题。这种工艺见效快,无论质量还是进度都远远优于敞开式掘进机对洞壁喷混凝土的施工方法。

4)三护盾掘进机

三护盾掘进机是在双护盾掘进机的基础上,再在掘进机的轴向增加配置一套后护盾、水平支撑和 V 型推进缸。这样形成了三个护盾模式。它的作用主要是将双护盾掘进机换步时不能掘进,改成边掘进、边换步,从而使全部掘进工序连续进行,提高掘进质量和效益。此类掘进机尚在实验阶段。

(5)由隧道转弯半径选择

1)单 T 型(X 型)支撑转弯半径小,一般可控制在>400 m 左右。

2)双 X 型(T 型)支撑转弯半径较大,一般可控制>700 m 左右。

3)护盾式掘进机转弯半径大,一般>1 000 m。

4)顶管一般只用在直线掘进中。

2. 类比法

类比法是一种简单明了又最直观的掘进机选型方法。类比法就是将现有工程隧道的地质情况与已经用掘进机施工过的隧洞相比较,根据实际使用的情况判断和选择掘进机。类比法的工具是计算机和数据库。一般可根据现在的工程地质报告和设计的隧道参数,输入隧道直径(可以是一个范围)、隧道长度(可以是一个范围)、岩石种类、岩石抗压强度等参数。计算机就会调出所有与上述 4 个参数有关的工程所用的掘进机机型及制造厂，并将工程总计隧道座数和累计总长度显示出来。

3. 掘进机主参数的选择

需要选择掘进机的主参数有：掘进机径向：理论开挖直径、刀盘转速、刀盘回转力矩、刀盘回转功率；掘进机轴向：掘进推力、掘进速度、掘进行程；关联掘进机刀盘回转和轴向运动的：刀具的切深。

6.3.4 掘进机数量的选择

所需掘进机的台数主要与隧洞长度、掘进机类型和工程工期有关。

一般竖井、斜井在实际工程中数量不多，长度也不长，因此一个工程选用一台即可。有的竖井掘进机也可开挖斜井，则二者可合二为一。

平洞掘进机台数可按公式(6-1)选取

$$N = \frac{L}{10 \sim 20} \tag{6-1}$$

式中 L——需开挖的隧洞长度(km)；

N——所需掘进机台数。

式中，10～20 的含义是：10 表示掘进 10 km 进行一次大修；20 表示掘进机大轴承设计寿命为 20 km。按公式(6-1)计算的数值圆整为整数，即可作为要选择的掘进机的台数。在最终确定掘进机台数时还需综合考虑长隧洞分段后每段长度对掘进机数量的影响，以及多台掘进机施工时各台掘进机工程量的平衡。

6.4 掘进施工

开敞式掘进机施工应设置始发洞，护盾式掘进机应设置始发导台。在始发时，开敞式掘进机撑靴应撑紧始发洞壁，护盾式掘进机始发时始发台应牢固，位置正确。

掘进机法施工应在始发后进行 50～100 m 试掘进，掌握、验证掘进机适应性能，并确定掘进机滚转角、俯仰角、偏角、刀盘转速、总推力等初步掘进参数。

(1)试掘进应符合下列要求：

1)试掘进应以低速度、低推力进行，了解设备对岩石的适应性。

2)操作司机应逐步掌握掘进机操作的规律性，班组作业人员逐步掌握掘进机作业工序，在掌握掘进机的作业规律性后，再适当提高掘进机的掘进速度。

3)掘进中要加强测量工作，严格控制掘进机姿态。

掘进机掘进应根据试掘进初步参数、超前地质预报结果、开挖面的岩石状况及实际机况等选择合理的掘进机参数。并应根据围岩条件调整支护参数。双护盾掘进机可根据围岩地质情况选择掘进模式。

(2)掘进机正常掘进时应符合下列要求：

1)掘进速度及推力的选定应根据地质情况确定。

2)应加强设备运转状况的巡视。

3)应检查开挖面支护、仰拱块铺设、管片安装、渣车到位、皮带机运转状况等情况。

4)掘进中应随时检查仪表显示、风、水、电、润滑系统、液压系统、气体报警系统等的工作状态。

5)应定期进行人工测量,对自动导向系统进行复核。

6)在破碎地段应严格控制出渣量,避免开挖面大范围坍塌。

(3)掘进机掘进应控制掘进方向,隧道轴线应符合设计要求。掘进机姿态控制应符合下列要求:

1)掘进机的运动轨迹应满足设计轴线允许偏差要求,掘进中应及时纠偏。

2)掘进机自转量应满足设备性能要求,掘进中应随时调整。

3)掘进机在曲线段拼装管片掘进时,应加大轴线的测量频率并及时纠偏。

隧道贯通前,洞口场地、洞口加固、洞内外联络应满足掘进机出洞的要求。

(4)软弱围岩掘进施工应符合下列要求:

1)掘进应减缓速度,必要时先停机加固围岩。

2)软弱破碎带掘进,根据掌子面的稳定程度,可采取超前预注浆、超前锚杆或超前管棚等超前支护措施。

3)开敞式掘进机采用锚喷初期支护时,掘进应在初期支护按设计施作完成后进行。

4)双护盾掘进机通过短距离软弱围岩时,应在全面检查、维护掘进机设备后,采取减少刀盘喷水、降低刀盘转速和推力、安装重型管片、及时填充豆砾石并注浆等措施连续掘进、快速通过。掘进通过后,围岩固结注浆应及时进行。

5)富水软弱破碎围岩地段,应在采取超前预注浆封堵地下水及加固围岩的措施后进行掘进。

第7章 盾构施工

7.1 盾构设备

用盾构机进行隧洞施工具有自动化程度高、节省人力、施工速度快、一次成洞、不受气候影响、开挖时可控制地面沉降、减少对地面建筑物的影响和在水下开挖时不影响水面交通等特点，在隧洞洞线较长、埋深较大的情况下，用盾构机施工更为经济合理。

盾构机根据工作原理一般分为手掘式盾构，挤压式盾构，半机械式盾构(局部气压、全局气压)，机械式盾构(开胸式切削盾构，气压式盾构，泥水加压盾构，土压平衡盾构，混合型盾构，异型盾构)。

泥水式盾构机是通过加压泥水或泥浆(通常为膨润土悬浮液)来稳定开挖面，其刀盘后面有一个密封隔板，与开挖面之间形成泥水室，里面充满了泥浆，开挖土料与泥浆混合由泥浆泵输送到洞外分离厂，经分离后泥浆重复使用。土压平衡式盾构机是把土料(必要时添加泡沫等对土壤进行改良)作为稳定开挖面的介质，刀盘后隔板与开挖面之间形成泥土室，刀盘旋转开挖使泥土料增加，再由螺旋输料器旋转将土料运出，泥土室内土压可由刀盘旋转开挖速度和螺旋输出料器出土量(旋转速度)进行调节。

根据盾构机不同的分类，盾构开挖方法可分为：敞开式、机械切削式、网格式和挤压式等。为了减少盾构施工对地层的扰动，可先借助千斤顶驱动盾构使其切口贯入土层，然后在切口内进行土体开挖与运输。

手掘式及半机械式盾构均为半敞开式开挖，这种方法适于地地质条件较好，开挖面在掘进中能维持稳定或在有辅助措施是能维持稳定的情况，其开挖一般是从顶部开始逐层向下挖掘。若土层较差，还可借用千斤顶加撑板对开挖面进行临时支撑。采用敞开式开挖，处理孤立障碍物、纠偏、超挖均为其他方式容易。为尽量减少对地层的扰动，要适当控制超挖量与暴露时间。

机械切削式是指与盾构直径相仿的全断面旋转切削刀盘开挖方式。根据地质条件的好坏，大刀盘可分为刀架间无封板及有封板两种。刀架间无封板适用于土质较好的条件。大刀盘开挖方式，在弯道施工或纠偏是不如敞开式开挖便于超挖。此外，清除障碍物也不如敞开式开挖。使用大刀盘的盾构，机械构造复杂，消耗动力较大。目前国内外较先进的泥水加压盾构、土压平衡盾构，均采用这种开挖方式。

采用网格式开挖，开挖面由网格梁与格板分成许多格子。开挖面的支撑作用是由土的黏聚力和网格厚度范围内的阻力而产生的。当盾构推进是，土体就从格子里挤出来。根据土的性质，调节网格的开孔面积。采用网格式开挖时，在所有千斤顶缩回后，会产生较大的盾构后退现象，导致地表沉降，因此，在施工务必采取有效措施，防止盾构后退。

全挤压式和局部挤压式开挖，由于不出土或只部分出土，对地层有较大的扰动，在施工轴线时，应尽量避开地面建筑物。局部挤压时施工时，要精心控制出土量，以减少和控制地表变形。全挤压式施工时，盾构把四周一定范围内的土体挤密实。

盾构设备应根据隧道功能、外径、长度、线路、埋深等设计参数,工程地质和水文地质条件、施工环境、工期要求等因素,经过经济性、技术性比较后确定选型。

土压平衡盾构适用于冲积黏土、洪积黏土、砂质土、砂砾、卵石等土层及其互层。泥水平衡盾构适用于冲积洪积的砂砾、砂、亚黏土、黏土层或多水互层的土层、有涌水工作面不稳定的土层、上部有河川、湖沼、海洋等水压高、水量大的地层。复合盾构适用于地质条件复杂、软硬不均的混合地层。后配套设备的技术参数与功能配置应与盾构掘进速度相匹配。

7.2 掘进施工

7.2.1 施工准备

(1)在隧道施工前,必须具备下列资料:

1)工程地质和水文地质勘察报告。

2)施工沿线的环境、地下管线和障碍物等的调查报告。

3)施工所需的设计图纸资料和工程技术要求文件。

4)工程施工有关合同文件。

工程所使用的原材料、半成品和成品的质量,除应符合规范外,尚应符合设计要求和国家现行相关标准的规定。对净距小的两条隧道包括邻近既有隧道的施工,应采取适当措施减小施工的相互影响,保证隧道施工及结构安全。盾构掘进施工必须建立施工测量和监控量测系统。应根据隧道所处的工程地质和水文地质条件、隧道线路条件和结构设计条件、环境保护要求等进行盾构选型、设计和制造。

(2)盾构掘进施工前,应完成下列主要工作:

1)记录各工作井井位里程及坐标。

2)记录洞门钢圈制作精度和安装后的标高、坐标。

3)进行盾构组装、调试与验收。

4)盾构基座、负环管片和反力架等设施及定向测量数据的检查验收。

5)准备预制管片。

6)准备盾构掘进施工的各类报表。

(3)前期调查

详细了解施工段的工程地质和水文地质情况,必要时应进行补充地质勘察。对工程影响范围内的道路、交通流量、地面建(构)筑物及文物等进行现场踏勘和调查,对需要加固或基础托换的建(构)筑物应作详细的调查;必要时应作鉴定,并提前做好施工方案。对工程影响范围内的地下障碍物、地下构筑物及地下管线等进行调查,必要时可进行探查。了解工程所在地的环境保护要求,进行工程环境调查。

(4)技术准备

应编制施工组织设计,并经审批。特殊地段的施工必须编制专项方案。必须进行施工前的技术培训与技术交底。根据工程特点和环境条件,应完成测量及监控量测的准备工作。

(5)设备、设施准备

1)盾构选型及配套设备应符合下列规定:

①根据隧道功能、外径、长度、埋深等参数,工程地质和水文地质条件、沿线地形、建(构)筑

物、地下管线等环境条件以及对地层变形的控制要求，结合开挖、衬砌、施工安全、经济和工期等因素，综合分析确定。

②盾构及配套设备应由专业厂家制造，其质量必须符合设计要求；盾构制造完成后应经总装调试合格后出厂，并应提供盾构质量保证书。

③根据盾构类型、掘进方法、隧道施工中各项工艺的要求，配置必要的辅助设施。

④应配置符合工程需要的浆液站，泥水平衡盾构应设置相应的泥水处理装置，并应符合环境保护要求。

⑤选择合理的水平运输及垂直提升设备。

⑥供电设备必须满足盾构施工的要求。

2)盾构始发和接收工作井内设施的准备应符合下列规定：

①始发工作井内的盾构基座必须满足盾构组装、调试及始发所需条件。

②接收工作井内的盾构基座应保证安全接收盾构，并满足盾构检修、解体或整体移位的要求。

③设置满足始发要求的反力架。

④设置满足始发和接收要求的洞门密封装置。

(6)工作井

1)工作井应符合下列规定：

①依据地质条件、环境条件选择安全、经济、对周边影响小的施工方法。

②始发工作井的长度应大于盾构主机长度 3 m，宽度应大于盾构直径 3 m。

③接收工作井的平面内净尺寸应满足盾构接收、解体或整体移位的要求。

④始发、接收工作井的井底板宜低于进、出洞洞门底标高 700 mm。

⑤工作井预留洞门直径应满足盾构始发和接收的要求，并应按式(7-1)计算：

$$D_s \geqslant H \cdot \tan\alpha + (D/\cos\alpha) + \Delta e + \Delta s + \Delta g \tag{7-1}$$

式中　D_s——工作井预留洞门直径(m)；

H——洞门井壁厚度(m)；

α——隧道轴线与洞门轴线的夹角(°)(采取平面或纵坡夹角的值)；

D——盾钩的外径(m)；

Δe——设计规定的始发或接收工作井预留口直径大于盾构外径的差值(m)(通常始发工作井为 0.10 m，接收工作井为 0.20 m)；

Δs——测量误差(m)(通常为 0.10 m)；

Δg——盾构基座安装高程误差(m)(通常为 0.05 m)。

⑥洞圈、密封及其他预埋件等应在盾构始发或接收前按要求安设完成，并应符合质量要求。

2)当洞口段土体不能满足盾构始发和接收对防水、防坍等安全要求时，必须采取加固措施，并应符合下列要求：

①加固方案可根据洞口附近隧道埋深、工程地质和水文地质条件、盾构类型、盾构外径、地面环境等条件确定，加固方法可选用注浆、旋喷桩、搅拌桩、玻璃纤维桩、SMW 桩、冻结法、降水法等。

②当洞口处于砂性土或有承压水地层时，应采取降水、堵漏等防止涌水、涌砂措施。

③必须对加固的钻孔位置进行复核，当确认钻孔位置无地下管线后方能开钻。孔位允许

偏差为±40 mm,垂直度允许偏差为1%,并应确保桩体相互搭接。

④应对洞口段土体的加固效果作检查,加固体强度、抗渗指标必须经现场取样试验确定,并应满足设计要求。

7.2.2 施工测量

施工测量主要内容应包括地面控制测量、联系测量、地下控制测量、掘进施工测量、贯通测量和竣工测量。测量前,应对施工现场进行踏勘,接收和收集相关测量资料,办理测量资料交接手续,并对既有测量控制点进行复测和保护,结合盾构及配置的导向系统的精度、特点和人工测量仪器精度等,制定盾构施工测量方案。

同一贯通区间内始发和接收工作井所使用的地面近井控制点间必须进行直接联测,并与区间内的其他地面控制点构成附合路线或附合网。隧道贯通后必须分别以始发和接收工作井的地下近井控制点为起算数据,采用附合路线形式,对原有控制点重新组合或布设并施测地下控制网。

地面施工测量控制点必须埋设在施工影响的变形区以外。由于施工现场条件限制,埋设在变形区内的施工测量控制点必须经常检测。

1. 地面控制测量

依据全线既有控制网的现状、坐标和高程系统、布网方法、布网层次和精度等状况,选择适宜的坐标、高程起算控制点,制定盾构施工控制测量方案。平面和高程控制网应与当地控制网联测。

平面控制网宜分为2个等级,一等控制网宜采用GPS网、二等控制网宜采用导线网,在满足精度要求的情况下可采用其他方法布网。高程控制网可采用水准测量方法一次布网。

在盾构始发和接收工作井间必须建立统一的施工控制测量系统,每个井口应布设不少于3个控制点。

当水准路线跨越江、河、湖、海时,应进行跨河水准测量。跨河水准测量可采用先学测微法、倾斜螺旋法、经纬仪倾角法和测距三角高程法等,并应执行现行国家标准《国家一、二等水准测量规范》的规定。当视线长度小于100 m时,可采用一般方法进行水准测量。

2. 联系测量

联系测量主要内容应包括地面近井导线测量和近井高程测量、工作井定向测量和导入高程测量,以及地下近井导线测量和近井高程测量等。

地面近井导线和近井高程路线应采用附合路线形式,近井导线测量和近井高程测量技术要求应符合规范规定。地下应埋设永久近井点。近井导线点不应少于3个,点间边长宜大于50 m。近井高程点不应少于2个。

在贯通区间始发工作井联系测量不应少于3次,在初始掘进50~100 m及贯通前200 m时,应进行联系测量。

3. 地下控制测量

地下控制测量主要内容应包括地下施工导线测量、施工控制导线测量、地下施工水准测量和施工控制水准测量。

地下控制测量起算点必须采用直接从地面通过联系测量传递到工作井下的平面和高程控制点,通常地下平面起算点不应少于3个,起算方位边不应少于2条,高程起算点不应少于2个。

控制点应埋设在稳定的隧道结构上，通常位于隧道两侧或顶、底板便于观测的位置，并应埋设强制对中装置。

地下控制网宜为支导线和支水准路线，当有联络通道时，应形成附合路线或结点网。

施工导线和施工水准应随隧道掘进布设，当直线隧道掘进长度大于 200 m 或到达曲线段时，应布设施工控制导线和控制水准。

延伸地下控制导线和控制水准时，应对现有施工控制点进行检测，并选择稳定点进行延伸测量。

在隧道贯通前，地下控制导线和控制水准测量不应少于 3 次。当采用支导线方法布设地下控制网不能满足隧道贯通误差要求时，应采用布设导线网或加测陀螺边等方法，也可使用高精度测量仪器。

4. 掘进施工测量

盾构始发工作井建成后，应采用联系测量方法，将平面和高程测量数据传入井下控制点，并应满足盾构组装、基座和反力架等安装以及盾构始发对测量的要求。

盾构测量标志点应符合下列规定：

(1)标志点应牢固设置在盾构纵向或横向截面上，且不应少于 2 个，标志点间距离应尽量大，标志点可粘贴反射片或安置棱镜。

(2)标志点间三维坐标系统应和盾构几何坐标系统一致，当不一致时，应建立明确的换算关系。

盾构就位后应利用人工测量方法准确测定盾构的初始姿态，盾构自身导向系统测量结果应与人工测量结果一致。

衬砌环测量应在完成管片拼装后进行盾尾间隙测量；在衬砌环完成壁后注浆，宜在管片出车架后进行测量，其内容包括衬砌环中心坐标、底部高程、水平直径、垂直直径和前端面里程。应根据测量结果及时调整盾构姿态。

5. 贯通测量

隧道贯通后应进行贯通测量，测量主要内容应包括隧道的纵、横向和高程贯通误差测量。贯通测量时，应在贯通面设置贯通相遇点。纵、横向贯通误差，可利用隧道贯通面两侧平面控制点测定贯通相遇点的坐标闭合差确定，也可利用隧道贯通面两侧中线在贯通相遇点的间距测定；隧道的纵、横向贯通误差应投影到线路的法线方向上。应利用隧道贯通面两侧高程控制点进行高程贯通误差测量。

6. 竣工测量

隧道贯通后以始发和接收工作井内的控制点为起算点，对隧道内的导线点和水准点分别重新组成附合路线或附合网，测量结果作为后续施工的测量依据。

隧道竣工测量主要内容应包括隧道轴线平面偏差、高程偏差、衬砌环椭圆度以及隧道纵、横断面测量等。竣工测量结果应按要求归档，并作为隧道验收依据。

7.2.3 管片制作

1. 准备工作

生产线布置应符合工艺要求。模具安装完毕后应进行质量验收。混凝土搅拌、运输、振捣、养护等设备完成安装调试和安全检查后，应进行验收；各种计量器具、设备应通过检定。原材料应经检验合格；混凝土应经试配确定配合比，其性能应符合设计及规范要求。对操作人员应进行技术培训,经培训合格后,方可进行操作,特殊工种应持证上岗。

2. 原材料要求

钢筋混凝土管片原材料应符合下列规定:

(1)具备产品质量证明文件,并应复检合格。

(2)宜采用非碱活性骨料;当采用碱活性骨料时,混凝土中碱含量的限值应符合现行国家标准《混凝土结构设计规范》的规定。

(3)预埋件规格和性能应符合设计要求。

钢管片的钢材、焊接材料、防腐涂料、稀释剂和固化剂等材料的品种、规格、性能等应符合设计要求。

3. 钢筋混凝土管片模具

模具必须具有足够的承载能力、刚度、稳定性和良好的密封性能,并应满足管片的尺寸和形状要求。模具应便于安装和拆卸。

(1)模具验收应符合下列规定:

1)模具制造应编制完善的技术文件。

2)模具材料应符合质量要求,选用焊条的材质应与被焊物的材质相适应。

3)模具各组成部件加工精度应符合设计要求。

4)模具安装后应进行初验,符合设计要求后可试生产;在试生产的管片中,应随机抽取3环进行水平拼装检验,合格后方可正式验收。

(2)合模、开模与出模应符合下列规定:

1)合模前应清理模具各部位,脱模剂涂刷应薄而均匀,无积聚、流淌现象。

2)应按模具使用说明书规定的顺序合模和开模,并应对模具进行检查。

3)螺栓孔预埋件、中心吊装孔预埋件以及其他预埋件和模具接触面应密封良好,钢筋骨架和预埋件严禁接触脱模剂。

4)管片出模强度应符合设计要求;当设计无要求时,强度应根据管片尺寸、混凝土强度设计等级、起吊方式和存放形式等因素综合确定。

5)开模和出模时应注意保护模具。

模具周转100次时必须进行检验,允许偏差和检验方法应符合相关规定。

4. 钢筋

(1)钢筋和骨架制作应符合下列基本规定:

1)钢筋的品种、级别和规格应符合设计要求。当钢筋的品种、级别或规格需作变更时,应办理设计变更。

2)钢筋骨架连接应符合设计要求,并应在符合要求的胎具上制作。

3)钢筋骨架应进行试生产,检验合格后方可批量制作。

(2)钢筋加工应符合下列规定:

1)应按钢筋料表进行钢筋切断或弯曲。

2)弧形钢筋加工时应防止平面翘曲,成型后表面不得有裂纹,并应验证成型尺寸。

3)钢筋调直和主筋的弯钩、弯折应符合现行国家标准《混凝土结构工程施工质量验收规范》的规定。

(3)钢筋骨架成型应符合下列规定:

1)骨架连接时,应按料表核对钢筋级别、规格、长度、根数及胎具型号。

2)采用焊接连接时,应根据钢筋级别、直径及焊机性能进行试焊,并确定焊接参数后,方可批量施焊;焊接骨架的焊点设置应符合设计要求;当设计无规定时,应采用对称跳点焊接。

3)焊接前应对焊接处进行检查,不应有水锈、油渍,焊接后不应有焊接缺陷。

4)骨架入模后,各部位保护层应符合设计要求。

5. 混凝土

检验混凝土强度用的试件尺寸及强度的尺寸换算系数应按现行国家标准《混凝土结构工程施工质量验收规范》执行,试件的成型方法、养护条件及强度试验方法应符合现行国家标准《普通混凝土力学性能试验方法标准》的规定;强度评定应符合现行国家标准《混凝土强度检验评定标准》的规定。混凝土的冬期施工应符合国家现行标准《建筑工程冬期施工规程》的规定。

(1)混凝土生产与运输应符合下列规定:

1)首次使用的混凝土配合比应进行开盘鉴定,其工作性应满足设计要求;生产时应至少留置1组标准养护试件,作为验证配合比的依据。

2)应按施工配合比投放原材料,其计量偏差应符合现行国家标准《混凝土结构工程施工质量验收规范》的规定。

3)每工作班至少测定1次砂石含水率,并应根据测定结果及时调整施工配合比。

4)混凝土应搅拌均匀,和易性良好,应在搅拌或浇筑现场检测坍落度,并逐盘检查混凝土黏聚性和保水性。

5)混凝土运输、浇筑及间歇的全部时间不应超过混凝土的初凝时间。

(2)混凝土浇筑应符合下列规定:

1)混凝土应连续浇筑,并应根据生产条件选择适当的振捣方式,振捣应密实,不得漏振或过振。

2)浇筑混凝土时不得扰动预埋件。

3)管片浇筑成型后,在初凝前应再次进行压面。

4)浇筑混凝土时留置的试件应符合现行国家标准《混凝土结构工程施工质量验收规范》的规定。

(3)混凝土养护应符合下列规定:

1)混凝土浇筑成型后至开模前,应覆盖保湿,可采用蒸汽养护或自然养护。

2)采用蒸汽养护时,应经试验确定养护制度,并监控温度变化做好记录。

3)管片出模后宜进行养护。

6. 钢筋混凝土管片

应在钢筋混凝土管片内弧面角部进行标识,标示内容应包括:管片型号、管片编号、模具编号、生产日期、生产厂家。

管片的质量要求应符合下列规定:

(1)应按设计要求进行结构性能检验,检验结果应符合设计要求。

(2)管片强度和抗渗等级应符合设计要求。

(3)吊装预埋件首次使用前必须进行抗拉拔试验,试验结果应符合设计要求。

(4)管片不应存在露筋、孔洞、疏松、夹渣、有害裂缝、缺棱掉角、飞边等缺陷,麻面面积不得大于管片面积的5%。

7. 钢筋混凝土管片贮存与运输

管片贮存场地必须坚实平整,可采用内弧面向上或单片侧立的方式码放,每层管片之间应正确设置垫木,码放高度应经计算确定。管片运输应采取适当的防护措施。

8. 钢管片

(1)钢管片制作应符合下列要求:

1)构件必须采用整块钢材,严禁拼接。

2)钢材如有弯曲应矫正后使用。矫正后钢材表面不应有明显的凹面或损伤,划痕深度不应大于 0.5 mm,且不应大于该钢材厚度负允许偏差的 1/2。

3)钢材焊接宜采用二氧化碳气体保护焊,并应符合国家现行标准《二氧化碳气体保护焊工艺规程》的规定。

(2)钢管片质量应符合下列要求:

1)钢管片尺寸偏差、水平拼装和检验方法应符合规范规定。

2)焊缝表面不得有焊接缺陷。

3)主要焊缝应按 50%比例进行着色探伤(PT)或磁粉探伤(MT)检查。

7.2.4 盾构掘进施工

1. 一般规定

盾构机始发掘进前,应对始发端头地基进行加固处理,加固质量经检查合格后方可始发掘进。盾构始发反力装置应满足强度、刚度、安装精度以及盾构轴线控制的要求。

(1)盾构机始发掘进应符合下列要求:

1)应制定洞口围护结构破除方案,并应采取适当的密封措施。

2)始发时应对盾构姿态进行复核。

3)负环管片定位时,管片环面应与线路轴线垂直。

4)应严格控制盾构始发时的姿态和推力,并加强监测,根据监测结果调整掘进参数。

盾构法施工应在始发后进行 50~100 m 试掘进,掌握、验证盾构机适应性能,并确定盾构滚转角、俯仰角、偏角、刀盘转速、总推力、土仓压力(或送排泥水压力和流量)、排土量等初步掘进参数。盾构掘进应根据试掘进初步参数、工程地质和水文地质条件、隧道埋深、线路平面与坡度、周围环境及施工监测结果等调整盾构掘进参数。掘进中应监测和记录盾构运转情况、掘进参数变化、排土出渣状况,并及时分析反馈,调整掘进参数,控制盾构姿态。

(2)土压平衡盾构机掘进,应符合下列要求:

1)土仓应充满渣土,并保持排土量与开挖量相平衡。

2)根据工程地质和水文地质条件,注入适当的添加剂,保持土质流塑状态。

(3)泥水平衡盾构机掘进,应符合下列要求:

1)应合理确定送排泥浆压力、流量等泥浆参数,对泥浆性能进行检测,并进行动态管理。

2)应设定和保持泥浆压力与开挖面的水土压力,并保持排土量与开挖量相平衡,并根据掘进状况进行调整和控制。

3)应采用破碎机破碎掘进中遇到的大粒径石块,并宜采用隔栅沉淀箱等砾石分离装置分离大粒径砾石,防止堵塞管道。

4)泥水分离设备应满足渣土沙粒径要求,处理能力应满足最大排送渣土量的要求,渣土的存放和搬运应符合环境保护的有关要求。

(4)复合盾构机应根据工程地质、水文地质条件、地表沉降控制要求等选择土压平衡、敞开式或半敞开式掘进模式,模式选择应符合下列要求:

1)当隧道围岩稳定性差和有较大涌水时,宜选用土压平衡模式。

2)当隧道围岩稳定性良好或地下水位低时,宜选用敞开模式。

3)当隧道围岩软硬不均或具有一定自稳能力且地下水压不高时,宜选用半敞开模式。

盾构掘进应随时监测和控制盾构姿态,使隧道轴线控制在设计允许偏差范围内。实施纠偏应逐环、小量纠偏,防止过量纠偏损坏已拼管片和盾尾密封。

盾构机刀具更换宜选择在工作井或地质条件较好、地层稳定的地段进行。在不稳定地层更换刀具时,应采取地层加固或压气法等稳定开挖面措施。

(5)带压更换刀具应符合下列要求:

1)应制定详细的施工方案和应急措施。

2)应通过计算和试验确定合理气压,稳定工作面和防止地下水渗漏。

3)刀盘前方地层和土仓应满足气密性要求。

4)气压作业应满足其相关规范和规定的要求。

(6)盾构机接收应符合下列要求:

1)从到达前100 m开始,盾构机轴线应加密测量频率并及时调整。

2)从到达前10 m开始,盾构机应降低掘进速度、调整土仓压力。

3)到达前,管片拼装环缝应挤压密实,防水符合设计要求。

4)到达后,应及时填充并密封洞口环管片背后的间隙。

(7)盾构机短距离平移应符合下列要求:

1)平移前,应做好施工现场调查、技术方案以及现场准备工作,盾构机平移设备应符合安全要求。

2)盾构机平移可根据明挖或暗挖段结构条件和空间尺寸,选择利用牵引或拼装底部管片的形式通过。

3)盾构机平移应有专人指挥、观察,避免方向偏离或碰撞。

2. 盾构的组装、调试

组装前应完成下列准备工作:

(1)根据盾构部件情况、场地条件,制定详细的盾构组装方案。

(2)根据部件尺寸和重量选择组装设备。

大件吊装作业必须由具有资质的专业队伍负责。盾构组装应按相关作业安全操作规程和组装方案进行。现场应配备消防设备,明火、电焊作业时,必须有专人负责。组装后,必须进行各系统的空载调试,然后进行整机空载调试。

3. 盾构现场验收

应按盾构主要功能及使用要求制定现场验收大纲,盾构各系统验收合格并确认正常运转后,方可开始掘进施工。

现场验收时,应详细记录盾构运转状况、掘进情况,并进行评估,满足技术要求后,签认验收文件。

4. 盾构始发

始发掘进前,应对洞门经改良后的土体进行质量检查,合格后方可始发掘进;应制定洞门围护结构破除方案,采取适当的密封措施,保证始发安全。

始发掘进时应对盾构姿态进行复核。负环管片定位时,管片环面应与隧道轴线垂直。始发掘进过程中应保护盾构的各种管线,及时跟进后配套台车,并对管片拼装、壁后注浆、出土及材料运输等作业工序进行妥善管理。始发掘进过程中应严格控制盾构的姿态和推力,并加强监测,根据监测结果调整掘进参数。

5. 土压平衡盾构掘进

应根据隧道工程地质和水文地质条件、隧道埋深、线路平面与坡度、地表环境、施工监测结果、盾构姿态以及盾构初始掘进阶段的经验设定盾构滚转角、俯仰角、偏角、刀盘转速、推力、扭矩、螺旋输送机转速、土仓压力、排土量等掘进参数。

掘进中应监测和记录盾构运转情况、掘进参数变化、排出渣土状况,并及时分析反馈,调整掘进参数,控制盾构姿态。必须使开挖土充满土仓,并使排土量与开挖土量相平衡。必须严格按注浆工艺进行壁后注浆,并根据注浆效果调整注浆参数。应根据工程地质和水文地质条件,注入适当的添加剂,保持土质流塑状态。

6. 泥水平衡盾构掘进

应根据隧道工程地质与水文地质条件、隧道埋深、线路平面与坡度、地表环境、施工监测结果、盾构姿态以及盾构始发掘进阶段的经验设定盾构滚转角、俯仰角、偏角、刀盘转速、推力、扭矩、送排泥水压力和流量、排土量等掘进参数。应合理确定泥浆参数,对泥浆性能进行检测,并进行动态管理。

应设定和保持泥浆压力与开挖面的水土压力以及排出渣土量与开挖渣土量相平衡,并根据掘进状况进行调整和控制。当掘进过程遇有大粒径石块时,应采用破碎机破碎,并宜采用隔栅沉淀箱等砾石分离装置分离大粒径砾石,防止堵塞管道。应在泥水管路完全卸压后进行泥水管路延伸、更换。

泥水分离设备应满足渣土砂粒径要求,处理能力应满足最大排送渣土量的要求,渣土的存放与搬运应符合环境保护的有关要求。必须严格按注浆工艺进行壁后注浆,并根据注浆效果调整注浆参数。

7. 复合盾构掘进

应根据地层软硬情况、地下水状况、地表降控制要求等选择合适的掘进模式。当采用土压平衡模式掘进时,宜按有关规定执行。掘进模式的转换宜采用局部气压模式(半敞开模式)作为过渡模式,并在地质条件较好地层中完成。

掘进前,应根据地层软硬不均匀分布情况,确定刀具组合和更换刀具计划,并应在掘进中加强刀具磨损的检测。应根据地层状况采取相应措施对地层和渣土进行改良,降低对刀盘刀具和螺旋输送机的磨损。

8. 盾构姿态控制

盾构掘进过程中应随时监测和控制盾构姿态,使隧道轴线控制在设计允许偏差范围内。

在竖曲线与平曲线段施工时,应考虑已成环衬砌环竖向、横向位移对隧道轴线控制的影响。应对盾构姿态及管片状态进行测量和人工复核,并详细记录。当发现偏差时,应及时采取措施纠偏。实施盾构纠偏必须逐环、小量纠偏,必须防止过量纠偏而损坏已拼装管片和盾尾密封。根据盾构的横向和竖向偏差及转动偏差,可采取千斤顶分组控制或使用仿行刀适量超挖或反转刀盘等措施调整盾构姿态。

9. 刀具更换

应预先确定刀具更换的地点与方法,并做好相关准备工作。刀具更换宜选择在工作井或地质条件较好、地层较稳定的地段进行。在不稳定地层更换刀具时,必须采取地层加固或压气法等措施,确保开挖面稳定。应作好刀具更换记录。

(1)带压进仓更换刀具前,必须完成下列准备工作:

1)对带压进仓作业设备进行全面检查和试运行。

2)采用两种不同动力装置,保证不间断供气。

3)气压作业区严禁采用明火。当确需使用电焊气割时,应对所用设备加强安全检查,还必须加强通风并增加消防设备。

(2)带压更换刀具必须符合下列规定:

1)通过计算和试验确定合理气压,稳定工作面和防止地下水渗漏。

2)刀盘前方地层和土仓满足气密性要求。

3)由专业技术人员对开挖面稳定状态和刀盘、刀具磨损状况进行检查,确定刀具更换专项方案与安全操作规定。

4)作业人员应按照刀具更换专项方案和安全操作规定更换刀具。

5)保持开挖面和土仓空气新鲜。

6)作业人员进仓工作时间符合相关规定。

10. 盾构接收

接收前应制定接收施工方案,主要内容应包括接收掘进、管片拼装、壁后注浆、洞门外土体加固、洞门围护破除、洞门钢圈密封等。

盾构到达接收工作井 100 m 前,必须对盾构轴线进行测量并作调整,保证盾构准确进入接收洞门。盾构到达接收工作井 10 m 内,应控制盾构掘进速度、开挖面压力等。应按预定的破除方法破除洞门。

盾构主机进入接收工作井后,应及时密封管片环与洞门间隙。盾构到达接收工作井前,应采取适当措施,使拼装管片环缝挤压密实,确保密封防水效果。

11. 盾构调头和过站

调头和过站前,应做好施工现场调查、技术方案以及现场准备工作,调头和过站设备必须满足盾构安全调头和过站要求。

盾构调头和过站时必须有专人指挥,专人观察盾构转向或移动状态,避免方向偏离或碰撞。调头和过站后完成盾构管线的连接工作,连接后应按规范执行。

12. 盾构解体

盾构解体前,应制定详细的解体方案,并准备解体使用的吊装设备、工具、材料等。应对各部件进行检查,并应对液压系统和电气系统进行标识。对已拆卸的零部件应做好清理和维护保养工作。

7.2.5 特殊地段施工

(1)盾构机进入特殊地段和特殊地质条件施工时,应符合下列要求:

1)制定施工方案前应详细查明和分析工程的地质状况与隧道周边环境状况。

2)合理选择掘进模式,严格控制和管理掘进参数、盾构姿态和掘进方向。

3)根据隧道所处位置与工程地质、水文地质条件和设计要求,确定壁后注浆的材料、压力与注浆量,施工过程中应根据监测结果进行相应调整。

4)认真检查、保养盾构机及配套设备。

5)对地表及建(构)筑物等沉降进行评估,必要时,应加密监测测点、提高监测频率,并应根据监测结果及时调整掘进参数。

6)必要时应采取针对性的加固措施。

7)施工前编制应急预案。

浅覆土层地段盾构机掘进,应控制掘进参数减少施工对环境影响,并控制盾构姿态防止发生突变。

(2)盾构机穿越江河地段掘进应符合下列要求:

1)详细查明工程水文地质条件和河床状况,严格控制土(或泥水)仓压力,加强开挖面管理和掘进参数控制,防止冒浆、地层坍塌或冒顶。

2)采用快凝早强注浆材料,加强同步注浆和补充注浆。

3)穿越江河前,应对盾构机械电气设备进行全面检修与维护,尤其应重点对密封系统进行全面检查和处理。

4)根据地层条件预测刀具和盾尾密封的磨损,制定更换方案。

(3)盾构机在软硬不均地层施工应符合下列要求:

1)在软硬不均地层中应选择土压平衡模式掘进,加强出土管理,出土量应与千斤顶行程相匹配,防止坍塌。

2)根据地层情况及时更换刀具或改变刀具配置。

3)根据开挖面地质情况及时调整土仓压力、掘进和壁后注浆等参数。

(4)盾构机在浅覆土层地段施工应符合下列规定:

1)控制掘进参数,减少施工对环境影响。

2)控制盾构姿态,防止发生突变。

(5)盾构机在小半径曲线地段施工应符合下列规定:

1)控制推进反力引起的管片环变形、移动、渗水等。

2)使用超挖装置时,应控制超挖量。

3)壁后注浆应选择体积变化小、早期强度高、速凝型的注浆材料。

4)增加施工测量频率。

5)采取措施防止后配套车架脱轨或倾覆。

6)防止管片错台和严重开裂。

(6)盾构机在大坡度地段施工应符合下列规定:

1)选择牵引机车时,应进行必要的计算,车辆应采取防溜措施。

2)上坡时应加大盾构下半部分推力,对后方台车应采取防止脱滑措施。

3)壁后注浆宜采用收缩率小、早期强度高的浆液。

(7)盾构机在地下管线与地下障碍物地段施工应符合下列规定:

1)应详细查明地下管线类型、位置、允许变形值等,制定专项施工方案。

2)对受施工影响可能产生较大变形的管线,应根据具体情况进行加固或改移。

3)应及时调整掘进速度和出渣量,减少地表的沉降和隆起,确保管线安全。

4)施工前应查明障碍物,并制定处理方案。

5)从地面处理地下障碍物时应选择合理的处理方法,处理后应进行回填,确保盾构安全通过。

6)在开挖面拆除障碍物时,可选择带压作业或加固地层的施工方法,控制地层的开挖量,确保开挖面的稳定,并应配备所需的设备及设施。

(8)盾构机在建(构)筑物地段施工应符合下列规定:

1)盾构施工前,应对建(构)筑物地段进行详细调查,评估施工对建(构)筑物的影响,并应采取相应的保护措施，控制地表变形。

2)根据建(构)筑物基础与结构的类型、现状，可采取加固或托换措施。

3)应加强地表和建(构)筑物变形监测及反馈，调整盾构掘进参数。

4)壁后注浆应使用快凝早强注浆材料，并保证质量。

(9)盾构机在小净距隧道施工应符合下列规定：

1)施工前，分析施工对已建隧道的影响或平行隧道掘进时的相互影响，采取相应的施工措施。

2)施工时，应控制掘进速度、土仓压力、出渣量、注浆压力等，减少对邻近隧道的影响。

3)对先行和既有隧道应加强监控量测。

4)可采取加固隧道间的土体、先行隧道内支设钢支撑等辅助措施控制地层和隧道变形。

(10)盾构机在地质条件复杂地段和砂卵石地段施工应符合下列规定：

1)穿过复杂地层、地段，应优先选择复合式盾构。

2)应综合考虑所穿过地段地质条件，合理选择刀盘形式和刀具配制方式、数量。

3)应选择适当地点，及时更换刀具或改变其配置，以适应前方地层的掘进。

4)应根据开挖面地质预测信息，调整掘进参数、壁后注浆参数和土仓压力，保证开挖面的稳定和掘进速度。

5)采用土压平衡盾构通过砂卵石地段时，应进行渣土改良。

6)采用泥水平衡盾构通过砂卵石地段时，应根据砾石含量和粒径确定破碎方法和泥浆配比。

7)遇有大孤石影响掘进时，应采取措施排除。

7.2.6 管片拼装

1. 一般规定

(1)盾构管片拼装作业应符合下列要求：

1)应根据上一衬砌环姿态、盾构姿态、盾尾间隙等确定管片排序。

2)应严格控制盾构机千斤顶的压力和伸缩量，并保持盾构姿态稳定。

3)应根据拼装要求逐块拼装，并及时连接成环。

4)管片连接螺栓质量和拧紧度应符合设计要求。

5)拼装管片时应防止管片及防水密封损坏。

6)对已拼装成环的衬砌环应进行椭圆度检查。

7)在曲线段拼装管片时，应使管片环向定位准确，隧道轴线应符合设计要求。

(2)管片拼装质量控制应符合下列要求：

1)管片拼装应严格按设计要求进行。

2)管片拼装过程中应对隧道轴线和高程进行控制，其允许偏差和检验方法应符合相关规定。

3)施工中管片允许偏差和检验方法应符合相关规定。

盾构隧道防水应以管片接缝防水为重点，防水密封材料应进行质量检验。

(3)防水密封条使用应符合下列要求：

1)密封条应与管片型号匹配，不得使用尺寸不符或有质量缺陷的密封条。

2)粘贴后的防水密封条应牢固、平整、严密、位置正确，不得有起鼓、超长和缺口现象。

管片嵌缝应清理槽缝,并应使用专用工具填塞平整、密实。管片连接螺栓应采用螺孔密封圈防水,密封圈的外形应与螺孔、螺栓相匹配。封堵注浆孔的防水材料应满足伸缩性、水密性和耐久性等要求。

2. 拼装前的准备

对管片及防水密封条应进行验收,并应按拼装顺序存放。对上一衬砌环面应进行质量检查。对拼装机具和材料应进行检查。

3. 拼装作业

应严格控制盾构千斤顶的压力和伸缩量,并应保持盾构姿态稳定。管片连接螺栓紧固质量应符合设计要求。拼装管片时应防止管片及防水密封条损坏。对已拼装成环的衬砌环应进行椭圆度抽查,确保拼装精度。在曲线段拼装管片时,应使各种管片在环向定位准确,隧道轴线应符合设计要求。在特殊位置拼装管片时,应根据特殊管片的设计位置,预先调整盾构姿态和盾尾间隙,管片拼装应符合设计要求。

4. 管片拼装质量控制

管片拼装应严格按拼装设计要求进行,管片不得有内外贯穿裂缝和宽度大于 0.2 mm 的裂缝及混凝土剥落现象。管片防水密封质量应符合设计要求,不得缺损,粘结应牢固、平整,防水垫圈不得遗漏。螺栓质量及拧紧度必须符合设计要求。管片拼装过程中应对隧道轴线和高程进行控制,其允许偏差和检验方法应符合相关规定。施工中管片拼装允许偏差和检验方法应符合相关规定。

粘贴管片防水密封条前应将管片密封条槽清理干净,粘贴后的防水密封条应牢固、平整、严密、位置正确,不得有起鼓、超长和缺口现象。管片防水密封条粘贴完毕并达到粘贴时间要求后方可拼装。管片拼装前应对粘贴的密封条进行检查,拼装时不得损坏密封条。螺栓孔密封胶圈应按设计要求安装,不得遗漏,且不宜外露。管片嵌缝防水应符合设计要求。当无设计要求时,应符合现行国家标准《地下工程防水技术规范》的规定。

5. 管片修补

当管片表面出现缺棱掉角、混凝土剥落、大于 0.2 mm 宽的裂缝或贯穿性裂缝等缺陷时,必须进行修补。管片修补时,应分析管片蘇摁原因及程度,制定修补方案。修补材料强度不应低于管片强度。

7.2.7　壁后注浆

1. 注浆参数的选择

注浆压力应根据地质条件、注浆方式、管片强度、设备性能、浆液特性和隧道埋深等综合因素确定。同步注浆和即时注浆的注浆量充填系数应根据地层条件、施工状态和环境要求确定,充填系数宜为 1.30～2.50。同步注浆的注浆速度应根据注浆量和掘进速度确定。根据隧道稳定状态和环境保护要求,可进行二次补强注浆。二次补强注浆的注浆量和注浆速度应根据环境条件和沉降监测结果等确定。

2. 注浆前的准备

应根据注浆要求进行注浆材料的试验和选择。可按地质条件、隧道条件和工程环境合理选用单液或双液注浆材料。壁后注浆材料应满足强度、流动性、可填充性、凝结时间、收缩率、环保等要求。应按注浆施工要求准备拌浆、贮浆、注浆设备,并应进行试运转。

3. 注浆作业

注浆用浆液应符合下列规定：

(1)浆液应按设计配合比拌制。

(2)浆液的相对密度、稠度、和易性、杂物最大粒径、凝结时间、凝结后强度、浆体固化收缩率均应满足工程要求。

(3)拌制后浆液应易于压注，在运输过程中不得离析和沉淀。

注浆作业应连续进行。宜配备对注浆量、注浆压力、注浆时间等参数进行自动记录的仪器。注浆作业时，应观察注浆压力及流量变化，严格控制注浆参数。注浆作业后，应及时清洗注浆设备和管路。管片与地层间隙应填充密实，并应确保衬砌环稳定，不得漏水。

7.2.8 隧道防水

1. 一般规定

盾构隧道防水应以管片自防水为基础，接缝防水为重点，并应对特殊部位进行防水处理，形成完整的防水体系。盾构隧道防水应满足环境保护和设计要求。防水材料在运输、堆放、拼装前应采取防雨、防潮措施。

2. 接缝防水

防水材料必须按设计要求选择，施工前应分批进行抽检。

防水密封条粘贴应符合下列规定：

(1)按管片型号使用，严禁尺寸不符或有质量缺陷。

(2)变形缝、柔性接头等管片接缝防水的处理应符合设计要求。

(3)管片采用嵌缝防水材料时，槽缝应清理，并应使用专用工具填塞平整、密实。

3. 特殊部位的防水

采用注浆孔进行注浆时，注浆结束后应对注浆孔进行密封防水处理。隧道与工作井、联络通道等附属构筑物的接缝防水处理应按设计要求进行。

7.2.9 盾构的保养与维修

盾构的保养与维修必须坚持“预防为主、状态检测、强制保养、按需维修、养修并重”的原则，并应由专业人员进行保养与维修。应按盾构生产厂家提供的设备说明书定期进行盾构及配套设备的保养与维修。必须按计划对盾构进行保养与维修。保养与维修工作应进行记录。盾构长期停止掘进时，仍应进行保养与维修。

7.2.10 隧道施工运输

1. 一般规定

盾构隧道施工运输应根据隧道直径、长度、纵坡、盾构的类型、掘进速度选择合理的运输方式、运输设备及其配套设施。运输能力应满足盾构掘进与管片拼装要求。

隧道内水平运输宜采用轨道运输方式，垂直提升宜采用门吊、悬臂吊等提升方式。泥水平衡盾构和泥水运输应采用泥浆泵和管道组成的管道运输系统。应根据最大起重重量对提升机能力和索具、挂钩、杆件承载力等进行验算。水平运输和垂直提升应采取防溜和防坠落措施。

2. 水平运输

水平运输的轨道应保持平稳、顺直、牢固，并应进行养护。长距离掘进时，宜在适当位置设置会车道。牵引设备的牵引能力应满足隧道最大纵坡和运输重量的要求。车辆配置应满足出渣、进料及盾构掘进速度的要求。

3. 垂直提升

垂直提升方式应根据工作井深度、盾构施工速度等因素综合考虑。提升设备的提升能力应满足出渣、进料的要求。垂直提升时,应根据安全需要采取稳定措施。垂直提升通道内不得有任何障碍物。

4. 管道运输

采用泥水平衡盾构时,管道运输系统应满足出渣和掘进速度的要求。长距离掘进时,应在适当距离设置管道运输接力设备。对输送泵和管道应经常进行检查和维修。

7.2.11 监控量测

1. 一般规定

施工中应结合施工环境、工程地质和水文地质条件、掘进速度等制定监控量测方案。监控量测范围应包括盾构隧道和沿线施工环境,对突发的变形异常情况必须启动应急监测方案。在监控量测中可根据观测对象的变形量、变形速率等调整监控量测方案。地上、地下同一断面内的监控量测数据应同步采集,并应收集同期盾构施工参数进行分析。监控量测仪器和设备应满足量测精度、抗干扰性、可靠等要求。

沉降测量可采用水准测量方法,水准基点应埋设在变形影响范围外,且不得少于3个。水平位移测量可采用边角测量、GPS等方法,应建立水平位移监测控制网,水平位移监测控制点宜采用具有强制对中装置的观测墩和照准装置。

当采用物理传感器进行监控量测时,应按各类仪器的埋设规定和监控量测方案的要求埋设传感器。当采用静力水准测量方法进行沉降测量时,静力水准的埋设、连接、观测、数据处理等应符合相关技术要求,测量精度应与水准测量要求相同。

观测点应埋设在能够反映变形、便于观测、易于保存的位置。

2. 隧道环境监控量测

隧道环境监控量测应包括地表沉降观测、邻近建(构)筑物变形量测和地下管线变形量测等。地表沉降观测应沿线路中线按断面布设,当城市隧道埋深小于2倍洞径时,纵断面监测点间距宜为3~10 m,横断面间距宜为50~100 m,监测的横断面宽度应大于变形影响范围,监测点间距宜为3~5 m。对特殊地段,地表沉降观测断面和观测点的设置应编制专项方案。

应根据结构状况、重要程度、影响大小对邻近建(构)筑物有选择地进行变形量测。

邻近地下管线的变形量测应直接在管线上设置观测点。对无法直接观测的管线应去除其覆盖土体进行观测或监测管线周围土体变形。应从距开挖工作面前方隧道埋深与直径之和的距离处进行初始观测,直至监测对象稳定时结束。变形测量频率应根据工程要求和监测对象的变形量和形速率确定。

盾构穿越地面建(构)筑物、铁路、桥梁、管线等时除应对穿越的建(构)筑物进行观测外,还宜对邻近周围土体进行变形观测。

变形量测等级划分与精度应符合现行国家标准《城市轨道交通工程测量规范》的要求。变形量测的主要方法和精度要求应符合现行国家标准《城市轨道交通工程测量规范》的要求。

当采用物理传感仪器进行监控量测时,测量精度不应低于现行国家标准《城市轨道交通工程测量规范》的规定。

3. 隧道结构监控量测

隧道结构监控量测内容应包括隧道沉降和椭圆度量测，必要时，还应进行衬砌环应力等量测。隧道管片应力测量宜采用应力计量测。初始观测值应在管片壁后注浆凝固后 12 h 内量测。变形量测频率宜按规范规定执行。变形量测方法应按规范规定执行，测量精度应符合现行国家标准《城市轨道交通工程测量规范》的规定。

4. 资料整理和信息反馈

宜利用计算机实现测量数据采集实时化、数据处理自动化、数据输出标准化，并应建立监控量测数据库。应结合施工和现场环境状况对监控量测数据定期进行综合分析，并应绘制变形时态曲线图。宜选择与实测数据拟合较好的函数对时态曲线进行回归分析，并应对变形趋势进行预测。

当实测变形值大于允许变形的 2/3 时，必须及时通报建设、施工、监理等单位，并应采取相应措施。监控量测完成后应及时提供监测成果。工程竣工后应提供监控量测技术总结报告。

第 8 章　大断面铁路隧道施工方法

大断面铁路隧道施工方法可分为三类，见图 8-1。在选择具体的施工方法时，应根据实际情况综合考虑，力求在工程造价、施工进度、施工安全等方面取得平衡。下面对这些施工方法进行简要的叙述。

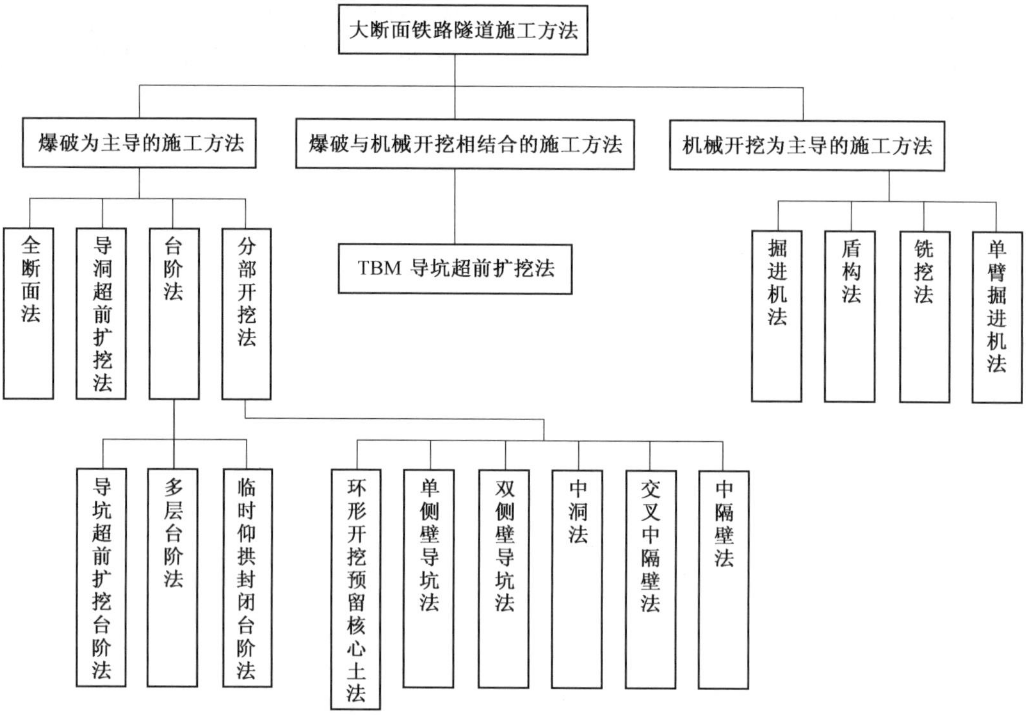

图 8-1　大断面铁路隧道施工方法分类

8.1 钻爆法

8.1.1 全断面开挖法

按照隧道设计轮廓线一次开挖成形的施工方法叫全断面开挖法（简称全断面法）。该施工方法的特点是作业空间较大，有利于大型机械化配套作业以提高工程进度，且操作工序少，操作方法简单，施工干扰小，便于施工组织和管理。其缺点是由于开挖断面大，对地质条件要求严格，围岩必须有足够的自稳能力，且每循环工作量相对较大，要求施工单位具有较强的开挖、出砟、运输及支护技术能力。

在铁路隧道中，全断面法主要用于地下水状态为干燥或潮湿的Ⅰ～Ⅲ级围岩的单线隧道施工，在Ⅳ～Ⅴ级围岩采用全断面法施工时，必须辅以辅助工法，如正面喷射混凝土、打设正面锚杆等。双线铁路隧道开挖面积达 140～170 m^2,受施工机械作业能力的限制,难以采用全断面法。

全断面开挖法的操作工序主要有钻孔、爆破、出砟、支护、防水层铺设、衬砌和底板混凝土施工等。为了确保施工安全,保证工程质量和文明施工,使用全断面法进行隧道施工时,底板混凝土作业要尽量超前。

铁路隧道采用全断面法施工,应注意以下问题:

(1)循环进尺的控制。由于全断面法一次开挖断面大,选用全断面法开挖方法时应慎重。若采用全断面法施工,其循环进尺宜控制在 3.0～4.0 m。

(2)支护类型的选择。全断面法开挖选择支护类型时,应优先考虑锚杆和锚喷混凝土、挂网等支护。

(3)应加强对开挖面前方的工程地质和水文地质调查。对不良地质情况,要及时预测预报、分析研究,随时准备好应急措施(包括改变施工方法),以确保施工安全和工程进度。

(4)加强对各种辅助作业和辅助施工方法的设计与施工检查。尤其在软弱破碎围岩中使用全断面法开挖时,应对支护后围岩的动态进行量测与监控,对各种辅助作业的三管两线(即高压风管、高压水管、通风管、电线和运输路线)要求保持技术状态良好。

长 10 081 m 的武广客运专线大瑶山一号隧道(双线)就采用了全断面开挖法,其Ⅴ级围岩开挖断面积达到了 154.4 m^2,其建成表明全断面开挖法能用于大断面铁路隧道。

8.1.2　导洞超前扩挖法

导洞超前扩挖法是指在隧道设计断面内的适当位置先开挖一条导洞,待导洞贯通(称为先通导洞法)或超前一定长度(称为超前导洞法)后,进行地质调查、排水以及围岩改良等作业,再按设计断面进行扩挖、支护和其他作业的一种隧道施工方法,即先由爆破法开挖一个小导坑形成临空面,再使用钻爆法开挖。该法在一些长大隧道施工中已取得了高速度、高质量、高效益的骄人业绩。图 8-2 为小导洞超前施工实景。

导洞超前是为了提高开挖工作面的自稳性,以及为地质预报、排水等目的而实施的。导洞超前的距离,从发挥机械效率出发,可取 10～30 m,当大量涌水时可延长到 100 m。

导洞超前扩挖法的优点有:(1)开挖工作面稳定性高,辅助工法规模小;(2)有涌水的场合,导洞可以作为排水坑道;(3)可从导洞进行围岩补强。其缺点有:(1)导坑和扩挖交互掘进,施工干扰大;(2) 导洞需要通风;(3) 导洞支护要废除。

施工中,多采用下导洞超前法,见图 8-3。其优点有:(1)下导洞起到超前地质预报作用;(2)降低地下水位;(3)便于大型机械出砟;(4)临空面大,对围岩扰动小。其适用条件:(1)单线

图 8-2　小导洞超前施工实景

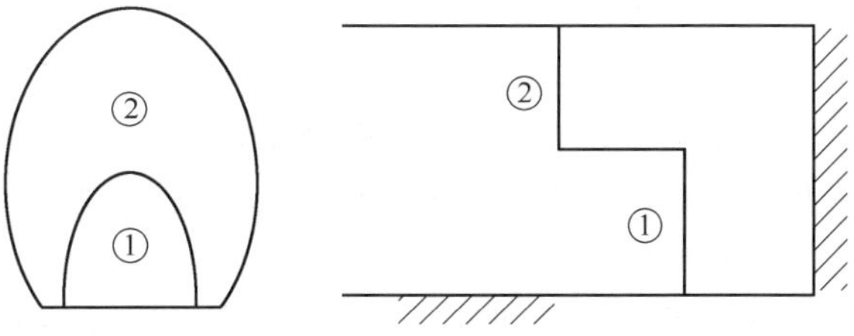

图 8-3　下导洞超前

注:①②表示开挖顺序。

隧道Ⅲ、Ⅳ级围岩；(2)双线隧道Ⅱ、Ⅲ级围岩；(3)地下水状态：有渗水或股水。下导洞超前法的技术指标：(1)下导洞超前 5～10 m；(2)下导洞循环进尺 2～3 m。

8.1.3 台阶法

所谓台阶法施工，就是为了控制围岩变形，而将结构断面分成上下两断面或几个作业面，分成两步或多步开挖的方法。台阶法施工适用条件：(1)单线隧道Ⅲ、Ⅳ级围岩；(2)双线隧道Ⅲ级围岩；(3)地下水状态为干燥或潮湿。

台阶法开挖的优点有：(1)灵活多变，适用性强。凡是软弱围岩地层，均可采用台阶法，是各种不同开挖方法中的基本方法，而当遇到地层变化时能及时变换成其他方法。(2)具有足够的作业空间和较快的施工速度，台阶有利于开挖面的稳定，尤其是上部开挖支护后，下部作业则较为安全。

台阶法开挖的缺点是上下部作业相互干扰。施工中应注意下部作业时对上部稳定性的影响和台阶法开挖增加围岩被扰动的次数等。视围岩条件及机械配套情况派生出的各种台阶法见表 8-1。可根据工程实际、围岩条件及机械条件，选择适合的方式。

表 8-1 大断面隧道台阶施工法比较

工法	优点	缺点	适用围岩级别	开挖顺序
上半断面超前台阶法	(1)能够利用大型施工机械，施工性好。 (2)与中隔壁法(以下简称 CD 法)并用，即使遇到不良地质亦能适应	在超大断面的场合，开挖工作面稳定性没有其他方法好，比较适合于良好的围岩	Ⅱ～Ⅳ	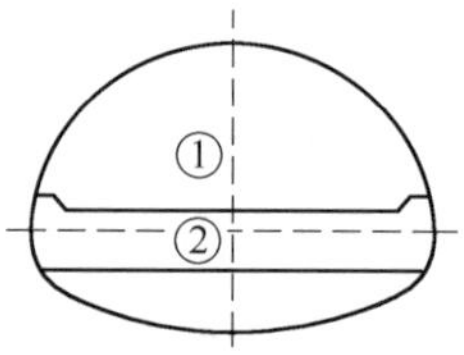
上半断面中壁法	(1)与 CD 法比，开挖工作面稳定性高。 (2)在不良地质条件下，辅助工法规模小。 (3)超前的开挖工作面也可以与导坑一样确认地质状况。 (4)在适用区间连续条件下，比 CD 法的开挖速度快	(1)综合速度较慢。 (2)后进侧拱顶附近的锚杆不能成直角打设。 (3)中壁要废除。 (4)通风方法要研究	Ⅱ～Ⅴ	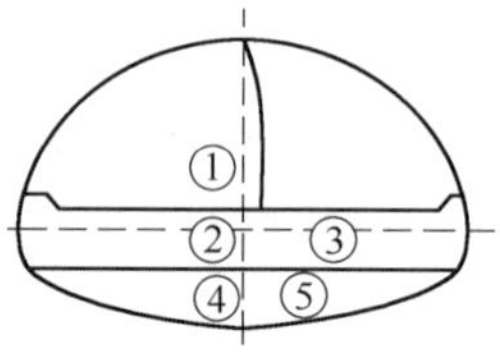
采用辅助工法的短台阶法	(1)能够有效利用大型机械，施工性好。 (2)视围岩条件变化，可变为台阶法	(1)辅助工法规模大。 (2)需要掌子面前方探查，以决定辅助工法	Ⅳ～Ⅴ	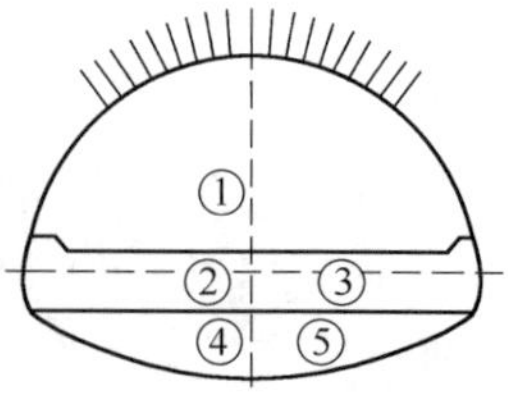

上下台阶之间的距离，应能满足机具正常作业，并减少翻碴工作量。当顶部围岩破碎，施工支护需紧跟时，可适当延长台阶长度，减少施工干扰。台阶不宜多分层，装碴机械应紧跟开挖面，以减少扒碴距离。

各国铁路隧道施工实践证明，台阶法已成为大断面隧道施工的主流施工方法。日本在修建第二东名—名神高速公路隧道(隧道开挖断面积为 150～200 m^2)中，80%的隧道采用了各种台阶法。中国台湾台北—高雄高速铁路隧道(隧道净空有效面积为 90 m^2，开挖断面积为

130～150 m^2)，大部分也是采用台阶法修建的。德国科隆—法兰克福高速铁路上的隧道工程，虽然地质条件比较差，但多数隧道仍采用台阶法施工。

根据台阶长度进行划分，台阶法分为长台阶法、短台阶法和超短台阶法等三种。大断面隧道施工中经常采用短台阶法和超短台阶法。

短台阶法是分成上下两个断面进行开挖，只是两个断面相距较近，一般上台阶长度小于 5 倍但大于 1～1.5 倍洞跨，短台阶法的长度约在 10～20 m。由于上、下半断面的开挖面较接近，上台阶出砟时对下半断面施工的干扰较大，不能全部平行作业。为解决这种干扰可采用长皮带机运输上台阶的石砟；或设置由上半断面过渡到下半断面的坡道，将上台阶的石砟直接装车运出。过渡坡道的位置可设在隧道中间，亦可交替地设在两侧。过渡坡道法适用于断面较大的双线隧道中。

由于短台阶法可缩短支护结构闭合的时间，改善初次支护的受力条件，有利于控制隧道收敛速度和量值，所以适用范围很广，Ⅱ～Ⅴ级围岩都能采用，尤其适用于Ⅱ、Ⅳ级围岩，是新奥法施工中主要采用的方法。

采用短台阶法时应注意下列问题：初次支护全断面闭合要在距开挖面 30 m 以内，或距开挖上半断面开始的 30 d 内完成。初次支护变形、下沉显著时，要提前闭合，要研究在保证施工机械正常工作的前提下使台阶的最小长度。

超短台阶法也是分成上下两部分，上台阶仅超前 3～5 m，只能采用交替作业。有资料表明，若台阶长度设为 5～8 m，则可同时作业。适用于膨胀性围岩和土质围岩需及早封闭断面的情况。在以全断面开挖法为主要方法的硬质围岩中，由于一部分地质条件变化而需要采用分部开挖时，也可用此方法。超短台阶法施工时的上、下半断面的开挖面是同时掘进的，出砟也是同时进行的。

按照施工的变化方案，可以分为导坑超前扩挖台阶法、多层台阶法、中隔壁台阶法、临时仰拱封闭台阶法。下面主要介绍导坑超前扩挖台阶法、多层台阶法和临时仰拱封闭台阶法，中隔壁台阶法也属于分部开挖法。

1. 导坑超前扩挖台阶法

它是台阶法和导坑超前扩挖法的结合。即先由爆破法开挖一个小导坑形成临空面，再使用钻爆法台阶开挖。

2. 多层台阶法

当隧道断面较高时，可以用多层台阶法开挖，见图 8-4。

台阶长度一般不超过 1.5 倍洞径。多层台阶法用于单层台阶上半断面掘进的导坑尺寸较大、开挖面难以自稳的情况。由于在低强度的围岩中，整个开挖断面要分为三部开挖，故开挖造成的应力重分布的次数较多，而且台阶多，断面闭合的时间也加长。所以，在选择这种方法时，先要进行充分研究，在采用稳定开挖面的辅助工法(开挖面超前锚杆与喷射混凝土、小型管棚、改良围岩等)分两步开挖仍很困难时才采用。在地表有建筑物等情况，预计地表、洞内下沉(位移)超过允许限值时，应同时采用临时仰拱控制变形的发展。

全长 8 483 m 的郑西客运专线张茅隧道采用了三台阶七步开挖法(图 8-5)，是以弧形导坑开挖预留核心土为基本模式，分上、中、下三个台阶七个开挖面，各部位的开挖与支护沿隧道纵向错开，平行推进的隧道施工方法。三台阶七步开挖法适用的隧道开挖断面为 100～180 m^2。该方法适用于Ⅳ、Ⅴ级围岩，地质主要有黄土、强风化岩层等情况。

三台阶七步开挖法具有下列技术特点：

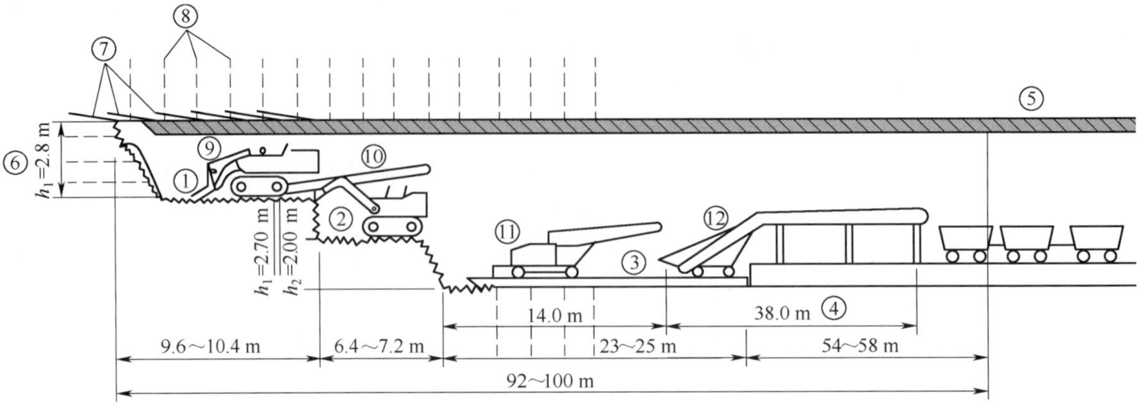

图 8-4　多层台阶法施工示意(单位:mm)

①上台阶;②中台阶;③下台阶;④浇筑仰拱;⑤浇筑衬砌;⑥加强开挖工作面锚杆;⑦超前锚杆;⑧径向锚杆;⑨挖装机;⑩挖掘机;⑪装载机;⑫转运机

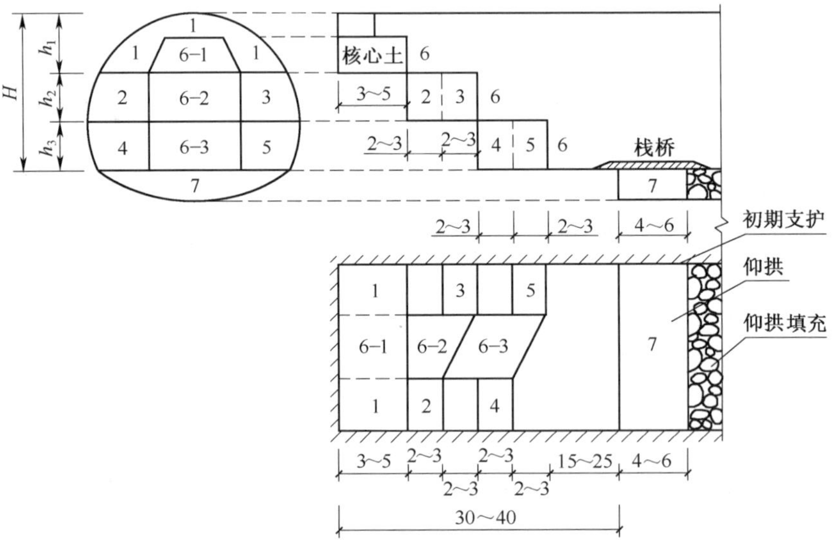

图 8-5　三台阶七步开挖法步骤(单位:m)

(1)施工空间大,方便机械化施工,可以多作业面平行作业。部分软岩或土质地段可以采用挖掘机直接开挖,工效较高。

(2)在地质条件发生变化时,便于灵活及时地转换施工工序,调整施工方法。

(3)三台阶七步开挖法规避了侧壁导坑法、中隔壁法及交叉中隔壁法等需要拆除临时支护及受力转换造成不安全的因素,及时调整闭合时间,方便机械化施工,利于施工工序转换。适应不同跨度和多种断面形式,初期支护工序操作便捷。

(4)在台阶法开挖的基础上,预留核心土,左右错开开挖,利于开挖工作面稳定。

(5)当围岩变形较大或突变时,在保证安全和满足净空要求的前提下,可尽快调整闭合时间。

全长 1 704 m 的武广客运专线石门岭隧道就采用了两台阶法和三台阶法。石门岭隧道表层为种植土及粉质黏土层,底层为强风化～全风化Ⅳ～Ⅴ级板岩,地质构造为单斜结构,局部有褶皱,岩体节理裂隙发育,较破碎。地下水以基岩裂隙水为主,局部水量较大。隧道一般埋深 40～80 m，最大埋深 150 m，大部分为浅埋段。该隧道单向月平均施工进度 52 m/月，表明铁路隧道采用台阶法施工能够在确保施工安全、隧道结构安全的同时实现隧道快速掘进。

3. 临时仰拱封闭台阶法

临时仰拱封闭台阶法是以控制地表和洞内下沉（位移）为目的，在整个断面闭合的过程中对分部开挖断面用临时仰拱闭合的方法。

8.1.4　分部开挖法

分部开挖法包括环形开挖预留核心土法、双侧壁导坑法、中洞法、中隔壁法等。

1. 环形开挖留核心土法

环形开挖留核心土法，又称台阶分部开挖法，见图 8-6。一般将断面分成为环形拱部、上部核心土、下部台阶等三部分。根据断面的大小，环形拱部又可分成几块交替开挖。环形开挖进尺为 0.5～1.0 m，不宜过长。上部核心土和下台阶的距离，一般为 1 倍隧道洞跨。

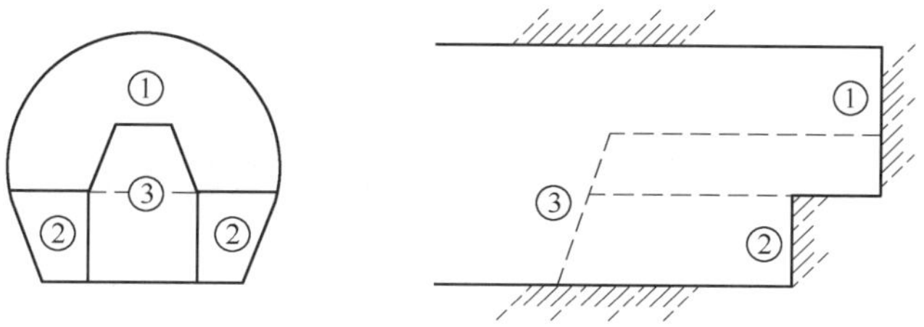

图 8-6　环形开挖预留核心土法纵横断面

注：①②③表示开挖顺序。

环形开挖预留核心土法适用于单线隧道Ⅳ、Ⅴ、Ⅵ级围岩，或者双线隧道Ⅲ、Ⅳ、Ⅴ、Ⅵ级围岩，或地下水为渗水或股水的情况。

台阶分部开挖法的施工作业顺序为：用人工或单臂掘进机开挖环形拱部→架立钢支撑、喷混凝土→在拱部初次支护保护下，用挖掘机或单臂掘进机开挖核心土和下台阶并随时接长钢支撑和喷混凝土封底→根据初次支护变形情况或施工进度要求建造内层衬砌。

由于拱形开挖高度较小，或地层松软锚杆不易成型，所以施工中不设或少设锚杆。

在台阶分部开挖法中，因为上部留有核心土支挡着开挖面，而且能迅速及时地建造拱部初次支护，所以开挖面稳定性好。和台阶法一样，核心土和下部开挖都是在拱部初次支护保护下进行的，施工安全性好。这种方法适用于一般土质或易坍塌的软弱围岩中。

台阶分部开挖法的主要优点是：与超短台阶法相比，台阶长度可以加长，减少上下台阶施工干扰；而与下述的侧壁导坑法相比，施工机械化程度较高，施工速度可加快。

采用台阶分部开挖时应注意下列问题：虽然核心土增强了开挖面的稳定，但开挖中围岩要经受多次扰动，而且断面分块多，支护结构形成全断面封闭的时间长，这些都有可能使围岩变形增大。因此，它常要结合辅助施工措施对开挖工作面及其前方岩体进行预支护或预加固。弧形导坑左右台阶错开开挖支护法则是环形开挖留核心土法的变体。

2. 单侧壁导坑法

单侧壁导坑法一般将断面分成三块：侧壁导坑、上台阶、下台阶，见图 8-7。侧壁导坑宽度不宜超过 0.5 倍洞跨，高度以到起拱线为宜。导坑与台阶的距离没有硬性规定，一般以施工互不干扰为原则。由于单侧壁导坑法将断面横向分成 3 块或 4 块，每步开挖的宽度较小，而且封闭型的导坑初期支护承载能力大，所以，单侧壁导坑法适用于断面跨度大，地表沉陷难于控制的软弱松散围岩中。

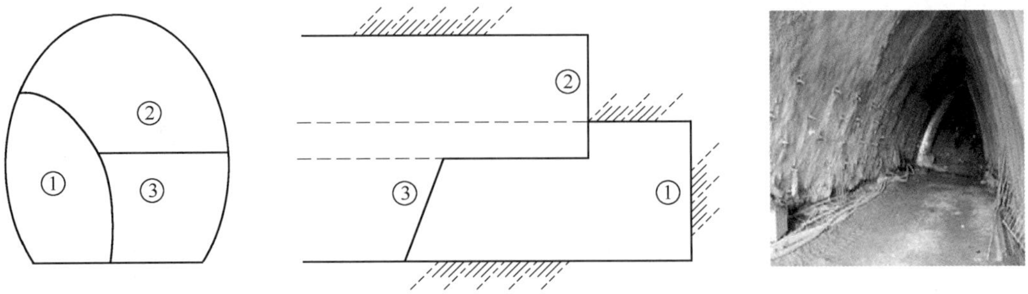

(a) 横断面示意图　　(b) 纵剖面示意图　　(c) 导坑实例

图 8-7　单侧壁导坑法

注:①②③表示开挖顺序。

单侧壁导坑法的施工作业顺序为:

(1)开挖侧壁导坑,并进行初次支护(锚杆加钢筋网、或锚杆加钢支撑、或钢支撑,喷射混凝土),应尽快使导坑的初次支护闭合。

(2)开挖上台阶,进行拱部初次支护,使其一侧支承在导坑的初次支护上,另一侧支承在下台阶上。

(3)开挖下台阶,进行另一侧边墙的初次支护,并尽快建造底部初次支护,使全断面闭合。

(4)拆除导坑临空部分的初次支护。

(5)建造内层衬砌。

3. 双侧壁导坑法

双侧壁导坑法,又称眼镜工法,见图 8-8。当隧道跨度很大,地表沉陷要求严格,围岩条件特别差,单侧壁导坑法难以控制围岩变形时,可采用双侧壁导坑法。现场实测表明,双侧壁导坑法所引起的地表沉陷仅为短台阶法的 1/2。

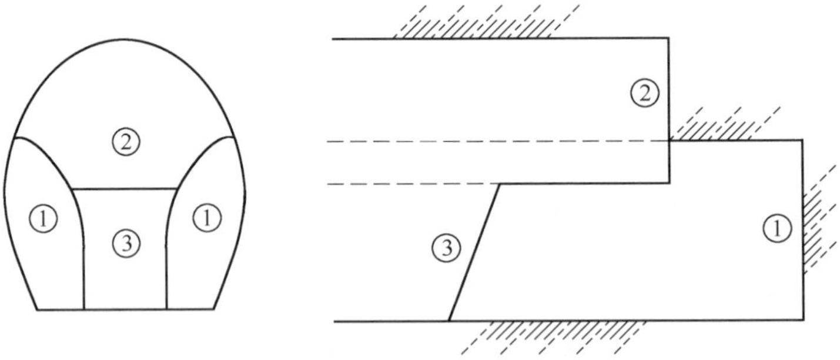

图 8-8　双侧壁导坑法

注:①②③表示开挖顺序。

双侧壁导坑法一般将断面分成四块:左、右侧壁导坑、上部核心土、下台阶。导坑尺寸拟定的原则同前,但宽度不宜超过断面最大跨度的 1/3。左、右侧导坑错开的距离,应根据开挖一侧导坑所引起的围岩应力重新分布的影响不致波及另一侧已成导坑的原则确定。

双侧壁导坑法主要适用于围岩较差(单线隧道Ⅴ、Ⅵ级围岩,或双线隧道Ⅳ、Ⅴ、Ⅵ级围岩,或地下水为渗水或股水的情况)、开挖断面很大的大断面隧道,如三线或多线常速铁路隧道、三车道高速公路隧道、大断面铁路隧道等。施工见图 8-9。该法工序较复杂,导坑的支护拆除困难，为了稳定开挖工作面，经常和超前预注浆等辅助施工措施配合使用。

(a) 实例一　　(b) 实例二

图 8-9　双侧壁导坑法施工实例

双侧壁导坑法施工作业顺序为：

(1)开挖一侧导坑，并及时地将其初次支护闭合。

(2)相隔适当距离后开挖另一侧导坑，并建造初次支护。

(3)开挖上部核心土，建造拱部初次支护，拱脚支承在两侧壁导坑的初次支护上。

(4)开挖下台阶，建造底部的初次支护，使初次支护全断面闭合，拆除导坑临空部分的初次支护，建造内层衬砌。

双侧壁导坑法虽然开挖断面分块多，扰动大，初次支护断面闭合的时间长，但每个分块都是在开挖后立即各自进行闭合的，所以在施工过程中变形甚微。

双侧壁导坑法施工安全，但速度较慢，成本较高。

4. 中洞法

采用先施作隧道中墙混凝土，后开挖两侧的施工方法，见图 8-10。

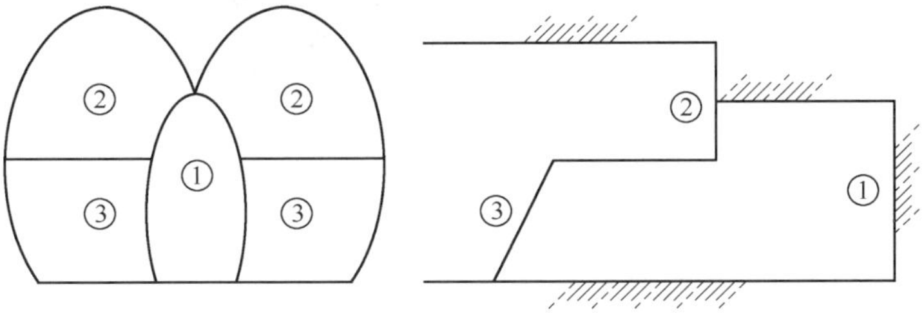

图 8-10　中洞法

注：①②③表示开挖顺序。

中洞法施工要求：中洞法开挖高度应大于中墙高度 1 m，开挖宽度应大于 5 m；中洞开挖长度根据隧道长度、宽度以及地质情况综合考虑，一般为 50～80 m；中洞开挖后应及时施作初期支护，再分段灌注中墙混凝土，在中墙混凝土达到设计强度后方可拆模，并进行临时横向支撑。

中洞法适用于双连拱隧道。图 8-11 是中洞法施工实例。

5. 中隔壁法(CD)

中隔壁法实际上是分部开挖法和台阶法的结合，所以也称为中隔壁台阶法。当开挖工作面地层自稳能力较差，上台阶开挖后拱脚支承在未开挖岩体上的自稳时间较短且开挖断面跨度较大时,可采用中隔壁台阶法(通常配合临时仰拱使用)。通过中隔壁的分载作用,可减轻两侧拱脚的压力,降低地表沉陷值,以确保施工安全。图 8-12 是福厦铁路沙溪隧道中隔壁台阶法运用情况。

图 8-11 中洞法施工实例

图 8-12 福厦铁路沙溪隧道施工

中隔壁开挖时,应沿一侧自上而下分为二或三步进行,每开挖一步均应及时施作锚喷支护、安设钢架、施作中隔壁,底部应设临时仰拱,中隔壁墙依次分步联结而成,之后再开挖中隔壁的另一侧,分步次数及支护形式与先开挖的一侧相同,见图 8-13。

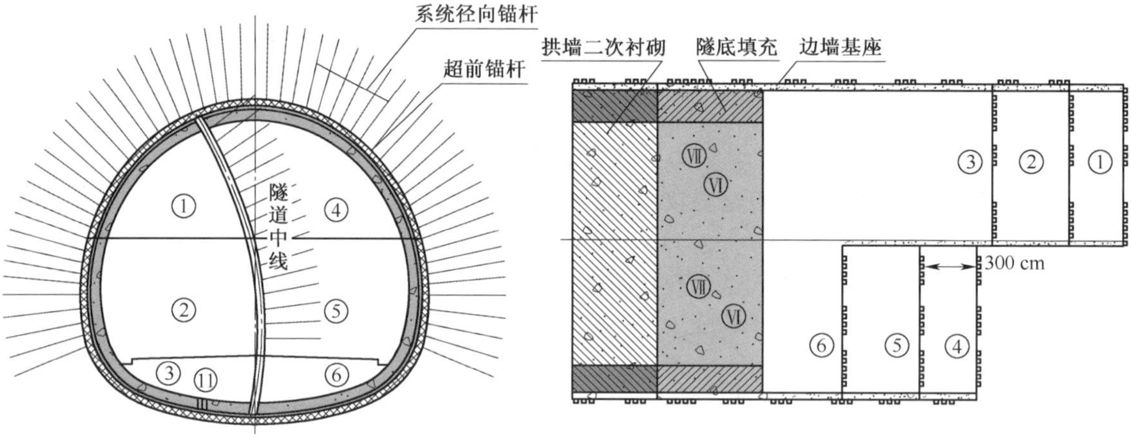

图 8-13 中隔壁法

注:①②③④⑤⑥表示开挖顺序。

各部开挖时,周边轮廓尽量圆顺,减小应力集中,各部的底部高程应与钢架接头处一致;每一部的开挖高度约为 3.5 m;后一侧开挖应全断面及时封闭;左右两侧纵向间距一般为 30~50 m;中隔壁设置为弧形或圆弧形。

中隔壁法适用于单、双线隧道Ⅴ~Ⅵ级围岩的浅埋隧道、三线隧道。

6. 交叉中隔壁法(CRD)

采用自上而下分为二至三步开挖中隔壁的一侧,并及时支护,待完成 1~2 部后,即开始另一侧 1~2 部开挖及支护,形成左右两侧开挖及支护相互交叉的情形。见图 8-14、图 8-15。

交叉中隔壁法适用于双线、三线隧道Ⅳ、Ⅴ、Ⅵ级围岩和浅埋隧道。

中隔壁法和交叉中隔壁法的区别在于:前者先施工左侧上、下断面,再施工右上、右下断面,后者先施工左上、右上断面,再施工左下、右下断面;前者没有临时仰拱,后者有临时仰拱。

相比于中隔壁法,交叉中隔壁法更适合围岩级别更差的隧道,因为采用它可以施作临时仰拱,能更好地控制围岩收敛,以保证施工安全。

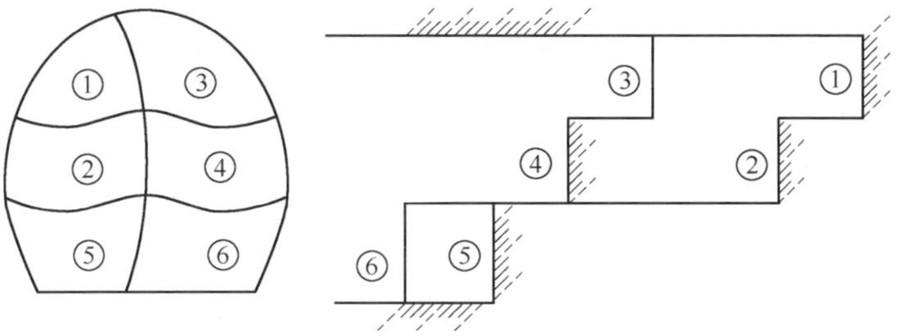

图 8-14　交叉中隔壁法

注：①②③④⑤⑥表示开挖顺序。

(a) 洞口

(b) 局部施工

图 8-15　交叉中隔壁法施工实景

8.2　机械开挖法

机械开挖施工法主要包括岩石掘进机法、单臂掘进机法、盾构法、铣挖法等。

8.2.1　岩石掘进机(TBM)法

岩石掘进机是利用回转刀具开挖，同时破碎洞内围岩及掘进，形成整个隧道断面的一种新型、先进的隧道施工机械。相对于目前常用的方法，TBM 集钻进、掘进、支护于一体，使用电子、信息、遥测、遥控等高新技术对全部作业进行指导和监控，使掘进过程始终处于最佳状态。

(1)隧道掘进机械，基本上有两种：一种是臂架式钻进机械，在隧道内部进行钻孔的机械，或是小型的小断面直接钻进机械；另一种就是全断面隧道掘进机(TBM)。对于全断面隧道掘进机，目前在国内有两种提法，其一是岩石掘进机(TBM)，其二是盾构机。TBM 就是适合硬岩掘进的隧道掘进机，盾构机指的是适于土和软岩的隧道掘进机。这种说法有些名不符实，因为现在许多硬岩 TBM 也采用盾构技术，而 TBM 本来就是隧道掘进机的意思。为了区分开 TBM，有文献将其分为“硬岩 TBM”和“软岩 TBM”。一段时间以来，把 TBM 分为两大类：

1)在松软地层中掘进隧道的 TBM：通常用这类 TBM 在具有有限压力的地下水位以下且基本均质的软弱地层中开挖有限长度的隧道。这类掘进机面临空洞、开挖掌子面的稳定、市区地表沉降等问题。

2)在岩石中开挖隧道的 TBM：通常用这类 TBM 在稳定性良好、中-厚埋深、中-高强度的岩层中掘进长大隧道。这类掘进机所面临的基本问题是如何破岩，保持掘进的高效率和工程顺利。它是一种集掘进、出砟、支护和通风防尘等多功能为一体的大型高效隧道施工机械。

(2)TBM适用于中硬岩地质的隧道施工,采用机械破碎岩石的方法进行开挖。与传统的钻爆法相比,掘进机法具有以下明显优点:

1)作业连续,施工效率高。它可进行掘进、出砟、支护一条龙连续作业,在中硬岩条件下,施工速度为钻爆法的3～5倍。

2)开挖轮廓圆顺,超挖量少,可减少支护工作量。

3)对围岩扰动小,避免因爆破振动可能引起的围岩松动坍塌,施工安全性好。

4)使用劳动力少,劳动强度低,作业环境好,有利于维护作业人员的健康。

尽管TBM施工对隧道围岩条件的适应能力受到一定限制,设备购置和施工费用较高,但随着科学技术的进步,TBM设计制造及施工技术日趋成熟和完善,国内外采用TBM施工的隧道越来越多,已经成为隧道施工的主要方法之一。对于铁路特长隧道,也应考虑选择TBM施工的可行性。

开敞式TBM主要用于围岩较好、强度较高的岩石,没有较大破碎带、断层和地下水的地质状况,一般随开挖在刀盘后部施作临时支护,然后再根据需要施作二次混凝土衬砌。刀盘掘进所需的推动力,由水平支撑靴作用于洞室侧壁提供。

护盾式TBM可再分为单护盾TBM和双护盾TBM(目前国外TBM生产商已研制出三护盾TBM)。

单护盾TBM适用于仅仅能自稳、不坍落的软弱岩体。衬砌采用预制混凝土管片施工。单护盾TBM具有全圆的护盾,以防止开挖后洞室的掉块、落石和局部坍塌,避免塌落的岩石砸坏刀具或铲斗。单护盾TBM掘进时护盾随刀盘一起前进,在护盾的保护下完成隧道掘进、出砟及衬砌作业。由于围岩软弱,不能承受巨大的水平支撑力,单护盾TBM刀盘推进时需由已完成的衬砌提供顶推力,故TBM的推进和衬砌不能同时进行。单护盾TBM掘进速度受本身工作模式限制,在围岩较好的情况下不能达到理想的掘进速度。国内隧道工程较少采用。

双护盾TBM又称伸缩护盾式TBM,适用于混合地层施工,既可用于硬岩,又可用于软岩,其地质适应性非常广泛。双护盾TBM同样具有全圆护盾,使其在采取必要措施的情况下,能安全穿越软土、砂土地层,甚至于断层破碎带。同时因其双护盾构造,在较坚硬的围岩中掘进时,前护盾与刀盘一同向前推进,后护盾用两边的支撑靴撑紧在岩石上,为刀盘推进提供顶推力。这样,因掘进所需要的顶推力不由已完成的衬砌环提供,使掘进与安装管片可以同时进行,加快了施工进度。伸缩护盾形式是双护盾TBM独有的技术特点,是实现软硬岩作业转换的关键。

(3)TBM施工应从以下几个方面考虑其适应性:

1)地质的适应性

掘进机对掘进通过的岩石地层最为敏感。一般的软岩、硬岩、断层破碎带,可采用不同类型的掘进机辅以必要的预加固和支护设备进行掘进,但对于大型的岩溶暗河发育的隧道、高或极高地应力隧道、软岩大变形隧道、可能发生较大规模突水涌泥的隧道等特殊不良地质隧道,不适合采用掘进机施工。在这些情况下,采用钻爆法更能发挥其机动灵活的优越性。

2)隧道长度的适应性

掘进机体积庞大,运输移动较困难,施工准备和辅助施工的配套系统较复杂,加工制造工期长,因此对于短隧道和中长隧道很难发挥其优越性。国外的实践表明,当隧道长度与直径之比大于600时,采用掘进机施工是经济的。对于一般的单线铁路隧道,开挖直径通常在10 m

左右，按此计算，大于 6 km 的隧道就可以考虑采用掘进机施工。而我国是一个劳动力资源十分丰富国家，钻爆法施工是我国的强项，采用钻爆法已成功修建了 4 000 km 以上的铁路隧道，钻爆法施工的进度仍在逐年加快。根据我国国情，一般认为，小于 10 km 的隧道难以发挥掘进机的优越性，而钻爆法则具有经济、快速的优势；对于 10～20 km 的特长隧道，可以对掘进机法和钻爆法施工进行经济技术比较，根据各隧道的特点，选择适宜的施工方法；对于大于 20 km 的特长隧道，宜优先采用掘进机法施工。

3)隧道断面的合理性

掘进机对隧道的断面大小亦有其适用性。断面直径过小，则配套系统不易布置，施工较困难；而断面过大时，又会带来电能不足、运输困难、造价过大等种种问题。一般认为，较适宜掘进机施工的隧道断面直径为 3～12 m；对于直径为 12～15 m 的隧道，应根据围岩地质情况和掘进长度、外界条件等因素综合比较；对于直径大于 15 m 的隧道，则不宜采用掘进机施工。通常认为，单线铁路隧道断面较适宜掘进机施工。

4)运输方案和施工场地的可行性

掘进机设备系统庞大，全套设备重量往往达几千吨，最大部件重量达几十吨甚至几百吨，拼装长度最长达 200 m 以上。洞外配套设施有混凝土拌和系统，管片预制厂，修理车间，各种配件、材料库，供水、电、风系统，运砟和翻砟系统，装卸调运系统，进场场区道路，掘进机的组装场地等，这些对隧道的施工场地和运输方案等都提出了很高的要求。可能有些隧道虽然长度和地质条件较适合采用掘进机施工，但运输道路难以满足要求，或者现场不具备布置掘进机施工场地的条件，而不能考虑采用掘进机施工。

除了以上几点外，掘进机施工还需要高负荷的电力保证、高素质的熟练技术人员和管理队伍、前期购买设备的经济实力等等，这些都直接影响到掘进机施工的适应性。

8.2.2 盾 构 法

盾构法是软土隧道掘进施工的一种有效方法，在城市地下铁道施工中已得到广泛应用。盾构技术近十多年来又有了飞跃发展，可适用于多种地层。盾构实质上就是软土隧道掘进机。不过，它既可能是机械开挖，也可能是人工开挖。它既是一种施工机具，又是一个强有力的临时支撑结构。在盾壳的保护下，既可进行开挖，又能进行衬砌。采用盾构施工，具有不影响地面交通、没有振动、对地面邻近建筑物危害较小等优点。

8.2.3 铣 挖 法

铣挖法是近年来兴起的一种新的施工方法，它通过采用一种叫铣挖机的设备，安装在任何类型的液压挖掘机上，高效替代挖斗、破碎锤、液压钳等通用配置，应用于隧道掘进及轮廓修整、渠道沟槽铣掘、建筑物拆除、沥青混凝土路面铣刨、岩石冻土铣挖、树根铣削等多个领域。该方法在软质岩隧道开挖中具有减少围岩扰动、控制超挖、加快施工进度等优点，为隧道开挖提供了一种崭新的施工方法，适用于多种地质条件。

铣挖法开挖作用原理是利用铣挖头即切割部上呈螺旋状安装的一定数量的锥形截齿来达到对岩石进行切割、研磨、刨挖的开挖目的，其以切割、研磨作用为主，刨挖作用为辅。从岩砟粒径分析来看，对于较完整的硬质岩石及软岩，铣挖岩砟主要以粉末状、颗粒状为主，并产生大量的粉尘，碎块状少量，块状最少，此时大部分能量消耗在将岩石研磨成颗粒及碎块状过程，因而铣挖工效大打折扣。对于脆性岩石或岩石破碎、节理裂隙发育时，刨挖作用明显，碎块、块状岩砟明显增多,铣挖工效明显增加。

8.2.4 单臂掘进机法

单臂掘进机又称为自由断面掘进机,它可以开挖任意断面形状的隧道,在软岩和小断面隧道中得到比较广泛的应用。日本在东北新干线的金田隧道中就采用了单臂掘进机施工。

8.3 爆破与机械开挖相结合的施工方法

当TBM开挖断面过大时,会带来电力不足、运输困难、造价过高等问题,不仅影响机械的使用性能,而且还会大大增加机械的制造成本。利用小断面掘进机配合钻爆法开挖的方法就能解决这个难题。

对于超大断面隧道施工,可以采用TBM导坑超前扩挖法,即在开挖主洞之前先用TBM快速掘进一个超前导坑,利用超前的导坑进行地质调查、排水、围岩改良等作业,然后用钻爆法进行扩挖的一种施工方法。超前导坑为爆破创造了更多的临空面,其施工速度比只有一个临空面的方法可提高2～3倍。TBM导坑超前扩挖法又可以分为多种形式,如单导坑法(包括上部导坑法和底部导坑法)、双导坑法等,见图8-16。

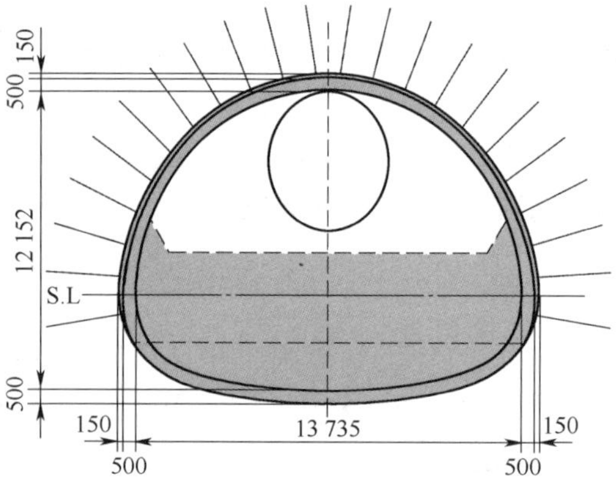

(a) 上部单导坑法

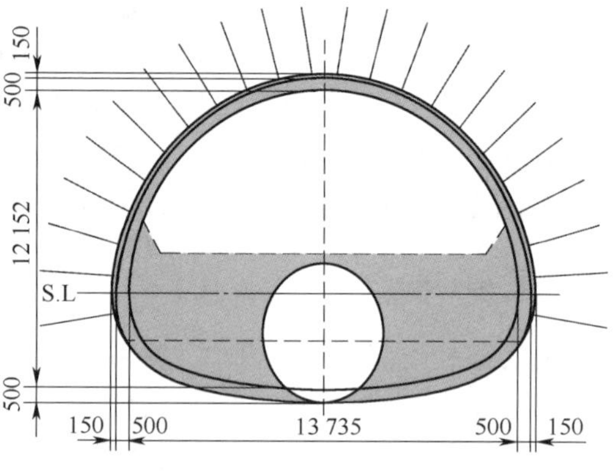

(b) 下部单导坑法

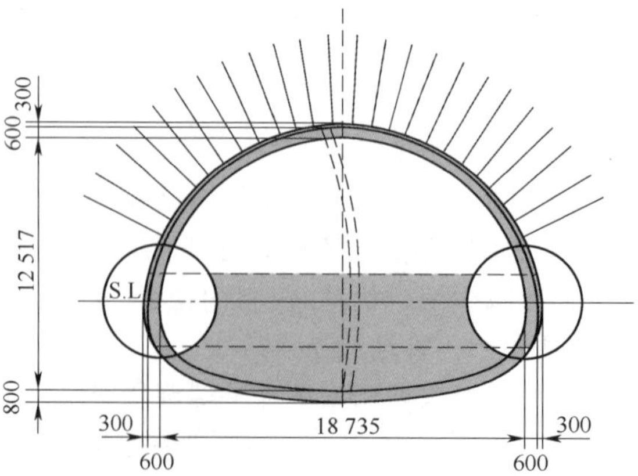

(c) 双导坑法

图8-16 TBM导坑超前扩挖法的三种形式(单位:mm)

在我国铁路隧道中，由于大部分采用单洞双线隧道，开挖断面大，采用 TBM 导坑超前扩挖法既可以充分运用我国钻爆法施工成熟的经验，又可以利用 TBM 快速掘进特点，必将成为我国铁路隧道施工的一个发展方向。

8.4　大断面隧道施工方法的选择

大断面隧道的施工方法要根据断面形状、隧道长度、工期、地质、周围环境等条件综合确定。选择施工方法时要注意以下几点：

(1)地形、地质的特殊性，如洞口段、浅埋段、易变形地段的地质状况等。

(2)是否有限制条件，如对地表沉降的限制、地基承载力不足等。

(3)必要时要与辅助工法配合。

(4)要尽量采用能避免围岩松弛的施工方法，如在泥岩或黄土中采用机械开挖。

(5)应尽量使支护及早封闭，避免多次扰动围岩；控制初期支护位移、变形。

(6)施工组织的统一协调，在同一隧道中尽量减少工法的频繁变换。

(7)尽量采用机械化施工，提高作业效率，加快施工速度。

铁路隧道施工方法的选择，关键在于要和隧道的地质条件相匹配。这就要求提供给铁路隧道设计的地质资料要齐全完整、真实可靠。要求隧道地质勘察要查明隧道通过地段的地形、地貌、地层、岩性和地质构造；岩质隧道应着重查明岩层层理、片理、节理等软弱结构面的产状、密度及组合形式，断层、褶曲的性质、产状、宽度及破碎程度；土质隧道应着重查明土的地层年代、成因类型、结构特征、物质成分、料径大小、密实度及潮湿程度；查明不良地质、特殊岩土的分布及对隧道的影响，特别是对洞口及边仰坡的影响，据此选择合适的施工方法。

在铁路隧道施工中，钻爆法仍然为主要的施工方法，其中，比较常用的方法有全断面法、台阶法、CD 法、CRD 法、双侧壁导坑法。各种方法的适用条件、沉降量、工期、防水效果、临时支护和造价特点，列于表 8-2。从工程造价和施工进度出发，施工方法选择顺序应为：全断面法→正台阶法→台阶设临时仰拱→CD 法→CRD 法→双侧壁导坑法。从施工安全考虑，施工方法选择顺序正好与此相反。

表 8-2　常用钻爆法比较

施工方法	适用条件	沉降	工期	防水效果	拆除临时支护	造价
全断面法	地层好，跨度≤8 m	一般	最短	好	无	低
正台阶法	地层较差，跨度≤12 m	一般	短	好	无	低
上台阶临时封闭正台阶法	地层差，跨度≤12 m	一般	短	好	小	低
正台阶环形开挖法	地层差，跨度≤12 m	一般	短	好	无	低
单侧壁导坑正台阶法	地层差，跨度≤14 m	较大	较短	好	小	低
CD 法	地层差，跨度≤18 m	较大	较短	好	小	偏高
CRD 法	地层差，跨度≤20 m	较小	长	较差	大	高
双侧壁导坑法(眼镜法)	小跨度，可扩成大跨	大	长	差	大	高

不管采用哪种施工方法，在不良地质条件下，都需要配合采用各种辅助工法。特别是在大断面隧道的施工中，辅助工法显得更为重要。

第9章 施工安全风险管理

隧道工程施工安全风险管理需要把传统的风险管理技术和方法引进来，同时，需要结合隧道工程技术特点，提出方便实用的风险管理技术和方法，以便指导工程实践。

9.1 施工安全风险识别

施工安全风险识别一般采用核对表法。

隧道工程核对表法，是将以往隧道工程管理中，对可能出现的风险因素或者成功的经验和失败教训进行归纳，并列成表，然后对当前隧道工程的建设环境、建设管理现状做比较，分析可能出现的风险。

矿山法隧道施工的风险因素核对表，见表9-1。

表9-1 矿山法隧道施工风险因素核对表

风险因素 \ 风险事件		塌方	瓦斯	突水(泥、石)	大变形	岩爆	其他
施工准备情况	见表9-5	★	★	★	★	★	
施工地质勘察	见表9-6	★	★	★	★	★	
开挖情况	开挖方式	★	★	★	★	★	
	循环进尺	★	★	★	★	★	
	瓦斯预抽放		★				
	爆破器材检查和落实	★	★	★	★	★	
	预留变形量				★		
	掌子面减压措施					★	
	应力释放措施					★	
	地下水处理	★	★	★			
	爆破方法	★	★	★	★	★	
	隧道超挖情况	★		★	★		
	进洞	★					
	落底	★		★			
	挑顶	★		★			
	断面变化处或工法转化处	★					
	其他						

续上表

风险因素 \ 风险事件		塌方	瓦斯	突水(泥、石)	大变形	岩爆	其他
揭煤、防突情况	资料收集情况		★				
	常规地质法情况(地质素描)		★				
	超前地质预报情况		★				
	石门开启方法		★				
	安全岩柱留设		★				
	震动或远距离爆破		★				
	瓦斯泄压与排放		★				
	注浆封闭瓦斯		★				
	其他						
通风情况	通风系统		★				
	通风设备		★				
	通风质量		★				
	其他						
施工期防排水	注浆堵水措施			★			
	排水措施			★			
	降水措施			★			
	其他						
火源控制措施	洞口火源检查		★				
	焊接切割等危险作业规章制度及执行		★				
	进洞人员禁穿化纤服装		★				
	其他						
支护及衬砌情况	支护刚度	★			★		
	超前支护	★		★	★		
	预注浆			★			
	隔离措施		★				
	气密性混凝土		★				
	施工缝沉降缝处理		★				
	地层与加固与改良	★					
	支护时机	★	★	★	★		
	支护方法	★	★	★	★		
	支护质量	★	★	★	★		
	闭合成环周期	★		★	★		
	其他						

续上表

风险因素＼风险事件		塌方	瓦斯	突水(泥、石)	大变形	岩爆	其他
防护情况	机械设备防护		★	★		★	
	人员防护		★	★		★	
	其他						
电器设备与作业机械	电缆选型		★				
	设备选型		★				
	电器与保护情况		★				
	风电闭锁		★				
	其他						
监控量测	水量			★			
	水质			★			
	水压			★			
	掌子面稳定情况	★	★	★	★		
	量测器材及布置	★	★	★	★	★	
	量测频率	★	★	★	★	★	
	规范要求监测项目	★	★	★	★	★	
	监控量测制度	★	★	★	★	★	
	信息反馈及处理	★	★	★	★	★	
	瓦斯(浓度、压力)		★				
	其他						
施工管理	见表 9-7	★	★	★	★	★	
隧道特征	见表 9-8	★	★	★	★	★	
其他							

洞口段隧道施工中应特别注意洞口周边环境和地形地质条件，避免对第三方造成人员伤亡和经济损失，其典型风险因素识别可参照洞口段风险核对表按表 9-2 进行。

表 9-2 洞口段隧道施工风险因素核对表

风险因素＼风险事件		山体开裂变形	坍塌	其他
施工准备情况	见表 9-5	★	★	
施工地质勘察	见表 9-6	★	★	
施工组织	施工顺序	★	★	
开挖情况	开挖速度	★	★	
	地下水处理	★	★	
	爆破方法	★	★	
	爆破器材检查和落实	★	★	
	弃渣堆放	★	★	
	其他			

续上表

风险因素 \ 风险事件		山体开裂变形	坍塌	其他
施工期防排水	排水措施	★	★	
	降水措施	★	★	
	其他			
支护情况	支护强度	★	★	
	支护形式	★	★	
	其他			
监控量测	量测器材及布置	★	★	
	量测频率	★	★	
	规范要求监测项目	★	★	
	监控量测制度	★	★	
	信息反馈及处理	★	★	
	其他			
施工管理	见表 9-7	★	★	
隧道特征	开挖跨度	★	★	
	开挖深度	★	★	
其他				

掘进机施工隧道典型风险因素识别核对表，见表 9-3。

表 9-3　掘进机施工隧道典型风险因素识别核对表

风险因素 \ 风险事件		设备风险	掘进风险	其他
施工准备情况	见表 9-5	★	★	
施工地质勘查	见表 9-6	★	★	
设备情况	刀头、刀盘		★	
	主轴承		★	
	液压系统		★	
	控制系统		★	
	其他			
掘进机选型	主要技术参数	★		
	适应性	★		
	可靠性	★		
	其他			
机械操作	姿态控制		★	
	止水注浆		★	
	预加固		★	
	其他			

续上表

风险因素 \ 风险事件		设备风险	掘进风险	其他
支护情况	掌子面处理		★	
	支护形式		★	
	支护时机		★	
	支护质量		★	
	管片后注浆		★	
	其他			
监控量测	速度		★	
	变形及沉降情况		★	
	线型		★	
	其他			
施工管理	见表 9-7	★	★	
隧道特征	见表 9-8	★	★	
其他				

盾构施工隧道典型风险因素识别核对表,见表 9-4。

表 9-4 盾构施工隧道典型风险因素识别核对表

风险因素 \ 风险事件		设备风险	进出洞风险	掘进风险	其他
施工准备情况	见表 9-5	★	★	★	
施工地质勘察	见表 9-6	★	★	★	
盾构选型	主要技术参数	★	★	★	
	适应性	★	★	★	
	可靠性	★	★	★	
	其他				
机械安装和吊装	人员		★		
	操作		★		
	设备		★		
	其他				
盾构进出洞	姿态控制		★		
	土层加固		★		
	洞口密封		★		
	反力支架		★		
	其他				
设备情况	刀头、刀盘		★	★	
	主轴承		★	★	
	前仓防水		★	★	

续上表

风险因素＼风险事件		设备风险	进出洞风险	掘进风险	其他
设备情况	平衡系统		★	★	
	密封系统		★	★	
	液压系统		★	★	
	控制系统		★	★	
	其他				
操作	姿态控制		★	★	
	盾构机施工参数		★	★	
	注浆		★	★	
	其他				
近接辅助措施	既有建构筑物保护措施		★	★	
	盾构隧道内辅助措施		★	★	
	中间地层辅助措施		★	★	
监控量测	压力		★	★	
	管片		★	★	
	设备		★	★	
	构(建)筑物变形		★	★	
	其他				
施工管理	见表 9-7	★	★	★	
隧道特征	见表 9-8	★	★	★	
其他					

矿山法、盾构法、掘进机法施工及洞口段施工风险因素核对表中的施工准备情况、施工地质勘察、施工管理、隧道特征风险因素见表 9-5～表 9-8。

表 9-5　施工准备情况风险因素核对表

风险因素	核对内容	风险因素	核对内容
施工准备情况	气象调查	施工准备情况	实施性施工组织设计
	与施工有关法令调查		其他
	设计文件的核对情况		

表 9-6　施工地质勘察风险因素核对表

风险因素	核对内容	风险因素	核对内容
施工地质勘察	资料收集情况	施工地质勘察	超前地质预报情况
	常规地质法情况(地质素描)		其他

表 9-7 施工管理风险因素核对表

风险因素	核 对 内 容	风险因素	核 对 内 容
施工管理	培训情况	施工管理	机械装备程度
	检测情况		施工质量
	应急预案情况		施工经验辅助工法的掌握与应用
	人员管理情况		监理情况
	施工队伍状况		其他

表 9-8 隧道特征风险因素核对表

风险因素	核 对 内 容	风险因素	核 对 内 容
隧道特征	埋深	隧道特征	坡度
	断面大小		辅助坑道
	长度		其他

其他类风险核对表见表 9-9，隧道典型工序和不同施工部位施工作业风险因素核对表分别见表 9-10～表 9-24。

表 9-9 其他风险因素核对表

风险因素	核 对 内 容	风险因素	核 对 内 容
交通事故	司机	用电事故	用电管理
	运输设备		其他
	交通管理	火灾事故	火源及传播途径
	道路状况		消防教育
	通风照明情况		消防措施
	洞外天气		消防器材
	其他		人员管理
用电事故	用电设计		其他
	施工组织	其他	
	设备状况		

表 9-10 洞口工程施工作业风险因素核对表

序号	风 险 因 素
1	对边、仰坡坍塌、地表下沉、地基承载力不足、工作面崩塌、偏压、滑坡等情况未及时处理或加强防护
2	洞口各项工程与洞口相邻工程、临时工程的统筹安排不当
3	土石方开挖违反作业顺序要求
4	施工机具失稳及安全性能缺失、下降
5	高处作业台(支)架失稳、安全防护失效
6	爆破方式方法不当、防护措施不足、违规处理火工产品

表 9-11　辅助坑道施工作业风险因素核对表

序号	风 险 因 素
1	斜井、竖井与正洞连接处的专项施工技术方案不合理
2	富水长大斜井，竖井的抽排水专项技术方案不合理、抽排水设备配置不足
3	斜井无轨运输道路坡度过大、运输车辆超速、超载、超限
4	斜井有轨运输轨道养护不到位、调度指挥不当、运输车辆超速、超载、超限
5	竖井提升系统倍号和制动失灵、调度指挥不当、运行过程中发生机械故障等

表 9-12　超前地质预报作业风险因素核对表

序号	风 险 因 素	序号	风 险 因 素
1	工作面坍塌	3	高处作业台(支)架失稳、安全防护失效
2	找顶不彻底	4	突泥、突水

表 9-13　隧道洞身开挖施工风险因素核对表

序号	风 险 因 素	序号	风 险 因 素
1	开挖方法选择不当	4	开挖作业台架防护措施不到位
2	开挖循环进尺过大，支护不及时	5	爆破作业时无安全防护，爆破作业违章操作
3	找顶不彻底		

表 9-14　隧道内装渣与卸渣作业风险因素核对表

序号	风 险 因 素	序号	风 险 因 素
1	围岩失稳坍塌	4	作业区域机械、车辆对人的伤害
2	洞内照明光照度不足	5	卸渣车辆溜车、倾翻、挂碰
3	找顶不彻底	6	粉尘及有害气体含量超标

表 9-15　隧道内运输作业风险因素核对表

序号	风 险 因 素	序号	风 险 因 素
1	运输计划制订不当，车辆管理混乱	5	运输线路不按规定设置和养护
2	隧道运输最小行车限界不能满足，或临时设施、支撑侵入限界	6	车辆装载不合理，超限、超载、偏载、捆扎不牢，人货混装
3	警示标志、联络信号设置不当、或有缺陷	7	车辆运行时发生碰撞、擦刷、挤压等车辆伤害事故
4	进出洞人员不走人行道，不遵守有关安全规定	8	载人列车缺乏安全保证措施，车未停稳上、下人员

表 9-16　隧道支护与加固作业风险因素核对表

序号	风 险 因 素	序号	风 险 因 素
1	临时用电不符合要求、工作面光照度不足	4	高空作业台(支)架失稳、安全防护失效
2	找顶不彻底	5	施工机具失稳及安全性能缺失，下降
3	围岩变形超限失稳、上一循环支护强度不足、工作面坍塌		

表 9-17 隧道衬砌作业风险因素核对表

序号	风险因素	序号	风险因素
1	临时用电不符合要求、工作面光照度不足	4	施工机具安全性能缺失或下降
2	衬砌时机选择不当、与开挖工作面距离过长	5	电线短路,防水板施工引发的火灾及有毒、有害气体
3	离处作业台(支)架失稳、安全防护失效		

表 9-18 隧道监控量测作业风险因素核对表

序号	风险因素
1	监控量测方案不合理,元器件损坏,采集数据失真
2	监控量测工作面未找顶、支护不及时,照明光照度不足
3	作业平台防护不到位、个人防护用品未按规定佩戴
4	富水和岩溶隧道安装量测仪器或钻孔作业时,出现突水、突泥等异常情况
5	施工安全性评价等级不准

表 9-19 隧道施工排水作业风险因素核对表

序号	风险因素	序号	风险因素
1	富水软弱围岩、岩溶隧道突水、突泥	4	洞口地表水渗漏及冲刷边仰坡
2	排水设备不足或损坏、排水能力不够	5	有水地段电缆线破损漏电
3	膨胀岩、土质地层、围岩松软地段,施工用水浸泡地基	6	施工排出的水质不符合标准,污染环境

表 9-20 隧道施工通风与防尘作业风险因素核对表

序号	风险因素	序号	风险因素
1	供风量不足,通风不畅	3	粉尘超标
2	隧道内一氧化碳、二氧化碳、瓦斯等有毒有害气体超标	4	通风系统破坏

表 9-21 隧道施工供风作业风险因素核对表

序号	风险因素	序号	风险因素
1	空压机附件失效	2	供风管管材不合格,供风管使用中有破损,漏风

表 9-22 隧道施工供水作业风险因素核对表

序号	风险因素	序号	风险因素
1	水质不符合标准	3	抽水机电机绝缘失效、电缆线漏电
2	蓄水池不牢固、无防护棚和防护栏或损坏	4	供水管道有裂纹或闸阀失效

表 9-23 隧道施工供电作业风险因素核对表

序号	风险因素	序号	风险因素
1	作业地段照明未使用安全电压、隧道施工照明不足	3	电缆线破损或线头裸露
2	高压输电线路距人行道安全距离不够	4	电工作业人员防护不当

表 9-24　不良地质和特殊岩土隧道施工风险因素核对表

序号	风　险　因　素
1	专项施工技术方案不合理、开挖方法选择不当
2	超前地质预测、预报工作不到位，分析判断不准确
3	初期支护施作不及时、支护强度不足
4	量测数据失真，信息反馈不及时
5	瓦斯隧道施工机械设备、检测仪器未按规定配备，瓦斯浓度检测工作不到位，通风效果差

9.2　施工安全风险评估

施工安全风险评估一般采用检查表法。

安全检查表是进行安全检查，发现潜在危险的一种实用而简单可行的安全评估分析方法，可适用于项目建设、运行过程的各个阶段。安全检查表可以评估物质、设备和工艺，可用于专门设计的评估，也可用在新工艺(装置)的早期开发阶段，判定和估测危险，还可以对已经运行多年的在役装置的危险进行检查。在安全评估中，安全检查表常用于安全验收评估、安全现状评估、专项安全评估，而很少推荐用于安全预评估(有时预评估在企业选址、平面布局评估分析中可以使用安全检查表)。

隧道打分综合检查的检查表实例见表 9-25，隧道分工序检查表实例见表 9-26～表 9-45，其中表 9-45 为典型格式，限于篇幅，其余采用简略格式表达。隧道相关作业检查表实例见表 9-46～表 9-61。

表 9-25　隧道施工安全综合检查表实例

项目序号	检查项目及评分标准	标准分 100 分		
		基本分	扣分	得分
1	未在隧道口设置值班室，有值班室无专人值班，有专人值班无值班记录或记录不全，每处扣 5 分；在隧道口未悬挂安全标识(当心车辆、小心触电、当心瓦斯、当心坑洞、戴安全帽、禁带烟火、注意安全、限速牌、防坠落、防坠物等)，每项扣 2 分	7		
2	在隧道口附近适当处所，未按照应急预案配备应急物资储备库，库中未备有足够的支撑材料、防火、防水、防毒器材和各种适用工具，每项扣 5 分	6		
3	开挖钻眼人员到达工作面前，未有专人检查支撑，顶板及两侧不牢固、未处于安全状态、无检查记录，每处扣 5 分；记录不全，每次扣 2 分。在照明不足，工作面岩石破碎未及时支护、无关人员和机具设备未撤离即开始装炮；有爆破后未经通风排烟或相隔时间少于 15 min；未经专人检查有无瞎炮及残余炸药、雷管，工人即进入作业面；炸药和雷管没有执行分开运送；将炸药雷管存放在洞内或辅助导坑内，每项扣 3 分；爆破工在炸药加工房以外地点进行炸药加工；爆破作业人员穿着化纤服装；爆破工作业时未带手电筒进洞，每项扣 2 分	7		
4	洞内运输有(有轨、无轨)人料混装、扒车、追车情况，每次扣 2 分；2 km 以上的长隧道，工人上下班无专门载人的车辆，洞内运输线路没有专人养护、维修，洞内未设限速牌，每处扣 2 分	3		
5	未设专人对各部支护进行定期检查、及时修整加固，已锚固区段围岩有较大变形、松动，或锚杆失效未立即采取措施，每处扣 2 分	5		

续上表

项目序号	检查项目及评分标准	标准分 100 分		
		基本分	扣分	得分
6	收敛量测点未按照设计要求和有关规定设置,未定时量测,记录不真实、不齐全,每处扣 2 分;洞内检修、搬迁电气设备时未切断电源,未悬挂“有人工作,不准送电”警告牌,每处扣 2 分	6		
7	设有斜井、竖井的隧道及隧道施工主要设备房屋(主通风机、竖井提升人员的绞车等),未设置两路电源供电,每处扣 2 分。洞内移动照明灯具未安装防护罩,使用简易碘钨灯,洞内固定灯具超过 100 W 未使用防水瓷灯头,每处扣 2 分	6		
8	各种作业台车上作业平台未设封闭式栏杆,每处扣 2 分;各种作业台车未安装应急灯、未设有限界警示牌、警示灯,防高处坠落、防物体打击警示牌、消防设备,每处扣 2 分	5		
9	隧道工程未配备有害气体检测设备,未设专人使用,检测方法不正确,检测记录无人签字等,每项扣 2 分	3		
10	洞内未安装应急灯,洞内外无可靠通信设备,洞内及各种台车未使用安全电压照明,每处扣 2 分。洞内无自动检测报警装置;每项扣 2 分	10		
11	在不良地质和特殊(软弱、破碎、溶洞、断层、突泥、突水等)地质的隧道施工,施工前未采取超前钻孔、地质雷达等探明地质情况,未采取预防对策和制定处理突发性大量涌水、瓦斯爆炸、突泥、突水等有效措施,每处扣 2 分	10		
12	超前水平钻孔的布置深度未经项目经理、总工程师、安质部长签字;洞内未配置人员逃生设备;每项扣 2 分	5		
13	项目部没有“瓦斯隧道施工管理办法”及上级有关隧道施工专项检查的规定,未按规定实施,每项扣 2 分	2		
14	低瓦斯隧道(瓦斯涌出量小于 0.5 m^3/min)施工前未采取超前钻孔,未采取预防对策和制定处理突发性瓦斯爆炸有效措施,开工前未对施工作业及管理人员进行安全技术培训,爆破、电工、瓦检等特种作业人员未持证上岗,没有经过演练,瓦斯隧道未建立专门机构进行通风、防突、防爆及瓦斯检测工作,未配备复核式瓦斯检测仪,没有专人使用、检测的方式不正确、记录签字不齐全,在洞内距掌子面附近未安装自动检测报警装置,洞内存放各种油类、废油等易燃、易爆物品,每项扣 2 分;对进出洞人员未进行火源、个人自救器、静电服装的检查登记,进洞、洞口、洞口房、通风机房附近 20 m 范围内有火源,在洞内未安装防暴型应急灯,已衬砌地段及开挖工作面附近的固定照明灯具、未使用 EXd Ⅱ 型防爆照明灯,移动照明未使用矿灯,洞内通风不满足要求,洞内钻孔、装药、爆破等不符合低瓦斯隧道施工规范要求,未按要求做每项扣 2 分;隧道内每立方米空气中含有 10%以上的游离二氧化硅的粉尘浓度大于 2 mg 的,一氧化碳浓度大于 30 mg/m^3的,二氧化碳大于 0.5%的,每项扣 2 分	10		
15	一般情况下仰拱距下台掌子面的距离:Ⅴ、Ⅵ级围岩不大于 20 m,Ⅵ、Ⅴ级围岩不大于 30 m,Ⅱ、Ⅲ级围岩不大于 50 m;一般情况下二次衬砌混凝土距下台掌子面的距离:Ⅴ、Ⅵ级围岩不大于 40 m,Ⅵ、Ⅴ级围岩不大于 100 m,Ⅱ、Ⅲ级围岩不大于 200 m;当隧道独头掘进大于 150 m 时,必须采用机械通风,未按要求做,每处扣 2 分	10		
16	隧道内排水、通风畅通,地面无泥水,未达到要求,每项扣 2 分	5		
项目小计		100		

表 9-26　隧道洞口开挖与防护施工安全检查表

检查项目	检查主要内容及要求
施工方案及技术交底	是否有施工方案并对施工人员进行技术交底；技术交底中是否有安全交底，安全交底是否有针对性；技术交底是否有交接双方签名；现场是否按照施工方案和技术交底施工
机具设备	空压机储气罐是否定期进行检验；是否有设备使用安全操作规程；装载机、挖掘机、自卸车等设备状况是否良好
作业人员	特种作业人员是否持证上岗；施工人员是否已接受上岗培训，让其回答本项工作中需注意安全事项和质量控制要点；施工人员是否按规定穿戴防护用品
施工作业	洞口段施工应避开雨季及严寒季节；边、仰坡开挖前是否已完成了洞口排水系统，洞口截水沟位置是否合理，其截水效果是否良好；洞口土石方宜采用浅孔小台阶爆破，严禁采用洞室爆破，洞口的爆破作业，是否会影响周边房屋及其他构筑物的稳定；是否按设计要求对边、仰坡进行了支护，边仰坡是否稳定，是否对松动石头及时进行了清除；进洞前的超前支护是否已按交底做到位；洞口地表是否按要求进行了地表监控量测工作；隧道支护钢架、衬砌台车是否已进行准备；现场爆破防护、替戒情况，现场用电情况；火工品的领用、押运、使用、退库工作是否符合火工品管理办法；作业区环保、水保情况
其他	施工作业区是否树立警示牌和设置必要的安全防护装备；施工现场是否存在其他安全隐患

表 9-27　隧道明洞衬砌施工安全检查表

检查项目	检查主要内容及要求
施工方案及技术交底	是否有施工方案并对施工人员进行技术交底；技术交底中是否有安全交底，安全交底是否有针对性，技术交底是否有交接双方签名；现场是否按照施工方案和技术交底施工
机具设备	衬砌台车或模板支架是否经过检查验收，有无检查验收记录；搅拌站、混凝土输送泵、装载机、吊车等设备是否有使用安全操作规程；各种机具设备状态是否良好
作业人员	特种作业人员是否持证上岗；施工人员是否已接受上岗培训，让其回答本项工作中需注意的安全事项和质量控制要点；施工人员是否按规定穿戴防护用品
施工作业	工作平台是否牢固，周边是否设置防护栏杆，梯子安装是否牢固并防滑，工作平台是否满铺底板，是否有钉子外露或尖角突出；施工用电线路布设是否规范，台车或支架工作平台是否采用低压照明，配电箱、漏电保护器安装是否符合安全规定；吊装作业是否有专人防护、指挥；高空作业是否系安全带，安全带是否固定于牢固的物件上；台车或支架下是否有足够的施工净空满足进洞机械车辆通行，作业区是否设置明显的限界及缓行标志；模型加固完后是否经过检收；混凝土浇筑过程中是否已安排专人对模型及支撑结构进行检查；衬砌拆模强度应达到设计强度的 70%以上；氧气瓶、乙炔瓶的距离是否符合要求；乙炔瓶距明火距离是否符合规定
其他	施工区是否树立警示牌和设置必要的安全防护装置，施工现场是否存在其他安全隐患

表 9-28　隧道洞门混凝土浇筑施工安全检查表

检查项目	检查主要内容及要求
施工方案及技术交底	是否有施工方案并对施工人员进行技术交底；技术交底中是否有安全交底，安全交底是否有针对性，技术交底是否有交接双方签名；现场是否按照施工方案和技术交底施工
机具设备	模板支架是否经过检查验收，有无检查验收记录；搅拌站、混凝土输送泵、装载机、吊车等是否有设备使用操作规程；各种机具设备状态是否良好
施工人员	特种作业人员是否持证上岗；施工人员是否已接受上岗培训，让其回答本项工作中需注意安全事项和质量控制要点；施工人员是否按规定穿戴防护用品

续上表

检查项目	检查主要内容及要求
施工作业	工作平台是否牢固,周边是否设置防护栏杆,跳板、梯子安装是否牢固并防滑;工作平台是否满铺底板;是否有钉子外露或尖角突出;施工用电线路布设是否规范,模板支架工作平台是否采用低压照明,配电箱、漏电保护器安装是否符合安全规定;浇筑平台或脚手架是否搭设牢固,吊装作业是否有专人防护、指挥;高空高处作业是否系安全带,安全带是否固定于牢固的物件上;支架下部是否有足够的施工净空,作业点是否设置明显的限界及缓行警示标志;洞门是否设置泄水孔,洞门与衬砌之间是否按设计进行了接茬;混凝土浇筑过程中是否已安排专人对模型进行检查;氧气瓶,乙炔瓶的距离是否符合要求;乙炔瓶距明火距离是否符合规定
其他	施工区是否树立警示牌和设置必要的安全防护装置;施工现场是否存在其他安全隐患

表 9-29 隧道超前地质预报施工安全检查表

检查项目	检查主要内容及要求
预报方案及技术交底	是否制定超前地质预报方案,是否经过上级技术部门的审批;超前地质预报技术交底中是否有安全交底,安全交底是否有针对性,技术交底是否有交接双方签名;现场预报方式是否与审批的预报方法相符
机具设备	根据审批的预报方案,预报设备是否配置齐全;仪器设备是否定期进行了周期鉴定,是否满足预报要求
施工人员	特种作业人员是否持证上岗;施工人员是否已接受上岗培训,让其回答本项工作中需注意安全事项和质量控制要点;施工人员是否按规定穿戴防护用品
施工作业	是否对超前地质预报手段所获得的资料进行综合分析与判断,并编制地质综合分析成果报告;是否根据地质综合分析报告制定针对性施工方案并进行技术交底;施工过程中是否对实际开挖的地质情况与预报结果进行对比分析;预报作业时,现场人员和设备是否采用了安全防护措施
其他	施工作业区是否树立警示牌和设置必要的安全防护装置;施工现场是否存在其他安全隐患

表 9-30 隧道超前小导管施工安全检查表

检查项目	检查主要内容及要求
技术交底	是否对施工人员进行技术交底;技术交底中是否有安全交底,安全交底是否有针对性,技术交底是否有交接双方签名;现场是否按照技术交底施工
机具设备	作业台架是否稳固;电焊机、注浆机、压力表等仪器设备状态是否良好
施工人员	特种作业人员足否持证上岗;施工人员是否已接受上岗培训,让其回答本项工作中需注意安全事项和质量控制要点;施工人员是否按规定穿戴防护用品
施工作业	作业台架是否牢固,周边是否设置防护栏杆,跳板、梯子安装是否牢固并防滑,工作平台是否满铺底板,是否有钉子外露或尖角突出;施工用电线路布设是否规范,台架工作平台是否采用低压照明,配电箱、漏电保护器安装是否符合安全规定,小导管直径、壁厚、长度、间距、角度、搭接长度是否符合设计要求,小导管与刚架连接是否牢固,是否按设计要求进行了注浆;掌子面和拱部稳定情况,应仔细检查掌子面及周边有无安全隐患,岩面有无松动危石;作业人员是否在已支护的安全位置作业;钻机使用的高压风、高压水的各连接部件是否安设牢固,并经常检查,防止脱落、爆裂伤人
其他	施工作业区是否树立警示牌和设置必要的安全防护装置;施工现场是否存在其他安全隐患

表 9-31　隧道超前管棚施工安全检查表

检查项目	检查主要内容及要求
施工方案及技术交底	是否有施工方案并对施工人员进行技术交底;技术交底中是否有安全交底,安全交底是否有针对性;技术交底是否有交接双方签名;现场是否按照施工方案和技术交底施工
机具设备	钻孔作业台架是否稳固;管棚钻机、空压机、注浆机状态是否良好
施工人员	特种作业人员是否持证上岗;施工人员是否已接受上岗培训,让其回答本项工作中需注意安全事项和质量控制要点;施工人员是否按规定穿戴防护用品
施工作业	掌子面稳定情况检查,如有异常是否对其进行了处理;工作平台是否牢固,周边是否设置防护栏杆,跳板,梯子安装是否牢固并防滑,工作平台是否满铺底板,是否有钉子外露或尖角突出;在洞内施工管棚时,是否按要求设置管棚工作室,管棚工作室内亮度是否满足施工要求;管棚导向墙基础是否稳定。钻机作业平台是否牢固;管棚节间用丝扣相连,套丝长度是否满足要求;管棚钻进时,要做好钻进记录,根据钻孔揭示的围岩情况,制定针对性施工方案;管棚钻机使用的高压风、高压水及油管的各连接部件;是否安设牢固,并经常检查,防止脱落、爆裂伤人;现场用电情况
其他	施工作业区是否树立警示牌和设置必要的安全防护装置;施工现场是否存在其他安全隐患

表 9-32　隧道全断面开挖施工安全检查表

检查项目	检查主要内容及要求
施工方案及技术交底	是否有施工方案并对施工人员进行技术交底;技术交底中是否有安全交底,安全交底是否有针对性。技术交底是否有交接双方签名;现场是否按照作业指导书和技术交底施工
机具设备	空压机储气罐是否定期进行了检验;是否有安全作业操作规程。机具设备等机具设备状态是否良好
施工人员	特种作业人员是否持证上岗,尤其是现场爆破员、押运员、安全员;施工人员是否已接受上岗培训,让其回答本项工作中需注意安全事项和质量控制要点;施工人员是否按规定穿戴防护用品
施工作业	钻孔台架是否稳固;工作平台周边是否设置防护栏杆,工作平台是否铺满钢筋网片;台架用电线路布设是否规范;钻孔作业前是否进行了排险;是否有危石;洞内爆破作业必须统一指挥,并由经过专业培训且持有爆破作业合格证的专职爆破工担任;人员撤离至安全距离,独头巷道不小于 200 m;相邻的平行导坑、横通道及横洞间不少于 50 m;全断面开挖量大,爆破引起震动较大,采用多段别微差起爆应严格控制同段别最大装药量,按钻爆设计要求控制炮眼间距、深度和角度,钻眼完毕,按炮眼布置图进行检查并做好记录,对不符合要求的炮眼应重钻,经检查合格后方可装药;爆破后出现瞎炮时由原装药人员处理;每循环爆破后及时找顶,初期支护施作前应按要求进行地质素描;是否及时支护;全断面开挖原则上应每循环开挖后及时支护,如围岩完整性较好,可两循环支护一次;火工品的领用、押运、使用、退库工作是否符合火工品管理办法规定;衬砌仰拱距掌子面距离是否符合要求
其他	施工作业区是否树立警示牌和设置必要的安全防护装置设施;现场是否存在其他安全隐患

表 9-33　隧道台阶法开挖施工安全检查表

检查项目	检查主要内容及要求
施工方案及技术交底情况	是否有施工方案并对施工人员进行技术文底:技术交底中是否有安全交底,安全交底是否有针对性;技术交底是否有交接双方签名;现场是否按照作业指导书和技术交底施工
机具设备	空压机储气罐是否定期进行检验;是否有安全作业操作规程,机具设备等状态是否良好
施工人员	特种作业人员是否持证上岗,尤其是现场爆破员、押运员、安全员;施工人员是否已接受上岗培训,让其回答本项工作中需注意安全事项和质量控制要点,施工人员是否按规定穿戴防护用品

续上表

检查项目	检查主要内容及要求
施工作业	钻孔台架是否稳固,工作平台周边是否设置防护栏杆,工作平台是否铺满钢筋网片;台架用电线路布设是否规范,开挖台架是否采用36V安全电压照明,配电箱、漏电保护器安装是否符合安全规定;钻孔作业前是否进行了排险;是否有危石;洞内爆破作业必须统一指挥;并由经过专业培训且持有爆破作业合格证的专职爆破工担任,人员撤离安全距离,独头巷道不小于200 m;相邻的平行导坑、横通道及横洞间不少于50 m;当围岩自稳能力好,隧道开挖跨度不大时,为方便作业,台阶长度宜控制在10～50 m以内;围岩稳定性较差时,台阶长度宜控制在3～10 m;是否及时支护;台阶法开挖原则上应每循环开挖后及时支护,如围岩较好,可两循环支护一次;衬砌仰拱距离掌子面距离是否符合要求;火工品的领用、押运、使用、退库工作是否符合火工品管理办法
其他	施工作业区是否树立警示牌和设置必要的安全防护装置;施工现场是否存在其他安全隐患

表9-34　隧道钻爆开挖施工安全检查表

检查项目	检查主要内容及要求
施工方案及技术交底情况	是否有施工方案并对施工人员进行技术交底;技术交底中是否有安全交底,安全交底是否有针对性,技术交底是否有交接双方签名;现场是否按照作业指导书和技术交底施工
机具设备	空压机储气罐是否定期进行检验;是否有安全作业操作规程,机具设备等状态是否良好
施工人员	特种作业人员是否持证上岗,尤其是现场爆破员、押运员、安全员;施工人员是否已接受上岗培训;让其回答本项工作中需注意安全事项和质量控制要点;施工人员是否按规定穿戴防护用品
施工作业	钻孔台架是否稳固,工作平台周边是否设置防护栏杆,工作平台是否铺满钢筋网片;台架用电线路布设是否规范。开挖台架是否采用36 V安全电压照明;配电箱、漏电保护器安装是否符合安全规定;钻孔作业前是否进行了排险,是否有危石;洞内爆破作业必须统一指挥,并由经过专业培训且持有爆破作业合格证的专职爆破工担任,人员撤离安全距离,独头巷道不小于200 m;相邻的平行导坑、横通道及横洞间不少于50 m;装药结构、起爆顺序是否按照技术交底要求施工,爆破有专人指挥防护,放炮员接到起爆命令后,必须先发出爆破警号,至少等5 s方可起爆;爆破后,必须通过通风排烟,15 min以后检查人员方可进入工作面检查;爆破后要进行找顶作业,现场出现的瞎炮是否按交底要求处理,有无在残眼中继续钻孔现象;火工品的领用、押运、使用、退库工作是否符合火工品管理办法
其他	施工作业区是否树立警示牌和设置必要的安全防护装置;施工现场是否存在其他安全隐患

表9-35　火工品管理控制要素卡片

检查项目	检查主要内容及要求
制度管理	是否建立健全安全规章制度;雷管、炸药,记录台账是否及时齐全;现场是否按照《爆破安全规程》操作
库房管理	火工品库房周围有无明显的安全标识;避雷针安放位置、数量是否满足安全要求,是否经过气象部门鉴定合格,准予使用;消防器材是否满足安全要求,是否定期或不定期检查,是否有设备使用操作规程;库房设置是否符合安全要求,监控设备是否安装,是否符合当地有关易爆物品管理的要求
人员管理	库管员、押运员、爆破员、安全防护员是否持证上岗;人员配置是否满足安全管理要求;火工品管理人员是否接受过安全培训,让其回答本项工作中需注意安全事项;施工人员是否按规定穿戴防护用品;库管员、押运员必须是企业内部职工
施工作业	是否执行火工品入库、发放、退库登记制度;账物是否相符;是否执行火工品的领用审批制度,领用、使用、退库是否全过程押运、监管;雷管与炸药是否分开运送,电雷管是否装在绝缘箱内运送;库房是否配置防盗门,是否实行双人双锁;入库人员是否实行安全检查制度;库存数量是否有超过库容量现象
其他	爆品在购买和运输中要满足《爆破安全规程》规定

表 9-36　隧道喷射混凝土施工安全检查表

检查项目	检查主要内容及要求
技术交底情况	施工人员是否有技术交底;技术交底中是否有安全交底,安全交底是否有针对性,技术交底是否有交接双方签名;现场是否按照施工方案和技术交底施工
机具设备	空压机压力容器的周期检定标识;搅拌站、喷射机、自卸车是否有设备使用操作规程;是否进行定期的检查;风、水、输料管是否通畅,有无专人进行检查
施工人员	特种作业人员是否持证上岗;施工人员是否已接受上岗培训,让其回答本项工作中需注意安全事项和质量控制要点,施工人员是否按规定穿戴防护用品
施工作业	工作平台周边是否设置防护栏杆,工作平台是否铺满钢筋网片;喷射机要放在已支护安全地段,喷射手所处位置是否安全;喷射前应仔细检查喷射面,是否有松动土(石)块未及时处理;在有水地段进行喷射混凝土时,对渗漏水是否已先进行处理;采用钢筋网喷射混凝土时,钢筋网与锚杆或其他固定装置连接是否牢固,检查输料管、出料仓管有无磨薄;击穿及连接不牢现象,如有应及时处理,当处理喷嘴堵塞时,需防止喷射物伤人;施工期间,是否对支护的工作状态进行定期和不定期的检查,在不良地质地段是否有专人每班检查,当发现支护变形或损坏时,是否立即进行了加固处理
其他	施工作业区是否树立警示牌和设置必要的安全防护装置;施工现场是否存在其他安全隐患

表 9-37　锚杆施工安全检查表

检查项目	检查主要内容及要求
技术交底情况	施工人员是否有技术交底,技术交底内容是否齐全;技术交底中是否有安全交底,安全交底是否有针对性,技术交底是否有交接双方签名;现场是否按照技术交底施工
机具设备	机具设备状态是否良好
作业人员	特种作业人员是否持证上岗;施工人员是否已接受上岗培训,让其回答本项工作中需注意安全事项和质量控制要点;施工人员是否按规定穿戴防护用品
施工作业	工作平台周边是否设置防护栏杆,工作平台是否铺满钢筋网片;锚杆施工前是否已进行初喷作业;打设锚杆时是否对围岩面进行了清危和处理;锚杆钻孔前是否根据设计要求定出孔位,做出标记,孔距误差是否符合规范要求;钻孔后检查钻孔方向、深度、锚杆直径和锚杆的插入深度是否符合设计和规范要求;锚杆注浆是否符合设计要求;锚杆的安装作业是否及时进行,是否按设计要求加设锚垫板,垫板是否与喷层面紧贴;锚杆安装完毕以后对其进行抽样检查;锁脚锚杆施作是否满足设计要求
其他	施工作业区是否树立警示牌和设置必要的安全防护装置;施工现场是否存在其他安全隐患

表 9-38　钢架安装安全检查表

检查项目	检查主要内容及要求
技术交底情况	施工人员是否有技术交底,技术交底内容是否齐全;技术交底中是否有安全交底,安全交底是否有针对性,技术交底是否有交接双方签名;现场是否按照技术交底施工
机具设备	机具设备状态是否良好
作业人员	特种作业人员是否持证上岗;施工人员是否已接受上岗培训,让其回答本项工作中需注意安全事项和质量控制要点;施工人员是否按规定穿戴防护用品

续上表

检查项目	检查主要内容及要求
施工作业	钢架加工后,是否进行了试拼,是否进行了检查验收;钢架安装前,是否进行了初喷;安装地段围岩是否稳定;安装前是否清除了底脚下的虚渣和其他杂物;安装时底脚是否支撑在坚实的基础上;钢架之间螺栓是否拧紧,连接板之间是否存在空隙,当存在较大空隙时是否进行了处理;沿钢架外缘之间是否用楔子楔紧,钢架与围岩的间隙是否采用喷射混凝土喷填密实;相邻两榀钢架间是否按设计要求连接牢固,安装符合设计要求;钢架间距是否符合设计和规范要求;锁脚锚杆施作是否满足设计要求
其他	施工现场是否存在其他安全隐患

表 9-39 监控量测安全检查表

检查项目	检查主要内容及要求
监控量测方案及实施	监控量测方案是否经过审批;量测项目是否符合规范要求和现场实际;量测方法是否规范
量测仪器	量测仪器是否齐全;量测仪器的精度、性能是否满足要求;量测仪器的鉴定、保养是否满足要求
人员组织	量测人员否经过培训;人员责任是否明确
测点布设和量测频率	测点是否牢固可靠,是否标识并进行妥善保护;测点布设部位围岩是否牢固,是否有松动现象;测点布设的间距和数量是否符合设计和规范的要求;测点的布设是否及时合理;量测频率是否符合设计规范要求
数据处理	数据处理是否及时、准确,并反馈指导现场施工,绘制时态曲线,并进行回归分析,预测可能出现的最大位移值;根据量测结果进行隧道稳定性综合判别;每日量测结果是否及时反馈至项目经理和总工,当量测出现异常时,是否及时召开会议,分析原因,商定加固处理方案
其他	导线点的埋设是否稳固可靠,量测时是否采用了必要的安全防护措施

表 9-40 仰拱施工安全检查表

检查项目	检查主要内容及要求
技术交底情况	施工人员是否有技术交底,技术交底内容是否齐全,技术交底中是否有安全交底;安全交底是否有针对性,技术交底是否有交接双方签名;现场是否按照技术交底施工
作业人员	特种作业人员是否持证上岗;施工人员是否已接受上岗培训,让其回答本项工作中需注意安全事项和质量控制要点;施工人员是否按规定穿戴防护用品
机具设备	是否有设备使用安全操作规程;各种机具设备状态是否良好
施工作业	仰拱距开挖掌子面距离是否超出安全管理规定;一般情况下仰拱距上台阶掌子面的距离:Ⅴ、Ⅵ级围岩不大于 40 m;Ⅵ级围岩不大于 50 m;Ⅲ级围岩不大于 90 m;Ⅰ、Ⅱ级围岩不大于 120 m;特殊情况除外;仰拱开挖长度,一般情况下:Ⅵ、Ⅴ级围岩不大于 6 m;Ⅱ、Ⅲ级围岩不大于 12 m;仰拱便桥要进行设计,检算、交底,便桥每端搭放长度不小于 1.5 m;仰拱欠挖宜采用浅孔小爆破施工,要注意做好现场警戒及防护工作;仰拱爆破作业要注意对风筒及风水管的防护;仰拱应及时施作,使支护及早闭合成环;现场用电情况是否有使用不合格灯具情况;火工品的领用、押运、使用、退库工作是否符合火工品管理办法
其他	施工作业区是否树立警示牌和设置必要的安全防护装置;施工现场是否存在其他安全隐患

表 9-41　二衬钢筋安全检查表

检查项目	检查主要内容及要求
技术交底情况	施工人员是否有技术交底，技术交底内容是否齐全；技术交底中是否有安全交底，安全交底是否有针对性，技术交底是否有交接双方签名；现场是否按照技术交底施工
作业人员	特种作业人员是否持证上岗；施工人员是否已接受上岗培训，让其回答本项工作中需注意安全事项和质量控制要点；施工人员是否按规定穿戴防护用品
机具设备	现场机具、设备是否有安全使用操作规程；各种机其设备状态是否良好
施工作业	工作平台是否牢固，周边是否设置防护栏杆，梯子安装是否牢固；施工用电线路布设是否规范，支架工作平台是否采用低压照明，配电箱漏电保护器安装是否符合安全规定；高空作业是否系安全带，安全带是否固定于牢固的物件上；台架下是否有足够的施工净空，作业点是否设置明显的限界及缓行标志；氧气瓶、乙炔瓶的距离是否符合要求；乙炔瓶距明火距离是否符合规定，钢筋焊接是否有可行的防火措施；焊接时防水板是否有保护措施
其他	施工作业区是否树立警示牌和设置必要的安全防护装置；施工现场是否存在其他安全隐患

表 9-42　二衬混凝土施工安全检查表

检查项目	检查主要内容及要求
技术交底情况	施工人员是否有技术文底，技术文底内容是否齐全；技术交底中是否有安全交底，安全交底是否有针对性；技术交底是否有交接双方签名；现场是否按照技术交底施工
作业人员	特种作业人员是否持证上岗；施工人员是否已接受上岗培训，让其回答本项工作中需注意安全事项和质量控制要点；施工人员是否按规定穿戴防护用品
机具设备	衬砌台车或模板支架是否经过检查验收，有无检查验收记录；搅拌站、混凝土输送泵、装载机、吊车等是否有设备使用安全操作规程；各种机具设备状态是否良好
施工作业	衬砌距开挖掌子面距离是否超出安全管理规定，一般情况下二次衬砌距上台阶掌子面的距离：Ⅴ、Ⅵ级围岩不大于 50 m；Ⅵ级围岩不大于 90 m；Ⅲ级围岩不大于 120 m；Ⅰ、Ⅱ级围岩不大于 200 m；特殊情况除外；台车工作平台周边是否设置防护栏杆，梯子安装是否牢固，工作平台是否满铺底板，是否有钉子外露或尖角突出；台车每循环加固后是否坚持进行了验收，尤其是堵头模型加固后的验收；二衬混凝土是否由下向上对称分层灌注，两层高差是否符合要求；二衬拆模时，混凝土的强度是否满足 2.5 MPa 要求；台车上是否设置明显的限界和其他安全警示标志；台车上线路布置及用电情况，是否有使用不合格灯具情况；混凝土浇筑过程是否已安排专人对台车及模型进行检查
其他	施工作业区是否树立警示牌和设置必要的安全防护装置；施工现场是否存在其他安全隐患

表 9-43　拱顶回填注浆安全检查表

检查项目	检查主要内容及要求
技术交底情况	施工人员是否有技术交底，技术交底内容是否齐全，技术交底中是否有安全交底，安全交底是否有针对性，技术交底是否有交接双方签名；现场是否按照技术交底施工
机具设备	作业设工具是否齐全；注浆机的各种接线是否良好无损，注浆机的各种性能是否能满足要求；注浆设备上是否有安全操作规程牌
作业人员	特种作业人员是否持证上岗；施工人员是否已接受上岗培训，让其回答本项工作中需注意安全事项和质量控制要点；施工人员是否按规定穿戴防护品
注浆作业	钻孔台架是否稳固；工作平台周边是否设置防护栏杆，二衬施工前，防水板铺设或安装二衬钢筋时注浆管必须布设完好；注浆孔的数目、布置、间距、孔深是否符合设计和规范要求；作业时，注浆压力和注浆量是否满足设计和规范要求；回填注浆应该在衬砌混凝土强度达到设计强度的 100%以后进行；注浆时是否有专人对注浆进行记录；注浆时是否有专人对注浆部位混凝土进行观察，防止由于注浆过大造成二衬混凝土薄弱部位出现裂缝；回填注浆要求隧道二衬背后注浆回填保证密实
其他	施工作业区是否树立警示牌和设置必要的安全防护装置；施工现场是否存在其他安全隐患

表 9-44 防水板铺设安全检查表

检查项目	检查主要内容及要求
技术交底情况	施工人员是否有技术交底,技术交底内容是否齐全;技术交底中是否有安全交底,安全交底是否有针对性,技术交底是否有交接双方签名;现场是否按照技术交底施工
安装设备与材料	防水板与土工布铺设工具设备是否齐全,各种工具的性能是否满足要求;防水板与土工布的材质、性能、规格是否符合设计要求
作业人员	特种作业人员是否持证上岗;施工人员是否已接受上岗培训,让其回答本项工作中需注意安全事项和质量控制要点;施工人员是否按规定穿戴防护用品
防水板作业	工作平台是否牢固,周边是否设置防护栏杆,跳板、梯子安装是否牢固并防滑;工作平台是否满铺底板;施工用电线路布设是否规范;台车或支架工作平台是否采用低压照明。配电箱、漏电保护器安装是否符合安全规定;高空高处作业是否系安全带,安全带是否固定于牢固的物件上;台车或支架下是否有足够的施工净空,作业点是否设置明显的限界及缓行标志;作业区内防火措施是否周密有效;铺设土工布前检查是否对初期支护面凹凸显著部位、外露的锚杆头和局部漏水处预先进行了处理;防水板的焊接搭接宽度和焊缝是否满足设计要求,焊缝不得有漏焊、假焊、焊焦和焊穿等现象。要求不得有渗漏;防水板铺设完毕衬砌之前,是否对焊缝进行了充气试验;防水板铺设前拱顶初支后密实情况是否检查,如有空洞是否已回填注浆
其他	施工作业区是否树立警示牌和设置必要的安全防护装置;施工现场是否存在其他安全隐患

表 9-45 装渣运输(无轨)安全检查表

检查项目	检查主要内容及要求
技术交底情况	施工人员是否有安全专项技术交底;交底是否具有针对性,是否有交接双方签名
机具设备	装渣和运渣的机械设备状态是否良好,特别是刹车制动是否正常,机械设备是否定期进行保养,是否有设备使用安全操作规程
作业人员	特种作业人员是否持证上岗;施工人员是否已接受上岗培训,让其回答本项工作中需注意安全事项和质量控制要点;施工人员是否按规定穿戴防护用品
装渣运输作业	出渣前作业面空气是否符合空气质量要求,掌子面照明是否充足,通视是否良好;出渣前掌子面危石是否进行了处理;出渣时是否有专人指挥车辆装渣作业;在洞内施工地段的正常行车速度不得大于10 km/h,会车时不得超过5 km/h;车辆在行车过程中不得超车。会车时,空车让重车,重车要减速;出渣车辆严禁超载,装渣量是否过多;行车时是否有石渣掉落现象;特殊地段,如衬砌台车、台架部位是否对行车界限进行明显的标识;仰拱便桥每次架设完后,是否进行了检查,此处照明是否满足行车需要;洞外卸渣场应保持4%的上坡道。卸车时应派专人指挥;隧道洞口车辆、人员较多,应设置缓行标志
其他	施工现场是否存在其他安全隐患

表 9-46 通风防尘及风水电供应安全检查表

序号	检查项目	检查主要内容及要求	检查记录	检查人
1	技术交底情况	施工人员是否有技术交底;技术交底中是否有安全交底,安全交底是否有针对性,技术交底是否有交接双方签名;现场是否按照施工方案和技术交底施工		
2	机械设备	设备是否能正常运转,是否定期进行保养;是否有设备安全操作规程牌;空压机、压力管道是否进行周期鉴定		

续上表

序号	检查项目	检查主要内容及要求	检查记录	检查人
3	作业人员	特种作业人员是否持证上岗；施工人员是否已接受上岗培训，让其回答本项工作中需注意安全事项和质量控制要点；施工人员是否按规定穿戴防护用品		
4	通风、风水电供应	供风、供水管道安装是否牢固，是否存在漏风、漏水现象；洞内供电照明线路是否按三相五线制布设，是否顺直。线路搭接处理是否符合要求；开挖支架、衬砌台车、防水板台架工作平台是否采用低压照明，配电箱、闸刀箱等是否有接地装置和漏电保护装置；电线、电缆是否有破损，破损部位是否发现及处理；电线、高压电缆是否与风筒两侧布置；电缆的承挂高度；正洞宜不低于 2.5 m，斜井及平导应尽量高挂，但距顶部的距离应不小于 0.15 m，洞内变压器洞室应在明显地点加挂“非工作人员禁止入内”和“高压危险”牌；洞内空气条件是否满足要求，通视是否良好		
5	其他	施工现场是否存在其他安全隐患		
对存在问题处理要求：				
施工负责人(签字)：				

表 9-47　安全管理检查评分表

序号	检查项目及评分标准	标准分 100 分		
		基本分	扣分	得分
1	未设置安全管理机构，或未建立安全生产管理体系，每项扣 10 分；　未健全安全生产规章制度(安全生产奖惩办法，安全生产教育培训制度，安全生产检查制度，安全生产请示、汇报、报告制度，安全技术交底制度，安全生产专项资金使用制度，生产安全事故报告及处理制度，消防安全责任制度，爆炸物品安全管理制度，易燃、易爆、危险品等管理制度，文明施工管理制度，安全保卫管理制度，环境保护管理制度，卫生健康管理制度，特种作业人员管理制度，临时用电管理制度，安全防护设施用品验收及使用管理制度，各工种及机具安全操作规程，各工种安全技术操作规程，生产安全应急预案，劳务人员安全管理办法，安全效果评价制度等)，未以文件下发，每项扣 5 分；适用法律、法规、法令、条例，规范、规程、标准、办法等相关支持性文件和工具书不全，每项扣 2 分；安全岗位职责未上墙，每少一个岗位职责扣 2 分；专职安全管理人员无证，每人扣 5 分	20		
2	未制定安全管理目标(事故控制指标、安全标准工地)，扣 5 分；未编制环境、职业健康安全管理实施措施，每项扣 2 分；未创建“安全标准工地”规划及措施，扣 5 分；未进行安全责任目标分解，扣 3 分；50 人以上的施工队伍(包括劳务工)未配备专职安全员，扣 5 分；未与外协队伍签订安全协议，每个扣 2 分	20		
3	施工组织设计及专项方案中没有安全技术措施，每项目扣 5 分；有安全技术措施但未进行安全技术交底或交底针对性不强的，每项扣 5 分；安全措施未落实，每处扣 1 分；技术交底未履行签字手续，每份扣 1 分；未建立环境因素、危险源辨识台账、或台账不全，扣 3 分	20		
4	未坚持安全教育制度，无培训影像资料、无考试(卷)记录，各扣 5 分；未对新员工进行“调换工种岗前安全教育”每人扣 2 分；特种作业人员无证上岗，每人扣 3 分；证件过期未及时复审，每人扣 1 分；未建立特种作业人员管理台账，扣 2 分	20		

续上表

序号	检查项目及评分标准	标准分 100 分		
		基本分	扣分	得分
5	未坚持定期安全检查,每次扣 3 分;公司对项目无定期检查记录,每份扣 2 分;检查记录未签字,每份扣 2 分;检查出的事故隐患未定人、定时间、定措施整改达标,每次扣 2 分;伤亡事故未及时上报、发生事故未按“四不放过”原则分析、处理、整改,每次扣 10 分;现场危险源场所无安全警示、指示标志,每处扣 2 分;专项安全资金的使用不符合规定,每项扣 2 分	20		
项目小计		100		

表 9-48 安全防护检查评分表

序号	检查项目及评分标准	标准分 100 分		
		基本分	扣分	得分
1	施工现场人员未带安全帽,每人扣 2 分;安全帽不符合标准,每项扣 1 分;未按规定佩戴安全帽(不系帽绳),每人扣 1 分;施工现场穿拖鞋,高跟鞋,硬底易滑鞋时,每人扣 1 分;酒后上岗,每人扣 5 分	20		
2	安全网未按技术标准搭设,每处扣 2 分;安全网未取得建设安全监督管理部门准用证的,每次扣 2 分;爬梯脚手板未满铺,两侧栏杆未设挡脚板,未挂安全密目网,每处扣 3 分;2 m以上的高处作业无安全防护及安全标识,每处扣 3 分	20		
3	高处作业未系安全带,每人扣 2 分;安全带系挂不符合要求,每人扣 1 分;临边作无防护,每处扣 2 分;防护不连续、不严密,每处扣 1 分;高处作业未统一规定信号、旗语、口哨等与地面联系,每处扣 2 分;上、下交叉作业处没有有效的隔离措施,每处扣 3 分;有行人或车辆通行的施工场所未设安全通道或通道无隔离防护棚,无安全警示标志;每处扣 3 分	30		
4	基坑、沟、井、槽等危险塘所无防护措施及安全警示标志,每处扣 3 分;未设明显昼夜警戒标志,每处扣 2 分;施工区内的既有公共交通场所未设专人防护,每处扣 3 分	10		
5	劳动防护用品购置、使用未严格按照使用验收管理制度,每项扣 3 分;有毒、有害作业未佩戴防护用品或防毒面具,每人扣 3 分	10		
6	在污水管网作业前,未进行毒气检测即下井作业或检测无记录,每处扣 5 分;挖孔桩作业中,施工人员下井前未进行毒气检测即下井作业或检测无记录,每处扣 5 分;通风设施未满足要求或盲目下井作业,每处扣 3 分	10		
项目小计		100		

表 9-49 施工用电检查评分表

序号	检查项目及评分标准	标准分 100 分		
		基本分	扣分	得分
1	施工现场总供电系统布设未采用三相五线制(TN-S 系统)扣 8 分;施工现场临时用电设备在 5 台以上或设备总容量在 50 kW 及以上者,未有专项用电设计,每处扣 5 分;临时用电专项设计审批手续不全,每处扣 3 分;不符合“三级配电两级保护”要求的,扣 3 分;开关箱不标准、无门、无锁、无防雨,每处扣 2 分;施工用电设计资料不全,每处扣 2 分;无地极阻值遥测记录的,每处扣 3 分;无电工巡视维修记录或填写不真实的,每次扣 2 分;资料乱、内容不全、无专人管理,扣 3 分	20		

续上表

序号	检查项目及评分标准	标准分 100 分		
		基本分	扣分	得分
2	在跨越铁路,公路、河流、电力线路挡距内的架空线路不得有接头,横担未设绝缘子,直线杆未采用针式绝缘子,耐张杆未采用蝶式绝缘子,每处扣 2 分;外电线路小于安全距离又无防护措施的,每处扣 3 分;防护措施不符合要求,绝缘密封不严密的,每处扣 3 分;架空线未架设在专用电杆上,而是随意乱拖乱架,每处扣 2 分;照明线、动力线架设高度不够或穿越通(便)道未穿套管保护,每处扣 2 分;临时敷设电线路缠挂在钢筋、模板、脚手架上每处扣 2 分	20		
3	开关箱未按"一箱、一机、一闸、一漏"的每处扣 5 分;工作接地与重复接地不符合要求的,每处扣 3 分;专用保护零线设置不符合要求的,每处扣 2 分;保护零线与工作零线混接的,每处扣 2 分;漏电保护器失效、失灵,每处扣 2 分;闸具损坏未及时更换或有裸露闸具时,每处扣 2 分;一、二级配电箱内多路配电无标记,每处扣 5 分;对总配电箱、分配电箱、开关箱进行定期维修检查时,未将其前一级相应的电源隔离开关分闸断电,未悬挂"禁止合闸,有人工作"停电标志牌,每次扣 5 分;开关箱中漏电保护器的额定漏电动作电流大于 30 mA,额定漏电动作时间大于0.1 s,潮湿、腐蚀环境下额定漏电动作电流大于 15 mA,每处扣 3 分;漏电保护器装置参数不匹配,每处扣 2 分;电箱内无隔离开关,每处扣 3 分;配电箱、开关箱的电源进线端采用插头和插座做活动连接,每处扣 3 分;分配箱与开关箱的距离超过 30 m,开关箱与其控制的固定式用电设备的水平距离超过 3 m,每处扣 2 分;开关箱未装设在坚固、稳定的支架上,每处扣 2 分;开关箱中心点与地面的垂直距离大于或小于 0.8～1.6 m,每处扣 2 分;动力开关箱与照明开关箱未分开设置,每处扣 1 分;电器装置闸具、熔断器参数与设备容量不匹配,安装不符合要求的,用其他金属丝代替熔丝的,每处扣 3 分;室外 220 V 灯具距地面低于 3 m,室内 220 V 灯具距地面低于 2.5 m,每处扣 1 分	35		
4	灯具内的接线不牢固,灯具外的接线未做可靠的防水绝缘包扎,每个扣 1 分;照明变压器未使用双绕组型安全隔离变压器,每个扣 3 分;使用自耦变压器,每个扣 5 分;使用手持式电动工具时,未按规定穿戴绝缘防护用品,每处扣 2 分;停止使用的电器设备、电源线和开关未及时拆除,每处扣 2 分;对混凝土搅拌机、钢筋加工机械、木工机械、盾构机械等设备清理、检查、维修时,未将其开关箱分闸断电,门上无锁,未挂警示牌,每处扣 3 分;潮湿区域作业和易触电及带电体场所电压大于 24 V,隧道、地下工程、高温、有导电灰尘、比较潮湿的作业区域电压大于 36 V,每处扣 5 分;现场手持作业灯电压大于 36 V,每个扣 5 分;低压电线路使用裸体导线,每处扣 3 分;施工现场电线路随地拖拉,随意乱接,每处扣 2 分;现场使用护套线、花线,每处扣 2 分;现场使用简易碘钨灯,每盏扣 2 分	25		
项目小计		100		

表 9-50　施工机具检查评分表

序号	检查项目及评分标准	标准分 100 分		
		基本分	扣分	得分
1	电刨、电锯、木工及钢筋加工、木工机械、盾构机等机具传动部位无防护罩,每台扣 2 分;室外电机没有防尘、防雨罩,每台扣 2 分;机具安装无验收记录,每台扣 2 分;使用平刨和圆盘锯合用一台电机的多功能木工机具,每台扣 2 分;无锯盘护罩、分料器、防护挡板安全装置和传动部位无防护,每处扣 2 分	15		

续上表

序号	检查项目及评分标准	标准分 100 分		
		基本分	扣分	得分
2	电焊机未配装防二次侧触电保护器的,每台扣 3 分;交流电弧焊机变压器的一次电源线(进线)长度大于 5 m,每处扣 2 分;二次(焊把)线长度大于 30 m,接头超过 3 处或绝缘老化的,每处扣 2 分;电焊机未做保护接零,每台扣 3 分;安装后无验收合格记录手续,每台扣 3 分;电焊操作人员未穿戴绝缘防护用品,每人扣 1 分	20		
3	搅拌机(站)无防雨棚,扣 3 分;混凝土搅拌站配套设备的安装、调试及各项技术性能指标全部符合规定并经验收合格后,方可投产使用,未验收合格使用或验收无记录,每项扣 2 分;设备无保护接地或接零,每台扣 2 分。 作业前未检查以下项目是否符合要求,每少 1 项扣 1 分: (1)搅拌筒内和各配套机构的传动、运动部位及仓门、斗门、轨道等均无异物卡住;(2)各润滑油箱的油面高度符合规定;(3)打开阀门排放气路系统中气水分离器的过多积水,打开贮气筒排污螺塞放出油水混合物;(4)提升斗或拉铲的钢丝绳安装、卷筒缠绕均正确,钢丝绳及滑轮符合规定,提升料斗及拉铲的制动器灵敏有效;(5)各部螺栓已紧固,各进、排料阀门无超限磨损,各输送带的张紧度适当,不跑偏;(6)称量装置的所有控制和显示部分工作正常,其精度符合规定;(7)各电气装置能有效控制机械动作,各接触点和动、静触头无明显损伤。 检修搅拌机人员进入搅拌筒内,未切断电源、锁好开关箱、挂“有人检修、禁止合闸”警示牌或没有专人监护,每处扣 10 分;操作室内无安全操作规程,扣 3 分	20		
4	操作振捣器(棒)的工作人员未穿绝缘鞋和戴绝缘手套,每人扣 3 分;使用手持电动工具随意接长电源线或更换插头的,每次扣 2 分;机械安装后无验收合格手续的,每台扣 2 分;钢筋冷拉作业区无防护措施的,每处扣 3 分;张拉设备未进行检测标定,每台扣 5 分;电弧对焊机上未安装防护罩和围屏,场地不干燥、不平整、有杂物,每处扣 2 分;多台打夯机并列工作时,其间距小于 5 m;前后工作时,其间距小于 10 m;每处扣 3 分	20		
5	各种气瓶无标准色标的,每个扣 2 分;乙炔瓶、氧气瓶间距小于 5 m;距明火小于10 m;每处扣 3 分;气瓶存放无隔离措施,每处扣 3 分;乙炔瓶使用或存放时未立放的,每个扣 3 分;气瓶无防震圈和防护帽的,每个扣 2 分	15		
6	打桩作业未制定施工方案和安全操作规程的,每项扣 5 分;打桩机未取得准用证和安装后无验收合格手续的,每台扣 5 分;打桩机无超高限位装置,每台扣 5 分;打桩作业违反安全操作规程的,每次扣 5 分;钻机开关箱中的漏电保护器的额定动作电流大于 15 mA,额定漏电动作时间大于 0.1 s,每处扣 3 分	10		
项目小计		100		

表 9-51 落地式外脚手架检查评分表

序号	检查项目及评分标准	标准分 100 分		
		基本分	扣分	得分
1	脚手架未制定施工方案的,每处扣 5 分;脚手架高度超过规范规定无设计计算书或未经审批的,每处扣 5 分;施工方案,不能指导施工的,每处扣 5 分	10		
2	每 10 延长米立杆基础不平、不实、不符合方案设计要求的,每处扣 2 分;每 10 延长米立杆缺少底座、垫木的,每处扣 2 分;每 10 延长米无扫地杆的扣 3 分;每 10 延长米木脚手架立杆不埋地或无扫地杆的,每处扣 3 分	10		

续上表

序号	检查项目及评分标准	标准分 100 分		
		基本分	扣分	得分
3	脚手架高度 7 m 以上，架体与建筑结构未按规定要求拉结或拉结不坚固，每处扣 2 分；每 10 延长米立杆、大横杆、小横杆间距超过规定要求的，每处扣 2 分	10		
4	未按规定设置剪刀撑，每处扣 2 分；剪刀撑未沿脚手架高度连续设置或角度不符合要求，每处扣 5 分	10		
5	脚手板未满铺扣 5 分，脚手板材质不合要求扣 5 分；有探头板，每处扣 2 分；脚手架外侧未设置密目安全网或网间不严密的，每处扣 5 分；施工层未设 1.2 m 高防护栏杆和挡脚板，每处扣 5 分	10		
6	脚手架搭设前未进行技术交底，每次扣 5 分；脚手架搭设完毕未办理验收手续，每次扣 10 分；无量化的验收内容，每次扣 5 分	10		
7	未按立杆与大横杆交点处设置小横杆的，每处扣 2 分；小横杆只固定一端，每处扣 1 分；单排架子小横杆插入墙内小于 24 cm，每处扣 2 分	10		
8	木立杆、大横杆每一处搭接小于 1.5 m，每处扣 1 分；钢管立杆采用搭接的，每处扣 2 分	5		
9	施工层以下每满 10 m 未用平网或其他措施封闭的，每处扣 5 分；施工层脚手架内立杆与建筑物之间未进行封闭的，每处扣 5 分	10		
10	木杆直径、材质不符合要求的，每处扣 5 分；钢管弯曲、锈蚀严重的，每处扣 5 分；架体未设上下通道的，每处扣 5 分；通道设置不符合要求的，每处扣 2 分	5		
11	卸料平台未经设计计算，每处扣 5 分；卸料台搭设不符合设计要求，每处扣 5 分；卸料平台支撑系统与脚手架连接或卸料平台无限定荷载标牌的，每处扣 3 分	10		
项目小计		100		

表 9-52　门型脚手架检查评分表

序号	检查项目及评分标准	标准分 100 分		
		基本分	扣分	得分
1	脚手架未制订施工方案，每项扣 10 分；施工方案不符合规范要求，每项扣 5 分；脚手架高度超过规范规定，无设计计算书及未经上级审批，每项扣 10 分	30		
2	脚字架基础不平、不实、无垫木，每处扣 10 分；脚手架底部不加扫地杆，每处扣 5 分；未按规定间距与墙体拉结，每处扣 5 分；拉结不牢固的，每处扣 5 分；未按规定设置剪刀撑，每处扣 5 分；未按规定高度作业进行整体加固的，每处扣 5 分；门架立杆垂直偏差超过规定的，每处扣 5 分；说明书规定组装，有漏装杆件和锁件的，每处扣 6 分；脚手架组装不牢，紧固不符合要求的，每处扣 2 分	25		
3	脚手板未满铺，离墙大于 10 cm 以上的，每处扣 5 分；脚手板不牢、不稳、材质不符合要求的，每处扣 5 分；脚手架搭设无技术交底，每项扣 6 分；未办理分段验收手续，每处扣 4 分；无技术交底记录，每次扣 5 分；脚手架外侧未设置 1.2 m 高防护栏杆和 18 cm 高的挡脚板，每处扣 5 分；架体外侧未挂密目式安全网或网间不严密，每处扣 5 分	25		

续上表

序号	检查项目及评分标准	标准分100分		
		基本分	扣分	得分
4	杆件变形严重的,每处扣10分;局部开焊的,每处扣10分;杆件锈蚀未刷防锈漆的,每处扣3~6分;施工荷载超过规定的,每处扣10分;脚手架荷载不均匀的,每处扣5分;未设置上下专用通道的,每处扣10分;通道设置不符合要求的,每处扣5分	20		
项目小计		100		

表9-53 基坑支护检查评分表

序号	检查项目及评分标准	标准分100分		
		基本分	扣分	得分
1	基础施工未制定支护方案的,每项扣8分;施工方案针对性不强,不能指导施工的,每项扣5分;基坑深度超过5 m无专项支护设计的,每处扣5分;支护设计及方案未经上级审批,每处扣5分	20		
2	深度超过2 m的基坑,上口无临边防护设施的,每处扣3分;临边防护不严密,每处扣2分	10		
3	坑槽开挖边坡设置不符合施组和安全技术交底要求的,每处扣5分;特殊支护的作法不符合设计方案的,每处扣5分;支护设施已产生局部变形又未采取有效措施,每处扣3分	10		
4	基坑施工未设置有效排水设施的,每处扣2分;深基础施工采用坑外降水,对邻近建筑物无沉降观测的,每处扣5分	10		
5	积土、料具堆放距槽边距离小于设计规定(不得小于1 m)的,每处扣5分;机械设备施工与槽边距离不符合要求,又无防护措施的,每处扣5分	10		
6	人员上下无专用通道,每次扣5分;通道设置不符合要求,每处扣2分	5		
7	施工机械进场未经验收,每台扣5分;挖掘机作业时,有人员进入机械作业半径内,每次扣3分;司机无证作业,每人扣5分;未按规定挖土或超挖,每处扣5分;未按规定对基坑支护变形进行监测,每处扣3分;未按规定对毗邻建筑物和重要管线及道路进行沉降观测,每处扣5分	20		
8	基坑内作业人员无安全立足点,每处扣3分;垂直作业上下无隔离防护措施,每处扣5分;光线不足又未设置足够照明,每处扣3分	15		
项目小计		100		

表9-54 模板工程检查评分表

序号	检查项目及评分标准	标准分100分		
		基本分	扣分	得分
1	模板工程未制定施工方案或施工方案未经审批,每项扣5分;未根据混凝土输送方法制定有针对性安全措施,每项扣5分	15		
2	现浇混凝土模板的支撑系统无设计计算,每项扣5分;支撑系统不符合设计要求,每处扣5分;安装桥墩(台)模板时,没有使模板支撑自成体系或支搭在脚手架上,每处扣5分	15		

续上表

序号	检查项目及评分标准	标准分 100 分		
		基本分	扣分	得分
3	支撑模板的立柱材料不符合要求，每处扣 5 分；立柱底部无垫板或用砖垫高，每处扣 2 分；不按规定设置纵横向支撑，每处扣 2 分；立柱间距不符合规定，每处扣 2 分	15		
4	模板上施工荷载超过规定，每处扣 8 分；模板上堆料不均匀，每处扣 3 分；模板存放无防倾倒措施，每处扣 3 分；各种模板存放不整齐、过高等，不符合安全要求，每处扣 3 分	10		
5	2 m 以上高处作业无可靠立足点，每处扣 2 分；拆除区域未设置警戒线且无监护人，每处扣 2 分；模板拆除前未经申请批准，每处扣 5 分；结构上留有未拆除的悬空模板，每处扣 3 分	15		
6	模板工程无验收手续，每处扣 5 分；验收单无量化验收内容，每处扣 2 分；支拆模板未进行安全技术交底，每处扣 5 分；模板拆除前无混凝土强度报告，每处扣 3 分；混凝土强度未按规定而提前拆模，每处扣 2 分；在模板上运输混凝土未设走道垫板，每处扣 3 分；走道垫板不稳不牢，每处扣 3 分	20		
7	作业面孔洞及临边无防护措施，每处扣 3 分；垂直作业上下无隔离防护措施，每处扣 2 分	10		
项目小计		100		

表 9-55　物料提升机(龙门架、井字架)检查评分表

序号	检查项目及评分标准	标准分 100 分		
		基本分	扣分	得分
1	无设计计算书，未经上级审批，每项扣 8 分；架体制作不符合设计和规范要求，每处扣 5 分；使用无建筑安全监督管理部门准用证厂家生产的产品，每处扣 5 分	15		
2	吊篮无停靠装置每处扣 5 分；停靠装置未形成定型化，每处扣 3 分；无超高限位装置，每处扣 5 分；使用摩擦式卷扬机超高限位采用断电方式，每处扣 5 分；高架提升机无下极限限位器、缓冲器、超载限制器，每处扣 3 分	15		
3	从地面向上 10～15 m 处设一道缆风绳，以后每升高 10 m 设一道，顶部设一道，少一道扣 5 分；无缆风绳或缆风绳未使用钢丝绳，每处扣 3 分；钢丝绳直径小于 9.3 mm 或角度不符合 45°～60°，每处扣 5 分；地锚不符合要求，每处扣 5 分；连墙杆的位置不符合规范要求，每处扣 5 分；连墙杆连接不牢，每处扣 5 分；连墙杆与脚手架连接，每处扣 5 分；连墙杆材质或连接做法不符合要求，每处扣 3 分	15		
4	卸料平台两侧无防护栏杆或防护不严，每处扣 2 分；平台脚手板搭设不严、不牢，每处扣 1 分；平台无防护门或不起作用，每处扣 1 分；防护门未形成定型化、工具化，每处扣 2 分；地面进料口无防护棚或不符合要求，每处扣 2 分；高架提升机不使用吊笼，每处扣 2 分；人员违章乘坐吊篮上下，每处扣 3 分	10		
5	吊篮提升使用单根钢丝绳，每处扣 5 分；提升机无验收手续及责任人签字，每处扣 5 分；验收记录无量化验收内容，每处扣 5 分	15		

续上表

序号	检查项目及评分标准	标准分 100 分		
		基本分	扣分	得分
6	架体安装拆除无施工方案,每处扣 5 分;架体基础不符合要求,每处扣 3 分;架体垂直偏差超过规定(小于高度的 1.5‰),每处扣 2 分;架体与吊篮间隙超过规定(5~10 mm),每处扣 3 分;架体外侧无立网防护或防护不严,每处扣 4 分;摇臂扒杆未经设计,安装不符合要求,无保险绳,每处扣 5 分;井字架开口处未加固,每处扣 2 分	10		
7	卷扬机地锚不牢固,每处扣 2 分,卷筒钢丝绳缠绕不整齐,每处扣 2 分;第一个导向滑轮距离小于 15 倍卷筒宽度,每处扣 2 分;滑轮翼缘破损或与架体柔性连接,每处扣 2 分;卷筒上无防止钢丝绳滑脱保险装置,每处扣 5 分;滑轮与钢丝绳不匹配,每处扣 2 分;无联络信号,每处扣 5 分;信号方式不合理,不准确,每处扣 3 分;卷扬机无操作棚,每处扣 5 分;操作棚不符合要求,每处扣 5 分;防雷保护范围以外无避雷装置,每处扣 5 分	10		
8	龙门吊安装后未经地方特种设备检验机构检验合格,未取得准用许可证再使用,每处扣 10 分;操作司机无有效操作证操作,每人扣 5 分	10		
项目小计		100		

表 9-56 塔吊安全检查评分表

序号	检查项目及评分标准	标准分 100 分		
		基本分	扣分	得分
1	无制造许可证,每台扣 10 分;安拆单位无资质证,每项扣 10 分;安拆单位无安全生产许可证,每项扣 10 分;未签订租赁合同,每项扣 10 分;租赁单位无营业执照,每项扣 5 分	25		
2	无力矩限制器,每处扣 5 分;力矩限制器不灵敏,每处扣 5 分;无超高、变幅、行走限位装置,每处扣 2 分;限位器不灵敏,每处扣 5 分	10		
3	卷扬机滚筒无保险装置,每处扣 5 分;吊钩无保险装置,每处扣 5 分;上人爬梯无护圈或护圈不符合要求,每处扣 5 分;塔吊高度超过规定不安装附墙装置,每处扣 5 分;附墙装置安装不符合说明要求,每处扣 3 分;无夹轨钳,每处扣 5 分;有夹轨钳不用,每处扣 3 分	20		
4	未制定安装拆卸方案,每项扣 5 分;安装完毕无验收资料,无责任人签字,每处扣 5 分;验收记录无量化验收内容,每处扣 5 分;作业队伍未取得资格证,每项扣 5 分;司机无证上岗,每人扣 5 分。 指挥人员无证上岗,每人扣 3 分;高塔指挥未使用旗语或对讲机,每处扣 5 分	25		
5	高塔基础不符合设计要求,每处扣 5 分;行走塔吊无卷线器或失灵,每处扣 5 分;塔吊与架空线路小于安全距离又无防护措施,每处扣 5 分;道轨无接地、接零,或接地、接零不符合要求,每处扣 3 分;两台以上相临塔吊作业无防碰撞措施,每处扣 5 分	20		
项目小计		100		

表 9-57　起重吊装机安全检查评分表

序号	检查项目及评分标准	标准分 100 分		
		基本分	扣分	得分
1	起重吊装作业无施工方案，每项扣 5 分；施工方案未经上级审批，方案针对性不强，每项扣 5 分；非标起重机扒杆无设计计算书，设计未经审批，每项扣 10 分	15		
2	起重机无超高、力矩限制器，每台扣 5 分；吊钩无保险装置，每处扣 3 分；起重机无合格证或未取得准用许可证，每台扣 10 分；起重机进场未经检验合格或起重机安装后未经验收，每台扣 10 分；吊杆组装不符合设计要求，每处扣 10 分；起重机使用前未经试吊，每台扣 5 分	10		
3	起重钢丝绳磨损，断丝超标，每处扣 2 分；滑轮不符合规定。每处扣 4 分；缆风绳安全系数小于 3.5 倍，每处扣 5 分；地锚埋设不符合设计要求，每处扣 3 分；索具使用不合理，绳径倍数不够，每处扣 5 分	10		
4	司机无操作证上岗，每人扣 5 分；非本机型司机操作，每人扣 5 分；指挥人员无证上岗，每人扣 5 分；高处作业无可靠信号传递，每处扣 5 分	15		
5	起重机作业不符合说明书要求，每处扣 5 分；地面铺垫措施达不到要求，每处扣 3 分	10		
6	被吊物体重置不明而进行吊装，每处扣 5 分；超载作业，每处扣 5 分；架桥机或轮式起重机每次作业前各支腿未伸满，支撑不可靠，每次扣 3 分；每次作业前未经试吊检验；每处扣 2 分	10		
7	结构吊装未设置防坠落措施，每处扣 5 分；高处作业人员未系安全带，安全带未挂牢，每处扣 5 分；人员上下未设专用爬梯、斜道，每处扣 5 分；起重吊装人员作业无可靠立足点，每处扣 5 分；作业平台临时防护不符合规定，每处扣 5 分；作业平台脚手板未满铺，每处扣 5 分	15		
8	楼板堆放超过 1.6 m 高度，每处扣 2 分；其他物件堆放高度不符合规定，每处扣 2 分；大型构件堆放不稳定，每处扣 3 分	5		
9	起重吊装、架梁作业无警示、警戒标志，每处扣 3 分；未设专人对周边高架线和建筑物及人员进行警戒，每处扣 2 分；起重工、电焊工无安全操作证上岗，每人扣 2 分	10		
项目小计		100		

表 9-58　铁路营业线施工安全检查评分表

序号	检查项目及评分标准	标准分 100 分	
		扣分	得分
1	在铁路营业线施工前，施工单位未编制施工组织设计（方案）、作业计划报铁路局的（站）段及设备产权单位及部门逐级审批；未与工务、电务、车务等有关部门签订施工安全协议；每项扣 10 分		
2	需封锁区间或限制行车速度的施工项目，未按批准的作业计划组织施工；施工前未向所在车站办理要点登记手续；现场无工务、电务等设备产权单位及部门人员配合，便擅自开工；每次扣 5～10 分		
3	正、站线、拨接转线开通作业和道岔插入施工，公司分管领导或指派的负责人未在现场指挥的，每次扣 5 分		

续上表

序号	检查项目及评分标准	标准分 100 分	
		扣分	得分
4	未按规定配齐经培训考试合格的驻站联络员、调车员、轨道车司机、安全员、防护员、爆破员、带班人员和工班长,并挂牌上岗,每人扣 5 分;防护信号(含灯、旗、牌等)不符合要求,每处扣 2 分;所有施工人员(含劳务工)未经培训考核合格上岗,无培训记录,每人扣 2 分		
5	在铁路营业线施工收工前,施工负责人未详细检查确认列车放行条件便撤除防护设施,每次扣 5～10 分;发出停工作业命令、作业人员没及时撤至限界外安全地点待避,每人扣 2～5分		
6	利用铁路营业线区间卸车未经行车调度批准,未严格按规定时间进入区间作业和退回车站,每次扣 3 分		
7	铁路营业线施工防护距离、人员着装、使用工具、通信设备等不符合规定,每人扣 2 分		
8	站改或营业线改造施工中,对行车线路未采取可靠有效的隔离措施,其高度、刚度、垂直度等不符合规定,隔离后随意开门,开门后无设专人看守,设置标识,隔离措施未在显著位置设有警示牌,每处扣 2 分		
9	站改或铁路营业线改造施工中,专设的驻站联络员、轨道车司机、调车员、防护员、道口看守员、现场安全员、现场领工员、机械作业旁站人员等未使用对讲机联络,对讲机未配备备用电池,每人扣 2 分		
10	在铁路营业线设置施工临时道口,未向所在铁路局办理申请批准手续,每处扣 10 分;施工临时道口未按有人看守道口标准配齐铺面、防护标志、设施并设专人看守、清扫,每处扣 5 分;使用完毕未立即拆除,每处扣 3 分		
11	未取得车站值班员同意及未办理手续在营业线上使用轻型车辆,每处扣 5～10 分;使用单轨小车没有按规定安排专人进行防护,每处扣 3～5 分;轻型车辆及小车使用完毕,没按规定抬至安全处加锁保管;每处扣 3～5 分		
12	在铁路营业线使用齿条式起道机及未改进的轨缝调节器进行线路作业,每次扣 3 分;在自动闭塞和有轨道电路区段施工时;使用的养路机具、万能道尺、撬棍等没有绝缘装置,每处扣 2～5 分;发现机具、机械,临时设施、防护设施侵入铁路限界,每次扣 3 分		
13	在铁路营业线区间或站场路肩、铁路线下挖沟埋缆,没有进行可靠的加固每 10 延米扣 3 分;未及时回填,每 10 延米扣 3 分		
14	新增隧道墩台挖基、涵渠接长、顶进等作业项目,未按施工方案进行防护,线路没有必要的加固或看守,工地没有备齐应急抢险物资,每处扣 2～5 分		
15	邻近铁路营业线进行爆破作业前,未按规定办理要点手续并设置安全防护,每处扣 10 分		
16	采用火花起爆,每处扣 5 分;在已通电的电气化这段使用电雷管,每处扣 5 分		
17	作业机械未做到“一机一人,人随机行,跟班防护”每处扣 5 分		
项目小计			

表 9-59　文明施工检查评分表

序号	检查项目及评分标准	标准分 100 分		
		基本分	扣分	得分
1	施工通道有明显坑洼，每项扣 5 分；道路堆放材料、杂物、建筑垃圾不通畅，每处扣 3 分	10		
2	设备、建筑材料、购件、料具未按总平面布局堆放，每处扣 4 分；设备安放、材料堆放不整齐，每处扣 3 分；设备安放、材料堆放未进行标识，每处扣 2 分；未做到工完料净、场地清，每处扣 3 分；易燃易爆品未分类、分库存放，每项扣 4 分	15		
3	宿舍周围环境不卫生、不安全，每处扣 3 分；宿舍无消暑和防蚊虫叮咬措施，每处扣 3 分；床上及生活用品放置不整齐，每处扣 1 分；施工作业区和休息生活区未隔离，每项扣 5 分	10		
4	无防火措施、未建立防火制度或无灭火器材及灭火器失效，每处扣 10 分；灭火器材配备不合理，无定期检查，每处扣 5 分；钢筋、木工加工棚及材料库房有烟头，每个扣 1 分	5		
5	施工现场五牌一图(工程概况、管理人员及监督电话、消防保卫、安全生产、文明施工、施工现场平面图)醒目，整齐规范，每缺一项扣 3 分；安全警示标志不醒目，每处扣 5 分；无驻地宣传设施(板报栏、阅报栏、标语、广播等)，每项扣 5 分；开展法纪法规、乡规民约教育、搞好路地共建活动，没有坚持，扣 5 分	15		
6	在市区主要路段施工，工地周围未设置高于 2.5 m 的围栏，每处扣 5 分；一般路段的工地周围未设置高于 1.8 m 的围挡，每处扣 5 分；围挡材料不坚固、不稳定、不整洁、不美观，每处扣 3 分；围挡没有沿工地四周连续设置，每处扣 2 分	10		
7	施工现场进出口无大门的每处扣 2 分；无门卫和无门卫制度，每项扣 3 分；进入施工现场未佩戴工作卡、未统一着装每人扣 1 分；大门口未统一设置醒目的企业标志的扣 3 分；半成品加工区地面未做硬化处理，每处扣 5 分；道路不畅通，每处扣 5 分；无排水设施、排水不通畅，每处扣 4 分；无防止泥浆、污水、废水外流或堵塞下水道、排水河道措施，每处扣 3 分；工地有积水，每处扣 2 分；建筑垃圾未及时清理，每处扣 5 分；工地未设置吸烟处，随意吸烟，每人扣 2 分；温暖季节无绿化规划布置，每处扣 4 分	10		
8	各种机具摆放不整齐、不整洁，每处扣 5 分；无安全操作规程，每项扣 2 分；客运专线砂石料、外加剂无棚，每项扣 2 分；现场施工粉尘超标，每次扣 2 分；隧道洞门、桥墩墩号、桩号牌、涵洞里程牌标识不齐全，每处扣 5 分；无单位工程危险源识别，识别不准确，未根据工序设立告知标牌，每处扣 5 分；每个单位工程、每道工序未设置工序(工艺)牌和质量标准牌，每处扣 3 分	10		
9	食堂卫生不符合要求，生熟食品未分放、分开加工，无纱门纱窗，食堂无卫生许可证，炊事员无健康证，每项扣 2 分；污水排放不符合有关规定，每处扣 1 分；饮水无水质检测报告，淋浴室不符合安全要求，生活垃圾未及时清理，每处扣 1 分；厕所(含1 000 m及以上链道)，无卫生值日制度，卫生不符合要求，每项扣 1 分；生活区域无可回收和不可回收垃圾箱，每项扣 1 分；无娱乐场所(球场、活动室等)，每项扣 3 分	8		
10	无保健医药箱，扣 2 分；无急救措施和急救器材，扣 2 分；无经培训的急救人员，扣 2 分；未开展卫生防病宣传教育，扣 2 分	7		
项目小计		100		

表 9-60 斜井作业安全检查表

<table>
<tr><th>序号</th><th colspan="2">检 查 项 目</th><th>检查情况</th></tr>
<tr><td>1</td><td colspan="2">班前安全讲话</td><td></td></tr>
<tr><td>2</td><td colspan="2">作业人员防护用品佩戴情况</td><td></td></tr>
<tr><td>3</td><td colspan="2">井口排水、防冲刷设施、斜井洞门施工</td><td></td></tr>
<tr><td>4</td><td colspan="2">边、仰坡开挖及防护加固</td><td></td></tr>
<tr><td>5</td><td colspan="2">与正洞连接处施工</td><td></td></tr>
<tr><td>6</td><td colspan="2">抽排水设备、设施</td><td></td></tr>
<tr><td>7</td><td colspan="2">长大斜井双电源配置</td><td></td></tr>
<tr><td>8</td><td colspan="2">洞内运输调车管理制度</td><td></td></tr>
<tr><td>9</td><td colspan="2">斜井施工照明、通风</td><td></td></tr>
<tr><td>10</td><td rowspan="3">斜井掘进</td><td>支护钢架安装</td><td></td></tr>
<tr><td>11</td><td>作业平台制动及防溜</td><td></td></tr>
<tr><td>12</td><td>围岩预加固、二次衬砌</td><td></td></tr>
<tr><td>13</td><td rowspan="3">无轨运输道路</td><td rowspan="2">道路坡度、平坡段会车道设置</td><td></td></tr>
<tr><td>14</td><td></td></tr>
<tr><td>15</td><td>路面硬化、防滑措施</td><td></td></tr>
<tr><td>16</td><td colspan="2">运输车辆限速行驶</td><td></td></tr>
<tr><td>17</td><td rowspan="3">安全警示和安全设施</td><td>限高、净空及标识</td><td></td></tr>
<tr><td>18</td><td>洞内设施防撞及标识</td><td></td></tr>
<tr><td>19</td><td>洞内安全设施设置</td><td></td></tr>
<tr><td>20</td><td colspan="2">运输车辆管理制度及落实</td><td></td></tr>
<tr><td>21</td><td colspan="2">斜井有轨运输挡车器设置</td><td></td></tr>
<tr><td>22</td><td colspan="2">洞身及井底躲避洞设置</td><td></td></tr>
<tr><td>23</td><td colspan="2">联络信号设置</td><td></td></tr>
<tr><td>24</td><td colspan="2">斜井有轨运输牵引速度限制</td><td></td></tr>
<tr><td>25</td><td colspan="2">斜井提升设备保险装置设置</td><td></td></tr>
<tr><td>26</td><td colspan="2">钢丝绳安全检查及维护</td><td></td></tr>
<tr><td>27</td><td colspan="2">运送人员车辆的安全</td><td></td></tr>
<tr><td>28</td><td colspan="2">废弃斜井安全处理表</td><td></td></tr>
</table>

表 9-61 竖井作业安全检查表

序号	检 查 项 目	检查情况
1	班前安全讲话	
2	劳动保护用品佩戴情况	
3	井口排水、防冲刷没施，锁口圈施作	
4	边、仰坡开挖及防护加固	
5	与正洞连接处施工安全措施	

续上表

序号	检　查　项　目		检查情况
6	竖井井口及井架	井口配置井盖	
7		井口防雨设施、轨道阻车器	
8		安全栅栏设置	
9		联络信号	
10		井架避雨设施	
11	竖井掘进	爆破前,施工机具撤离	
12		爆破后,井口、井内安全检查	
13		异常情况时的人员撤离	
14		围岩预加固、二次衬砌	
15	竖井提升机械使用	检测机构验收合格	
16		深度指示器、保护装置	
17		工作吊盘载重能力	
18		钢丝绳及连接装置检查、维护	
19	采用吊桶提升	保证吊桶不碰井壁的措施	
20		提升速度限制	
21		吊桶连接	
22		吊桶上方设置保护伞	
23		人员、材料不得超出桶沿	
24		人员、材料不得混乘	
25	采用罐笼提升	罐顶铁盖或铁门、罐底钢板设置	
26		人数和最大载重量提示牌	
27		升降速度限制	
28		钢丝绳安全检查及维护	
29		单绳提升罐笼防坠器设置	
30		升降作业时,安全警戒	
31	竖井防排水	竖井建井期间的防排水措施	
32		竖井使用期间的防排水措施	
33	竖井废弃时的安全处理措施		

9.3　施工安全风险控制技术

9.3.1　隧道洞口施工安全风险控制技术

1. 一般规定

(1)隧道洞口施工前应核对施工图与现场实际地质、毗邻建(构)筑物情况,当设计与实际情况不符时,施工单位必须及时上报,并按变更设计处理。

(2)洞口各项工程应与洞口相邻工程、临时工程统筹安排,及早完成。施工时还应采取下列措施：

1)洞口的截、排水系统应与路基排水系统顺接,不得冲刷路基坡面、桥台锥体和农田房舍；

2)施工道路的引入和施工场地的平整应减少对原地貌的破坏和对洞口岩体稳定的影响。

(3)洞口工程爆破应符合下列规定：

1)洞口石质边、仰坡的开挖应采用预留光爆层法或预裂爆破法,严禁采用深眼大爆破或集中药包爆破开挖；

2)洞口邻近建(构)筑物时,开挖爆破应采用控制爆破技术,并监测振动速度,其值应符合现行国家标准《爆破安全规程》的有关规定。

(4)洞口施工过程应按规定进行监控量测工作。

(5)洞口工程施工时应采取相应措施,加强对周围建(构)筑物、既有线、洞口附近交通道路的防护。

(6)隧道进洞前必须完成洞口工程。

2. 洞口工程开挖及防护

(1)洞口开挖及支护前,应先清理洞口上方及侧方可能滑坍的表土、灌木及山坡危石等,疏通流水沟渠,排除积水。

(2)洞口边、仰坡上方的天沟应及时施作。对土质天沟应随挖随砌,不使水冲刷坡面。

(3)洞口土石方开挖必须按设计要求进行边、仰坡放线,自上而下分层开挖,分层支护,严禁掏底开挖或上下重叠开挖。

(4)洞门端墙处土石方开挖应结合地层稳定程度、施工季节和隧道施工方法进行。

(5)洞口开挖的土石方应避免因弃渣堵塞造成排水不畅、过大土压力引起山坡坍塌和对桥梁墩台的偏压,以及对其他建筑物的危害,并不应影响交通运输安全。

(6)处于陡峭、高边坡的洞口应增设安全棚、安全栅栏或安全网,危险段应采取加固措施。

(7)挖掘机、风动钻机等常用施工机械及机具在操作和使用时,应检查和观察其安全性能和安全状态。

(8)当采用大管棚、抗滑桩、注浆、地表锚杆等措施进行洞口地层加固时,应符合下列规定：

1)管棚施工时应遵守钢管吊装和使用时的起吊安全规程,并严格按钻机操作程序进行作业；

2)抗滑桩施工采用打桩机作业时,应采取措施加固和稳定重型机械;采用人工挖孔作业时,应设置人员上下升降设备、通风设备并采取防护措施,防止坠物伤人；

3)注浆作业时,应加强对注浆软管和接头的完好性和可靠性检查,施工人员应有完善的保护用具,堵管处理应采取先减压再处理的措施；

4)地表锚杆作业时应采取措施防止卡钻,注浆人员要佩戴防护用具；

5)施工脚手架和作业平台应搭设牢固,设扶手栏杆,并应有安全检算。

(9)洞口开挖作业区应设置防护栏杆、防护网及人员专用上下通道。在高于 2 m 的边坡上作业时必须符合国家现行《建筑施工高处作业安全技术规范》的规定。

3. 明洞

(1)明洞应避开雨天施工,当确需在雨天施工时,应制定严密的施工方案和防护措施,同时应加强对山体稳定情况的监测、检查。

(2)明洞开挖前,应采取洞顶及四周的防水、排水措施,防止地面水冲刷导致边、仰坡落石和塌方。

(3)明洞土石方开挖应符合下列规定：

1)根据地形、地质条件,边仰坡稳定程度和采用的施工方法,确定全段或分段开挖及边仰坡的坡度,开挖时应按自上而下的顺序进行;

2)石质地段开挖,应控制爆破炸药用量,减小爆破振动的影响,开挖后应立即进行边坡防护;

3)在松软地层开挖边、仰坡时,应随挖随支护;

4)开挖的土石不应堆弃在危害边坡及其他建筑物的地点。

(4)明洞的基础应设置在稳固的地基上。

(5)明洞衬砌施作应符合下列规定:

1)模板及支(拱)架的强度、刚度和稳定性必须进行检算;

2)模板及支架安装必须稳固牢靠,模板及支架与脚手架之间不得相互连接;

3)脚手架和工作平台应搭设牢固,并设有扶手、栏杆;

4)衬砌钢筋安装时应设临时支撑;

5)衬砌端头挡板应安设牢固,支撑稳固,并有防止模板移动的措施;

6)开挖的土石不应堆弃在危害边坡及其他建筑物的地点。

(6)明洞防水施工应符合下列规定:

1)涂抹热沥青时,作业人员应佩戴防护口罩、手套、安全带等防护用具;

2)卷材铺设时应严格遵守作业程序,不应上下同时作业。

(7)明洞回填应在防水层完成,且衬砌达到设计强度的 70%后进行。

4. 洞门

(1)洞门应避开雨天和严寒季节施工,并应及早完成。

(2)洞门基础必须置于稳固的地基上,当地基承载力不能满足要求时,必须结合具体条件采取加固措施。

(3)洞门施工的脚手架不应妨碍车辆通行。

(4)洞门完工后,其周围边、仰坡受破坏处应及时处理。

9.3.2　隧道超前地质预报安全风险控制技术

(1)超前地质预报工作必须纳入现场施工组织统一管理,并应编制超前地质预报的安全保障措施。

(2)对于地质复杂和较复杂的隧道工程,应由建设单位组织统一招标,选择有经验的队伍承担超前地质预报;对于地质中等复杂和简单的隧道工程,由施工单位自行承担超前地质预报。

(3)对位于区域地质条件复杂的隧道,应根据区域地质勘测资料,选择以钻探法为主,结合物探法、地质调查法的多种不同原理的预测预报方法,并对所测得的资料进行综合分析,达到相互补充、相互印证,提高预报准确率。

(4)超前地质预报人员必须经过隧道施工安全教育培训,并掌握安全操作技术和安全生产的基本知识。

(5)特殊地层及存在高地温、地应力问题的隧道进行地质预报时,应符合下列要求:

1)对含可燃气体、有害气体、放射性物质等特殊地层的隧道及存在高地温、地应力等地质问题的深埋隧道,应按国家现行有关标准的规定进行分析判断;

2)对含瓦斯和天然气的隧道,应遵守国家现行《煤矿安全规程》和《铁路瓦斯隧道技术规范》等的有关规定;

3)进行隧道地质预报时,必须先监测有害气体浓度,超标时应加强通风,浓度符合卫生标准要求后方可进入工作面。

(6)隧道通过煤系地层、金属和非金属矿区中的采空区时,应查明废弃矿巷与隧道的空间关系,分析评价其危险程度及对隧道的影响程度。

(7)地质预报工作必须在隧道找顶作业结束后(高地应力区隧道应待工作面支护完成后)进行,开始工作前应观察操作空间上方、周围有无安全隐患,特别是钻探开挖工作面附近是否还有危石存在,确保预报人员的安全。

(8)超前地质预报当使用作业台架、高空升降车等设备时,设备应安设牢固,操作人员应遵守高处作业的有关规定。

(9)采用钻探法预报时,钻孔作业应符合下列规定:

1)应编制钻孔作业指导书,开钻前应进行安全技术交底;

2)应采用电机驱动的钻机,施工用电应由持证上岗的电工负责;

3)孔口管必须安设牢固;

4)钻机使用的高压风、高压水的各种连接部件应采用符合要求的高压配件,管路连接应安设牢固并经常检查;

5)钻孔时,钻机前方应安设挡板,除操作人员外其他人员禁止进入工作区域。

(10)在可能发生突水、突泥的地段,进行超前钻探时应符合下列规定:

1)在斜井和反坡地段施工,当其处于富水区时,超前钻探作业应做好钻孔突涌水处治方案,确保人员与设备的安全;

2)必须安装孔口安全装置,并将孔口固定牢固,装上控制闸阀,进行耐压试验,达到要求后,方可钻进施工;

3)当地下水压力大于一定数值时,应在孔口管上焊接法兰盘,并用锚杆将法兰盘固定在岩壁上;

4)对软弱破碎带地层,应设置止浆墙;

5)钻探过程中发现岩壁松软、掉块或钻孔中的水压、水量突然增大,以及有顶钻等异状时,必须停止钻进,立即上报处理,并派人监测水情;

6)当发现情况危急时,必须立即撤出人员,然后采取措施进行处理。

(11)采用钻探法预报时,严禁在残孔内加深炮孔进行探测。

(12)采用地震波反射法预报时,使用的炸药量不得大于 75 g。炸药和雷管必须由持有爆破证的专人领取和操作,非专业人员严禁从事爆破作业。

9.3.3 隧道洞身施工安全风险控制技术

1. 一般规定

(1)隧道开挖前,施工单位应编制开挖专项技术方案,方案应包括开挖方法、工艺流程、安全技术措施等内容。

(2)隧道开挖方法应根据其地质条件、断面大小、施工装备、工期等条件的变化,在施工过程中进行适宜的调整。

(3)钻爆开挖应采用光面爆破或预裂爆破技术,控制循环进尺,减少对围岩的扰动,并不应对初期支护、衬砌结构和施工设备造成损伤。

(4)两座平行的隧道开挖时,其两个同向开挖工作面应保持合理的纵向距离;间距小的隧道,必须采取措施防止后行洞开挖对先行洞产生不良影响。

(5)隧道双向开挖接近贯通面时,两端施工应加强联系与统一指挥,当隧道两个开挖工作面距离接近 15 m 时,必须采取一端掘进另一端停止作业并撤走人员和机具的措施,同时在安全距离处设置禁止入内的警示标志。

(6)隧道采用钻爆法开挖必须进行钻爆设计,钻爆设计应考虑爆破振动和噪声对周围环境的影响,应采取减小振动和降低噪声的技术措施。

(7)隧道采用机械开挖时,应根据其断面和作业环境合理选择机型,划定安全作业区域,并设置警示标志,非作业人员不得入内。

(8)隧道采用人工开挖时,作业人员应保持必要的安全操作距离,并设专人指挥。

(9)隧道开挖使用的作业台架应进行强度、刚度和稳定性检算,经验收合格后方可使用,台架四周必须设置安全防护栏杆。

(10)隧道找顶必须在通风后进行,并有专人指挥,照明应有充足的光照度;找顶后必须进行安全确认,合格后其他作业人员方可进入开挖工作面作业。

(11)隧道在开挖下一循环作业前,必须对照设计检查初期支护施作情况,确保施工作业环境安全。

2. 全断面法开挖

(1)采用全断面法开挖隧道时,应控制一次同时起爆的炸药量,减少爆破振动对围岩的影响。

(2)在地质条件较差地段采用全断面法开挖隧道时,必须对围岩进行超前支护或预加固,并控制循环进尺。

(3)当隧道地质条件发生变化时,必须根据情况及时变换适宜的开挖方法。

(4)隧道开挖爆破后应先采用机械进行找顶,然后用人工找顶。

3. 台阶法开挖

(1)采用台阶法开挖隧道时,应根据围岩条件,合理确定台阶长度和高度。围岩稳定性较差时,台阶长度应控制在一倍洞径。

(2)当围岩地质较差、开挖工作面不稳定时,应采用短进尺或上下台阶错开开挖或预留核心土措施,必要时采用喷射混凝土或玻璃纤维锚杆对开挖工作面进行加固。

(3)台阶上部开挖循环进尺应根据同岩地质条件和初期支护钢架间距合理确定,并不得超过 1.5 m。

(4)当围岩地质较差、变形较大时,上部断面开挖后应立即施作锁脚锚管(杆)、扩大拱脚、临时仰拱等措施,控制围岩及初期支护变形量。

(5)台阶下部断面一次开挖长度应与上部断面相同,不得超过 1.5 m。

(6)台阶下部开挖后,必须及时喷射混凝土进行封闭;当设有钢架时,必须及时安装下部钢架并喷射混凝土,严禁拱脚长时间悬空。

(7)仰拱开挖应控制一次开挖长度,开挖后应立即施作初期支护,封闭成环。

4. 分部法开挖

(1)采用分部法开挖隧道时,应选用机械开挖、人工配合的方式,特殊情况采用弱爆破开挖时,必须严格控制炸药用量。

(2)采用分部法开挖隧道时,应根据地质条件、隧道断面等情况合理进行分部,开挖进尺应控制在 1.0 m 以内。

(3)分部开挖的各部,开挖后应及时进行初期支护及临时支护,并尽早封闭成环。

(4)采用分部法开挖,各部钢架基脚处墟施作锁脚描管(杆)或采用扩大拱脚等措施,减少拱脚下沉量。

(5)采用中隔壁法、交叉中隔壁法开挖隧道时,同层左、右两侧沿纵向应错开一定距离,错开距离应控制在10～15 m范围内,同侧壁、下层开挖工作面相距应保持3～5 m。

(6)采用双侧壁导坑法开挖隧道时,应符合下列规定:

1)侧壁导坑形状应近似椭圆形,导坑宽度不应大于0.3倍隧道宽度;

2)侧壁导坑、中槽部位开挖应采用短台阶,台阶长度3～5 m,必要时应预留核心土;

3)侧壁导坑开挖应超前中槽部位10～15 m。

(7)采用分部法开挖的临时支护应根据监控量测结果逐段拆除,每段拆除长度不得大于15 m。

5. 钻爆作业

(1)钻孔作业应符合下列规定:

1)钻孔前,必须由专人对开挖作业面安全状况和作业人员安全防护进行检查,及时消除各种安全隐患;

2)钻孔作业过程中,必须采用湿式钻孔;严禁在残孔中继续钻孔;

3)钻孔作业中应注意观察开挖工作面有无异常漏水、气体喷出、围岩变化等情况;

4)凿岩台车工作前,必须检查泵、空压机等,使其处于正常状态;应检查管路与接头无漏油、漏水和漏气现象,并确认各部操作杆、控制装置及仪表处于正常状态;

5)凿岩台车行走前,操作司机应查看凿岩台车周围,确认前后左右无人及障碍物后,按照引导人员的指示信号操作;行走时要平稳,避免紧急操作发生意外事故;

6)凿岩台车钻孔完成后应停放在安全场所;

7)在围岩地质复杂地段,应对凿岩台车重要部位采取加固措施和设置特殊的防护装置。

(2)装药作业应符合下列规定:

1)装药作业前,应对钻孔情况逐一检查,并检查开挖工作面的安全状况;

2)装药时应使用木质炮棍装药,严禁火种;无关人员与机具等应撤至安全地点,作业人员禁止穿戴化纤衣物;

3)使用电雷管时,装药前电灯及电线路应撤离开挖工作面,装药时应用投光灯、矿灯照明,开挖工作面不得有杂散电流;

4)严禁装药与钻孔平行作业;

5)装药作业完成后,必须及时清理现场、清点火工产品数量,剩余的炸药和雷管必须由领取炸药、雷管的人员退回库房。

(3)爆破作业除应符合现行国家标准《爆破安全规程》有关规定外,还应符合下列规定:

1)洞内爆破作业前,施工单位必须确定指挥人员、警戒人员、起爆人员,并确保统一指挥;

2)洞内爆破作业时,指挥人员应指挥所有人员、设备撤离至安全地点;警戒人员负责警戒工作,设置警示标志;

3)爆破时,爆破工应随身携带带有绝缘装置的手电筒;

4)洞内爆破后必须经充分通风排烟,15 min后安全检查人员方可进入开挖上作面,主要检查有无盲炮、有无残余炸药及雷管、顶板及两帮有无松动的岩块、支护有无变形或开裂等;当发现盲炮、残余炸药及雷管时,必须由原爆破人员按规定处理。

9.3.4 装渣与运输安全风险控制技术

1. 装渣与卸渣

(1)隧道爆破后应及时进行通风、照明、找顶和初喷混凝土等工作,确认工作面安全及通风、照明满足要求后，方可进行装渣作业。

(2)装渣作业应规定作业区域，严禁非作业人员进入。

(3)装渣与卸渣作业应有专人指挥，作业场地的照明应满足作业人员安全操作的需要。

(4)装渣作业应遵守下列规定：

1)装渣机械作业时，其回转范围内不得有人通过；

2)装渣过程中，应注意观察开挖面围岩的稳定情况，发现松动岩石或有塌方征兆时，必须先处理再装渣；

3)装渣时发现渣堆中有残留的炸药、雷管应立即处理；

4)向运渣车辆中装渣时，应避免偏载、超载；

5)用扒渣机装渣时，若遇岩块被堵，严禁用手直接搬动岩块，身体任何部位不得接触传送带；

6)机械装渣的辅助人员，应随时观察装渣和运输机械的运行情况，防止挤碰。

(5)卸渣作业应遵守下列规定：

1)卸渣场应按设计进行施工，满足安全作业及环境保护要求；

2)有轨运输卸渣场线路应设安全线并设置 1%～3%的上坡道，卸渣码头应搭设牢固，并设有挂钩、栏杆及车挡防止溜车装置；

3)电瓶车牵引梭式矿车或渣车卸渣时，必须用铁楔将车轮两个方向楔紧，不得采用石渣或木条代替铁楔；

4)自卸汽车卸渣时，必须将车辆停稳制动，不得边卸渣边行驶；不得在坑洼、松软、倾斜的地面卸渣；卸渣后应及时使车厢复位，严禁举升车厢行驶。

2. 运输

(1)施工单位应根据施工安排编制运输计划，制定运输管理规定，加强运输调度，确保工程运输安全。

(2)隧道施工运输路线的空间必须满足最小行车限界要求，并根据不同的运输方式，在洞口、台架、设备、设施等位置设置信号和标志予以警示。

(3)运输车辆不准超载、超宽和超高运输，不得人货混装。车辆行驶中应随时观察线路有无障碍和洞内其他设施、设备、临时支撑等有无侵入限界情况。

(4)进出隧道人员必须走人行道，不得与机械抢道，严禁扒车、追车或强行搭车。

(5)运输线路或道路应保持平整、畅通，并设专人按标准规定的要求进行维修和养护。线路或道路两侧的废渣和杂物应随时清除。

(6)有轨运输作业应遵守下列规定：

1)必须按设计图进行轨道铺设，严格控制好轨距、线间距和线形；

2)车辆装载应符合规定要求，机动车牵引不得超载；

3)车辆行驶时，应与信号、指挥人员协调配合和加强信号联络；

4)列车连接必须良好，机车摘挂后调车、编组和停留时，应有防溜车措施；

5)两组列车在同方向行驶时，其间隔距离不得小于 100 m；

6)机动车牵引的列车，在洞内施工地段、视线不良的弯道、通过道岔和平交道等处，其行驶速度不得大于 10 km/h，其他地段在采取有效的安全措施后，行驶速度不得大于 20 km/h；

7)车辆运行时应加强瞭望，严禁在行驶中进行摘挂作业；

8)载人列车必须制定保证安全的措施，列车行驶中和尚未停稳前严禁人员上下。

(7)有轨运输作业中，电瓶车的使用应遵守下列规定：

1)电瓶车司机必须经过专业培训和考核，并持证上岗，严禁无证驾驶；

2)电瓶车作业前,必须对车辆的制动器、喇叭、灯光、连接装置等进行安全检查,确认完好后方可行车;

3)电瓶车司机必须服从信号指挥,当信号不明确时不得擅自行车;

4)电瓶车作业结束后,必须将机车制动,切断电源,拔出启动钥匙;停车位置应位于水平场地上,不得已需要停在倾斜地面时,必须采取可靠的防溜车措施;

5)电瓶车牵引渣车的车辆编组应根据线路坡度、轨道状态、载重量等因素设计,确保电瓶车的安全制动距离;

6)电瓶车的充电管理应设立专门的充电班组,并按标准规定的要求布置充电房和配置充电人员。

(8)无轨运输作业应遵守下列规定:

1)施工机械安全装置必须齐全有效,使用前及作业过程中应加强检查,按规定要求进行维修保养,保持机械状况良好与运输安全;

2)施工机械应采用带净化装置的柴油机械,严禁汽油机械进洞;

3)机械操作人员必须持证上岗,严格执行安全操作规程,严禁违章操作;

4)施工作业地段的行车速度不得大于 15 km/h,成洞地段不得大于 25 km/h;

5)隧道洞口、平交道口、狭窄的施工场地应设置慢行标志,必要时设专人指挥交通;

6)车辆接近或通过洞口、台架、施工作业地段以及前方有障碍物时,司机必须减速瞭望并鸣笛示警;

7)在隧道内倒车或转向必须开灯鸣笛或有专人指挥。

9.3.5 支护与加固安全风险控制技术

1. 一般规定

(1)隧道支护施工作业面用电应符合临时用电的要求,其照明应满足安全作业的需要。

(2)隧道支护每项工序施工前均应对作业面进行检查,清除松动的岩石和喷射混凝土块。

(3)隧道支护必须按初喷→架设钢架(钢筋网)、复喷→锚杆的程序施工。在爆破、找顶后,应立即初喷混凝土封闭围岩。

(4)隧道支护施工质量必须达到有关标准规定的要求。超前支护应在完成开挖工作面的加固后进行,每循环之间应有足够的搭接长度与初期支护有效连接。

(5)施工作业台(支)架应按要求设计、检算与审核;台架应牢同可靠,四周应设置安全栏杆、安全网和上下工作梯,经验收合格后方可使用。

(6)特殊地质条件的隧道,应根据具体地质情况采取超前支护、预加固处理方案和安全保障措施。

(7)监理单位应重点检查下列工作:

1)施工作业台(支)架与的设计、检算与审核程序;

2)各类作业台架使用前的验收程序;

3)审批超前支护和初期支护的施工方案;

4)锚杆数量与施工质量(砂浆饱满度、抗拔力);

5)验收喷混凝土厚度、强度,钢筋网及钢架垂直度、间距;

6)管拥、超前小导管、超前锚杆的施工质量;

7)预注浆加固围岩与止水的效果。

(8)施工单位应按设计和工艺流程施工,负责各工序的安全检查,每次支护作业均应进行安全检查。

2. 管棚和超前小导管

(1)管棚和小导管施工前应检验作业台(支)架安全性能,施工过程中应保持稳定。

(2)管棚和小导管施工前应检查钻机、注浆机及配套设备、风水管等施工机具的安全性能,施工过程中应确保钻机稳定牢靠,注浆管接头及高压风水管连接牢固。

(3)管棚和小导管施工过程中应指定专人负责对开挖工作面进行安全观测。

(4)管棚和小导管施工中应按作业程序和技术要求进行钻进、安装、注浆作业。

(5)管棚作业换钻杆及超前小导管作业顶进钢管时,应防止钻杆、钢管掉落伤人。

(6)管棚作业起吊钻杆及其他物件时,应指定专人指挥,统一口令,起吊范围内任何人不得进入。

(7)在水压较高的隧道进行管棚钻孔作业时,应选择适合较高水压的钻孔设备,钻孔设备应采取防突水突泥冲出的反推或拴锚措施;应安装满足水压要求的带止水阀门的孔口管,孔口管应安装牢固;作业时作业人员不应站立在孔口正面,且应远离孔口。

(8)进行管棚施工时应记录钻机钻进的各项技术参数,观察钻渣排出和孔内出水的情况,并与超前地质预报的结果核对。出现异常时,应及时报告并进行处理。

(9)管棚和小导管在运输时应根据运输机械、洞内临时存放场地大小、各类作业台架腹下净空限界确定运输长度和重量。

(10)管棚和小导管在作业平台上临时存放时,应根据平台设计荷载及安全性能检算结果确定存放数量和高度,同时应有防止其滚落、滑下的防护措施。在洞内空地堆放时除应采取防止其滚落的措施外,还应设置醒目的安全警示标志。

3. 预注浆

(1)预注浆必须安装流量计和压力表,严禁注浆压力超过注浆设施和止浆设施的最大额定值。注浆管接头应连接牢固,防止爆破伤人。

(2)预注浆过程中应安排专人对其影响范围内的围岩和结构进行观察和量测,防止因注浆压力过大而引起围岩失稳和结构损坏。

(3)采用预注浆加固围岩或止水,每循环结束后应采取超前探孔或取芯等手段检查注浆效果,达到要求后方可进入下道工序施工。

(4)帷幕注浆应有单项设计,明确注浆孔布置、注浆顺序、注浆方式、注浆压力、注浆量等参数,并应检算止浆墙或止水岩盘的抗压能力。进行帷幕注浆前,应对后方已开挖地段一定范围内采取锚喷或混凝土加固措施,并检查止浆墙或止水岩盘及已开挖段的抗渗情况。

4. 喷射混凝土

(1)喷射混凝土作业前应清除工作面松动的岩石,确认作业区无塌方、落石等危险源存在。

(2)喷射混凝土作业人员应佩戴防尘口罩、防护眼镜等防护用具,并避免直接接触液体速凝剂,不慎接触后应立即用清水冲洗。

(3)非施工人员不得进入正在进行喷射混凝土的作业区,施工中喷嘴前严禁站人。

(4)喷射混凝土作业中如发生输料管路堵塞或爆裂时,必须依次停止投料、送水和供风。

(5)喷射混凝土施工中应经常检查输料管、接头的使用情况,当有磨损、击穿或松脱时应及时处理。

(6)在有水地段喷射混凝土前应对渗漏水进行处理,应将分散的渗水集中引出,严禁采用防水布或铁皮等遮盖材料大面积引水,造成喷射混凝土与岩面分离。喷射混凝土中采用特殊添加材料在有水地段直接作业时,应先进行试验,满足要求后方可推广使用。

5. 锚杆

(1)锚杆的设置应沿隧道轮廓法线方向,倾斜岩层应与岩面或围岩主要节理面垂直。锚杆施工时应根据锚杆设置及围岩实际情况及时调整锚孔角度及采用合适的钻杆和钻进方法。

(2)锚孔钻进作业时,应保持钻机及作业平台稳定牢靠,除钻机操作人员外还应安排至少一人协助作业,作业人员应佩戴安全带、安全帽、防护眼罩等防护用品。

(3)锚杆的类型、规格和质量必须符合国家现行标准的规定,中空锚杆的性能指标应符合《中空锚杆技术条件》的规定。隧道拱部不应采用从杆体中空孔进浆的普通中空锚杆。各种锚杆必须上垫板、带螺帽,垫板与锚杆间不应采用焊接连接;垫板应紧贴孔口混凝土,并随时检查锚杆头的变形情况,及时紧固垫板螺帽。

(4)在围岩破碎、自稳时间短、地应力较大地段,应采用早强砂浆锚杆或早强中空注浆锚杆,亦可采取增加锚杆数量、选用高强锚杆、加大锚杆长度和直径、加大钻孔直径、提高黏结材料的黏结性能等措施。

(5)全长黏结型锚杆应抽查锚杆的砂浆饱满度;预应力描杆应抽查预应力施加情况。

(6)锚杆安设后不得随意敲击,其端部在锚固材料终凝前不得悬挂重物。

6. 钢架

(1)型钢钢架应采用冷弯工艺加工,严禁采取气割、烧割等损伤母材的弯制办法;格栅钢架应采用胎膜焊接;所有部件连接应焊接牢固;加工的成品经验收合格方可使用。

(2)隧道内搬运钢架应装载牢固,固定可靠,防止发生碰撞和掉落。

(3)钢架提升设备应有足够能力,埋设两点应牢固。架设钢架时应采取防护措施,不得利用装载机作为钢架安装作业平台。

(4)钢架节段及钢架之间应及时连接牢固,防止倾倒,钢架背后的空隙必须用喷射混凝土充填密实,严禁背后填充片石等其他材料;钢架安装完成后应及时施作锁脚锚杆(管),并与之连接牢固,钢架底脚严禁悬空或置于虚渣上。

(5)采用分部法开挖的隧道,下部开挖后钢架应及时接长、落底,严禁钢架底脚悬空以及两侧同时开挖接长,且应根据围岩情况控制开挖长度,底脚应增设锁脚锚杆(管)。

(6)钢架的垂直度必须控制,不符合要求的钢架应返工重做。

(7)当钢架侵入限界需要更换时,应采取逐榀更换、先立新钢架后拆除废钢架的方法,严禁先拆废钢架后立新钢架或同时更换相邻的多榀钢架。

9.3.6 衬砌安全风险控制技术

1. 一般规定

(1)衬砌施工作业面用电应符合临时用电的要求,其照明应满足安全作业的需要。

(2)一般地段隧道施作衬砌应在围岩和初期支护变形稳定后进行;在浅埋、偏压、围岩松散破碎等特殊地段和洞口段应尽早施作衬砌。

(3)在软弱、破碎、高地应力、大变形的围岩地段,仰拱应随开挖及时施作,尽快形成封闭环,并超前于墙拱衬砌。同时应合理确定与开挖和衬砌作业面的距离。

(4)衬砌作业台架下预留通行作业人员、施工车辆以及安设风、水、电线路或管道的净空,应满足洞内车辆和人员安全通行的要求。

(5)衬砌作业台架应有足够的强度、刚度和稳定性,衬砌台车、台架组装调试完成应经验收合格方可投入使用。

(6)衬砌作业台架、仰拱施工栈桥的移动,应有专人指挥,慢速移位,工作区严禁非作业人员和车辆通行、停留；非作业人员、设备、材料、工器具等应撤离到安全地点。

(7)衬砌作业台架、作业平台四周应设置安全栏杆、密闭式安全网、人员上下工作梯，衬砌台车及防水板施工作业台架还应配置灭火器，经验收合格方可投入使用。

(8)衬砌作业台架、作业平台上的各类用电设备应有绝缘保护装置，电线路还应符合洞内临时用电要求。

(9)运输机械应按规定线路及限行速度行驶，过往台架、栈桥时应加强瞭望，倒车作业应有专人指挥，驻停时应有制动措施及安全警示标志。

(10)每项衬砌作业完毕后应及时清理作业场地、消除安全隐患，保持作业场地清爽、通行无碍。

2. 衬砌台车

(1)衬砌台车应具有出厂合格证和产品说明书。

(2)衬砌台车的组装、拆卸应在洞外宽敞、平坦、坚实的场地上进行；当条件限制，必须在洞内组装、拆卸时，应选在围岩条件较好和洞身较宽阔的地段进行。

(3)埋设衬砌台车各类吊点、吊具应牢固可靠；组装、拆卸的吊装作业应符合起重作业要求。

(4)衬砌台车组装完毕后，应由专业人员检查台车各部件连接情况，确保各部件连接牢固可靠，支撑系统、驱动系统应经调试合格后方可投入使用。

(5)衬砌台车就位后，应按规定设置防溜车装置，按设计高程及中线调整台车支撑系统，液压支撑应有锁定装置。

(6)使用衬砌台车进行混凝土作业时应安排专人检查台车支撑系统安全性能。

3. 防水板

(1)防水板的临时存放点应设置消防器材及防火安全警示标志，并有专人负责看管和发放。

(2)防水板铺设地段应配备足够数量的消防器材。

(3)防水板施工时严禁吸烟，钢筋焊接作业时，应设临时阻燃挡板防止机械损伤和电火花灼伤防水板。

(4)防水板作业面的照明灯具严禁烘烤防水板。其防水板间距离不得小于 50 cm。

(5)防水板作业时应指定专人观察作业安全状态。

4. 钢筋

(1)从事钢筋加工和焊(连)接的操作人员必须经考试合格，持证上岗。

(2)隧道内运输钢筋应根据各类作业台架腹下净空、洞内设施情况进行装载并捆绑牢固，固定可靠，防止发生碰撞和掉落。

(3)衬砌钢筋安装过程中应采取临时支撑等防倾倒措施，临时支撑应牢固可靠并有醒目的安全警示标志，作业人员与过往机械不得踩踏、碰撞。

5. 混凝土浇筑

(1)泵送混凝土管道安设及连接应符合规定，施工过程中应经常检查其连接的可靠性、安全性及管道的稳定性。

(2)泵送混凝土管道堵塞时，应及时停止泵送并逐节检查确定堵塞部位。堵管处理应按操作程序进行，不得违规作业。

(3)衬砌混凝土浇筑时必须控制浇筑速度，浇筑压力不得过高，并保证两侧基本对称浇筑。

(4)衬砌台车端头挡板与防水板、台车间接触面应紧密，挡板支撑应稳固。混凝土浇筑过程中应安排专人检查挡板及支撑的安全状况。

(5)混凝土浇筑过程中应有专人检查台车受力状况，当台车出现变形等异常情况时，作业人员应及时撤离作业平台，隐患消除后方可恢复作业。

(6)仰拱应分段一次整体浇筑,并根据围岩情况严格限制次施工长度;工作区应有专人监护,并设警示标志。

(7)仰拱施工应配备有足够的强度、刚度和稳定性的栈桥等架空设施。仰拱施工栈桥基础应稳固,桥面应进行防侧滑处理,栈桥两侧应设限速警示标志,通过速度不得超过 5 km/h。

9.3.7 监控量测安全风险控制技术

1. 一般规定

(1)设计单位应根据隧道工程地质条件、环境条件、断面大小、施工方法和安全要求进行监控量测设计,在开工前向施工单位做好技术交底,提供与本工程监测项目相关的技术参数,科学指导现场施工的监控量测工作。

(2)在工程项目开工前,施工单位必须成立监控量测小组,建立质量保证体系。在施工过程中应将监控量测纳入正常的施工组织管理并在监控量测工作实施前编制实施方案。

(3)监理单位应审查施工单位监控量测资质,对隧道监控量测实施过程进行监理和审核监控量测成果等。

(4)当施工安全性评价超过Ⅱ级管理时,建设单位、勘察设计单位必须尽快明确有针对性的施工措施,确保施工安全。

(5)对工程地质和环境条件特别复杂的隧道,建设单位应选择具有专业资质的第三方进行监控量测或复核工作。第三方应建立监控量测安全管理体系。

(6)监控量测人员必须经过隧道施工安全教育培训,掌握安全操作技术和安全生产基本知识。

(7)监控量测实施单位应配备安全员,在隧道监控量测过程中应设有安全岗哨。

(8)监控量测作业区域照明的光照度必须满足数据采集和作业人员安全操作的需要。

(9)隧道施工过程中要妥善保护监控量测的元器件,并有显著的安全标识。在岩煤地段埋设量测元器件,必须对岩爆妥善处理后进行。

(10)隧道内观察应在开挖工作面和已施工地段分别进行。开挖工作面应在每次开挖后进行观察和绘制地质素描图、进行数码照相,详细填写地质情况记录表,并与勘查设计资料对比,隧道内已施工地段应随时观察记录喷射混凝土、锚杆、钢架等的工作状态。

(11)隧道观察重点应为洞门段和浅埋洞身段。洞外地表观察应记录地表开裂与变形、洞口边坡与仰坡稳定状态等情况,同时应对地面建(构)筑物进行观察。

(12)隧道穿过浅埋地段时,必须作好控制爆破设计和地表监控最测设计,并加强地表下沉观测和地面爆破振动观测。

(13)隧道开挖工作面的地质素描以及支护状态、地表影响范围内建(构)筑物的描述,应每掘进循环记录 1 次,必要时,对地表影响范围内的建(构)筑物的描述频率应加大。

(14)监控量测使用的作业台架、高空升降车、升降梯等必须安设牢固,作业时操作人员必须系安全带。

(15)埋设多点锚杆位移器、锚杆应力计时,操作人员必须遵守机械设备操作安全的有关规定,开钻前必须进行安全技术交底。

(16)在富水区隧道安装量测仪器或进行钻孔时,发现岩壁松软、掉块或钻孔中的水压、水量突然增大,以及有顶钻等异常情况时,必须停止钻进,立即上报有关部门,并派人监测水情。当发现情况危急时,必须立即撤出所有受水威胁区域的人员,然后采取措施进行处理。

2. 施工安全性评价

(1)监控量测信息反馈应根据监控量测数据分析结果,对施工安全性进行评价,并提出相应的工程对策与建议。

(2)隧道施工过程中应进行监控量测数据的实时分析和阶段分析。每天根据监测数据及时进行分析,发现安全隐患应分析原因并提交异常报告,原则上按周、月递交分析报告,但特殊情况下必须紧急报告。监测实施单位应及时将量测数据和分析结果反馈给设计和监理单位,并迅速处理。

(3)根据量测结果,必须按施工安全评价流程开展工作。

(4)地表沉降控制基准应根据地层稳定性、周围建(构)筑物的安全要求分别确定,取两者最小值。

(5)当出现变形加速、应力或应变急剧增大并接近控制基准值,以及通过观察发现结构开裂与渗漏水异常、钢架压屈等情况时,必须在确保安全的前提下迅速实施结构加固和补强措施,必要时可暂停施工。

9.3.8　施工排水安全风险控制技术

1. 一般规定

(1)隧道施工应做好排水工作,防止涌水淹没洞室,危及人员、设备和环境安全,影响施工质量和进度。

(2)隧道施工前必须根据设计提供的工程及水文地质资料,结合现场实际情况,进行分析研究,预计可能出现的地下水情况,估计水量,制订排水方案。

(3)施工前应对地表水进行处理并及早修建洞口防排水设施,防止地表水渗漏及冲刷边仰坡危及结构和施工安全。

(4)洞内施工排水沟应经常清理,保持畅通,防止淤塞。

(5)洞内反坡排水应采用机械排水,并应符合下列规定:

1)排水方式应根据距离、坡度、水量和设备情况布置管路,一次或分段接力排出洞外;

2)集水坑容积应按排水量合理确定,其位置应减少施工干扰;

3)配备抽水机的功率应大于排水量的 20%以上,并应有备用台数。

(6)在膨胀岩、土质地层、围岩松软地段,应铺砌水沟或用管槽排水,洞内施工用水应加强管理,严格控制。

(7)对富水软弱破碎幽岩、岩溶等有突涌水风险的隧道,必须进行防突涌水专项设计,编制专项安全技术方案。

(8)隧道内有水地段的高压电线必须按有关要求铺设,照明必须采用安全电压及防水灯头和灯罩。施工现场电线、电缆使用过程中应经常检查,确保绝缘良好。

(9)隧道施工排水,应重视环境保护,经过处理符合现行国家标准《污水综合排放标准》的规定后方可排放。

2. 斜井和竖井排水

(1)斜井、竖井施工时,必须有完善的排水设施并保证抽、排水设备的完好。

(2)斜井掘进排水,应采用边掘边排的方法。当遇到涌水量较大的含水层、断层或裂隙涌水时,应采取分段截排水的措施。

(3)竖井的排水方案应根据水文地质资料、井身深度及各施工阶段井身涌水量大小等因素确定。竖井井壁渗水影响施工时,应采取措施处理,固结地层后再进行开挖。

(4)斜井、竖井的井底应设排水泵站,采用相应扬程的抽水机将围岩裂隙水和施工污水经管路排出井外。排水泵站设置应符合下列规定:

1)应设在铺设排水管的井身附近,并应与主变电所毗邻;

2)洞室应能满足水泵、排水管、起重设备安装及运输要求;

3)地面高程应高出通道入口处井底车场底板高程 0.5 m,地面应向吸水池一侧设 1%的下坡;

4)泵站应留有增加水泵的余地,必要时,应辅以局部堵水、综合治理或选择潜水泵排水等其他防治水措施;

5)水文地质条件复杂、有突然涌水淹井危险的坑道,在泵站通往井底车场的通道中应设置防水密闭门;

6)竖井井下排水泵站应设两个出口,一个通往井底车场,另一个用倾斜的管子道与井身连接;连接处应高山泵站地面 7 m 以上;管子道的倾角应采用 25°～35°,并应设人行台阶;管子道的净空应保证安设排水管后仍能通过水泵或电动机,其高度不得小于 2 m;管子道与井身连接处应设 2 m 左右缓坡段,并以 3%～5%的坡度倾向斜井或竖井。

(5)井下排水泵站水仓的设置应符合下列规定:

1)由两条独立、互不渗漏的坑道组成,水仓容积应根据涌水量情况确定;

2)分段排水时,腰泵站水仓容积按应泵站 10～15 min 排水能力设计;

3)入口应设在井底车场排水沟的最低处,入口前必须设置沉淀池,沉淀池的容积应根据水质情况确定;

4)吸水池应采用直接与水仓相连接的形式,连接处应设控制闸阀。

(6)斜井、竖井井下排水泵站的水泵及排水管,应根据隧道设计涌水量、水质和扬程等因素确定,并符合下列要求:

1)各排水泵站的水泵应选用一种型号;

2)确定水泵扬程时,应考虑排水管淤积所增加的阻力,将计算的管道损失增加 70%;

3)工作泵和排水管的能力,应能在 20 h 内排出 24 h 的隧道设计涌水量;

4)应设有备用的水泵及排水管;

5)工作和备用的水泵及排水管的总能力应能在 20 h 内排出 24 h 的隧道最大涌水量;

6)备用水泵的配备能力不应小于工作水泵的总能力;

7)当水泵设有止回阀或底阀时,应进行停泵水锤压力计算;当水锤压力值大于管道试验压力时,应采取消除水锤的措施;

8)泵站中每台水泵均应能向 2 条排水管输水,每条排水管上应设置放空管及放水闸阀。

(7)排水管的管材应根据水压、水质和敷设条件确定,并应符合下列要求:

1)排水管沿斜井敷设,当压力大于 1 MPa 时,不应采用铸铁管;

2)排水管沿竖井敷设时,应选用无缝钢管或焊接钢管;

3)涌水的 pH 值小于 5 时,排水设备应采取防腐蚀措施。

9.3.9 通风、防尘与风水电供应安全风险控制技术

1. 通风与防尘

(1)隧道施工独头掘进长度超过 150 m 时,必须采用机械通风。

(2)隧道施工通风应纳入工序管理,成立专门的通风班组,由专人负责管理。通风方案应经过专项审查,经监理单位审批后实施。

(3)隧道施工应保证对每一作业人员供应新鲜空气不小于 3 m^3/min,采用内燃机械作业时,供风量不应小于 3 m^3/(min·kW)。

(4)隧道施工通风的风速,全断面开挖时不应小于 0.15 m/s,在分部开挖的坑道中不应小于 0.25 m/s。

(5)隧道施工环境必须符合国家有关规定,并应满足下列卫生及安全标准的要求:

1)空气中氧气含量按体积计不得低于 20%。

2)粉尘容许浓度,每立方米空气中含有 10%以上的游离二氧化硅的粉尘不得大于 2 mg。每立方米空气中含有 10%以下的游离二氧化硅的矿物性粉尘不得大于 4 mg。

3)常见有害气体容许浓度:一氧化碳容许浓度不得大于 30 mg/m^3,在特殊情况下,施工人员必须进入开挖工作面时,浓度可为 100 mg/m^3,但工作时间不得大于 30 min;二氧化碳按体积计不得大于 0.5%;氮氧化物(换算成 NO_2)浓度应在 5 mg/m^3以下。

4)隧道内气温不得高于 28 ℃。

5)隧道内噪声不得大于 90 dB。

(6)长及特长隧道施工应有备用通风机和备用电源,保证应急通风的需要。

(7)通风机、通风管安装与使用应符合下列要求:

1)通风机控制系统应装有保险装置,当发生故障时应自动停机;

2)通风管沿线应每隔 50～100 m 设立警示标志或色灯;人员严禁在风管的进出口停留;

3)通风管安装作业台架应稳定牢固,经验收合格后方可使用。

(8)隧道施工应采取综合防尘措施,并配备专用检测设备及仪器,按规定时间测定粉尘和有害气体浓度。

(9)隧道施工人员应配备防尘口罩、耳塞等个人劳动保护用品。洞内作业人员应定期体检,保障健康。

2. 供风

(1)空压机站应有防水、降温和保温设施,并按规定配备消防器材;距离居民区较近时应有防噪声、防振动的措施。

(2)空压机的使用、维修应符合下列规定:

1)储气罐、安全阀、压力表应按规定进行检验;

2)使用前应检查空压机的安全状况,确认完好后方可投入使用;使用过程中应经常检查维护,确保安全运转;

3)操作人员应经专业培训并持证上岗,并遵守安全操作规程;

4)必须执行交接班制度,并作好交接班记录,值班人员不得随意离岗;

5)运转过程中不得随意松动、拆卸任何管路附件和接头,防止设备内部带压的气液混合体溢出伤人;

6)检修或维护时必须停机、切断电源并排尽压缩空气,同时将配电箱锁闭并悬挂“严禁合闸”警示牌,防止意外启动导致人员及设备的损伤。

(3)供风管安装应符合下列规定:

1)供风管的材质及耐风压等级应满足相应要求,不得采用伪劣或不合格管材;

2)供风管安装前应进行检查,当有裂纹、创伤、凹陷等现象时不得使用,管内不得留有残余物和其他脏物;

3)洞内供风管应敷设在电缆、电线路的相对一侧,不得妨碍运输和影响侧沟施工;风管网路中应分段设控制闸阀,以利于控制和检修;

4)供风管应敷设平顺,接头严密,不漏风。软管与钢风管的连接必须牢固可靠,风管拆卸必须在空压机停机或关闭闸阀后进行。

(4)供风系统使用过程中应设专人负责检查和维护,对漏风管路及闸阀等应及时进行修复或更换。

3. 供水

(1)隧道工程用水使用前应经过水质鉴定,并符合施工用水水质要求。

(2)蓄水池不得设于隧道正上方,水池基础应置于坚实地基上;蓄水池顶部必须设防护棚,四周应设防护栏,并有明显的安全警示标志,防止人员坠入。

(3)机械抽水应有专人负责,当抽水机房没住河边时,应有防洪措施。水池与机房之间应保持通信联系。

(4)抽水机电机的绝缘阻值应符合要求,机体应有可靠的接地接零保护。

(5)供水管道在安装前应进行检查,有裂纹、损伤等现象时不得使用,管内不得留有残余物。

(6)供水管道布置应符合下列规定:

1)供水管路应敷设平顺,接头严密,不漏水;

2)洞内管道应铺设在电缆、电线路的相对一侧,不得妨碍运输和通行;

3)寒冷地区冬期施工时,应采取防冻措施,防止供水管道冻裂。

(7)供水系统应设专人负责检查维护,对漏水管路及闸阀应及时修复或更换,对水源含泥沙较多的高压水池应定期清洗。

4. 供电

(1)隧道供电电压应符合下列要求:

1)供电线路应采用 380 V/220 V 三相五线系统;

2)照明电压:作业地段不得大于 36 V,成洞地段可采用 220 V;

3)低压线路末端的电压降不得大于 10%。

(2)隧道内供电线路布置和安装应符合下列规定:

1)成洞地段固定的电线路,应用绝缘良好的塑料绝缘导线架设;施工地段的临时电线路宜采用橡套电缆,并应挂设在临时支架上;竖井、斜井应使用铠装电缆;

2)照明和动力电线路安装在同一侧时,必须分层架设;电线悬挂高度应为:电压 380 V 时不小于 2.5 m,10 kV 时不小于 3.5 m;

3)涌水隧道的电动排水设备,以及斜井、竖井内的电气装置应采用双回路输电,并有可靠的切换装置;

4)36 V 低压变压器应设在安全、干燥处,机壳接地,输电线路长度不得大于 100 m;

5)动力干线上的每一分支线,必须装设开关及保险装置;严禁在动力线路上加挂照明设施。

(3)在隧道内设置 10 kV 变电站,应符合下列要求:

1)变电站应设置在干燥的避车洞或不使用的横通道内,变压器与周围及上下洞壁的最小距离不得小于 300 mm;

2)变电站周围必须装设防护遮拦和警示灯,悬挂"止步,高压危险"或"禁止攀登,高压危险"等安全警示牌;

3)变电站应采用井下高压配电装置或相同电压等级的油开关柜,不应使用跌落式熔断器。低压应采用成套组合电器或带有空气断路器的低压配电盘。

(4)隧道施工照明应符合下列规定:

1)隧道内照明的光照度应充足、均匀,不得有闪烁;

2)采用普通光源照明时,其光照度应满足表 9-62 的要求;不安全因素较大的地段应加大光照度；

表 9-62　隧道施工照明要求

施工作业地段	最小光照度(lx)	施工作业地段	最小光照度(lx)
开挖工作面	50	运输通道	15
其他作业地段	30	成洞地段	10

3)洞内主要交通道路、抽水机站等重要场所，应有安全照明；

4)隧道施工照明应采用防水、防尘灯具。

(5)隧道施工用电应按设计要求设置双电源或自备电源。自备发电机组与外电线路必须电源联锁，严禁并列运行。

9.3.10　斜井与竖井安全风险控制技术

1. 一般规定

(1)斜井、竖井井口周边的截水、排水系统和防冲刷设施应在开挖前妥善规划，尽早完成。斜井洞门、竖井锁口圈应及早施作。

(2)斜井、竖井的边仰坡开挖不应采用大开挖、大爆破，开挖坡面应及时进行防护，坡面有危石时应进行清除或防护。

(3)斜井、竖井与正洞连接处的施工必须编制专项施工方案，有针对性地制定安全技术措施，按程序报批后方可进行。

(4)斜井、竖井与正洞连接处在开挖前应检查围岩稳定情况，必要时采取超前预加固措施。开挖后，应及时支护和监控量测，围岩差时应及早施作二次衬砌。

(5)斜井、竖井废弃时应按要求做好排水、加固，并采取安全防护措施。

2. 斜井安全技术措施

(1)斜井施工应根据斜井出水量进行抽排水设计，配置满足抽排水需要的各种设施和设备。长大斜井应制定专项抽排水设计方案及应急预案，方案应经有关单位评审。

(2)长大斜井应配备双电源和双管路，并保证在系统电源断电后立即切换到备用电源上。

(3)隧道运输应建立统一的运输调度管理制度，并由专人负责。在斜井与正洞交叉处应设专人指挥，并设置反光警示镜及限速标志。

(4)斜井施工应加强施工照明和施工通风管理，保证洞内视线和通风效果良好。

(5)斜井掘进应符合下列规定：

1)斜井安装初期支护钢架时，必须按设计要求进行，并在安装过程中采取专门稳固钢架的措施；

2)各种作业平台必须配有制动装置，就位后应进一步采取加固措施，防止作业过程中顺坡溜滑。

(6)斜井无轨运输道路应符合下列规定：

1)长及特长隧道综合坡率不应大于 10%，并应每隔一定距离设长度不小于 30 m 的平坡段；

2)单车道的斜井，每隔一定距离应设置一处会车道，其长度应满足安全行车要求；

3)斜井内运输道路必须硬化，并采取防滑措施。

(7)斜井无轨运输车辆必须限速行驶，进洞重车不得大于 8 km/h，轻车不得大于15 km/h；出洞爬坡不得大于 20 km/h。

(8)斜井无轨运输,洞内、外应设各种安全设施和警示标志,并应符合下列规定:

1)洞外距离洞口一定位置应设限高标志;洞内各种作业平台必须满足最小行车限界要求,并设置明显的警示标志;

2)在洞内的集水坑、变压器、紧急避险处应设置防撞隔离栏和闪光红灯警示标志;

3)洞内通道一侧每隔一定距离应设置一处防撞安全岛,安全岛内应设有废轮胎防撞墙,作为车辆制动失灵时的安全应对措施。

(9)斜井运输车辆投入使用前应进行检查,符合要求方可进洞作业;施工作业中,项目部安全主管部门每月应进行不少于1次的抽查;驾驶员应每天对车辆进行自检,确保车况良好。

(10)斜井采用有轨运输时,井门必须设置挡车器,并设专人管理;斜井长度超过100 m时,应在井口下20 m和接近井底60 m处设置第二道挡车器;长大斜井应每隔100 m和接近井底时在轨道上设置防溜车装置。

(11)斜井有轨运输时井身每隔30~50 m应设置躲避洞,井底停车场应设避车洞,井底附近的固定设备应设置在专用洞室内。

(12)斜井口、井下及卷扬机之间应有联络信号。提升、下降与停留应有明确的色灯和音响等信号规定。

(13)斜井中牵引运输速度不得大于5 m/s,接近洞口与井底时不得大于2 m/s,升降加速度不得大于0.5 m/s^2。

(14)斜井提升设备必须装设下列保险装置:

1)防止过卷装置,当提升容器超过正常卸载位置0.5 m时,必须能自动断电,并能使保险闸发生作用;

2)防止过速装置,当提升速度超过最大速度15%时,必须能自动断电,并能使保险闸发生作用;

3)当提升速度超过3 m/s时,必须装设限速器,保证提升容器到达终端停止位置前的速度不大于2 m/s;

4)提升卷扬机必须装设深度指示器、开始减速时能自动示警的警铃及司机不需离座即能操纵的常用闸和保险闸。

(15)斜井施工使用的钢丝绳应符合下列规定:

1)提升用的钢丝绳必须每天检查1次,每隔6个月检验1次;

2)钢丝绳的安全系数和检验要求可参照《起重机安全规程》的规定;

3)钢丝绳的钢丝有变黑、锈皮、点蚀麻坑等损伤时,不得用作升降人员;钢丝绳锈蚀严重,点蚀麻坑形成沟纹,外层钢丝松动时,必须更换。

(16)斜井施工中严禁人员乘坐斗车、矿车。当斜井的垂直深度超过50 m时,应配备运送人员的车辆,其使用应遵守下列规定:

1)运送人员的车辆必须有顶盖,并装有可靠的防坠器;当断绳时能自动发生作用,同时也能用手操纵;

2)运送人员的列车必须设车长跟随,车长坐在行车前方的最前排座位上,手动防溜车装置必须装在车长座位处;

3)每班运送人员前,必须检查车辆的连接装置、保险链及防坠器;运送人员前,应先放一次空车,检查斜井轨道和卷扬机的安全状况;

4)运送人员的车辆不得超过定员,乘车人员及携带的工具不得超出车厢;

5)运送人员的车辆中必须装有向卷扬机司机发送紧急信号的装置。

3. 竖井安全技术措施

(1)竖井井口及井架应符合下列规定：

1)井口的锁口圈应配置井盖，只有在升降人员和物料进出时，井盖方可打开；

2)井口应设防雨设施，通向井口的轨道应设阻车器；

3)井口周围应设置安全栅栏和安全门，安全栅栏的高度不应小于 1.2 m；

4)井口、井底、绞车房和工作吊盘间均应有联络信号，并有专人负责，必要时应装设直通电话；

5)竖井井架天轮棚必须安装避雷针，井架脚必须安装接地线。

(2)竖井掘进应符合下列规定：

1)竖井钻孔结束后，应将钻孔机具提升出井外，防止爆破损坏钻孔机具；

2)每次爆破后，应有专人清除危石和掉落在井网上的石渣，并检查初期支护和临时支撑有无受损，清理完后方可正常工作；

3)当工作面附近或未衬砌地段发现落石、支撑发响、大量涌水时，施工人员应立即撤出井外，并报告处理。

(3)竖井提升机械的使用应符合下列规定：

1)提升机械安装完毕后必须经具有专业资质的检测机构验收合格，并出具安全检验合格证书，方可投入使用；

2)提升机械不得超负荷运行，并应有深度指示器和防止过卷、过速等保险装置，以及限速器和松绳信号等；

3)工作吊盘的载重量不得超过吊盘的设计载重能力；

4)提升用的钢丝绳和各种悬挂使用的钩、链、环、螺栓等连接装置，应具有规定的安全系数，使用前应检验合格后方可安装；使用中应定期检查、维修和更换。

(4)竖井采用吊桶升降人员和物料时应遵守下列规定：

1)吊桶必须沿钢丝绳轨道升降，保证吊桶不碰撞岩壁；

2)运送人员及物料的速度不得超过有关规定；

3)提升钢丝绳应与吊桶连接牢固，不得自动脱钩；

4)吊桶上方必须设置保护伞；

5)不得在吊桶边缘上坐立，乘坐人员身体的任何部位不得超出桶沿；

6)吊桶不准超载，装有物料的吊桶不得乘人。

(5)竖井采用罐笼升降人员和物料时，应遵守下列规定：

1)罐顶应设置可打开的铁盖或铁门，罐底必须满铺钢板，并不得有孔；

2)罐笼一次容纳人数和最大载重量应明确规定，并在井口公布；

3)罐笼升降速度不得大于 3 m/s，加速度不得大于 0.25 m/s^2；

4)罐笼、钢丝绳、卷扬机各部及其连接处，必须设专人检查，发现钢丝绳有损，罐道和罐耳间磨损度超过规定等，必须立即更换；

5)升降人员或物料的单绳提升罐笼必须设置可靠的防坠器；

6)罐笼升降作业时，其下方不得停留人员。

(6)竖井防排水应符合下列规定：

1)竖井建井期间，如果裂隙水较发育，影响作业人员安全，应采用周边帷幕注浆止水；在有少量裂隙水时，应随竖井的施工开挖在井底设集水坑，采用小型抽水机将水抽入吊桶排至井外；

2)竖井使用期间，正洞裂隙水及施工废水应排入井底水仓，由井底抽水机排出。

9.3.11 营业线上隧道改建施工安全风险控制技术

隧道改建工程,要抓住施工准备、施工开挖、出渣运输、开通线路四个重要环节。

1. 施工准备

(1)施工封锁条件

改建隧道施工一般应在封锁区间的条件下进行,施工前施工单位应提出初步的施工组织方案、提出施工封锁要求,经分局审查后,按批准的方案组织实施。

(2)施工限界

开工前要按照机车车辆限界每边各增加 150 mm 确定施工限界,所设计的脚手架要满足施工限界的要求,必要时还要考虑超限货物装载要求。为了检查列车的限界情况,应在隧道两端的车站设置限界门。

(3)工地通信

隧道至两端车站、隧道口至作业点之间要有可靠的通信联络,以及时掌握行车和施工情况。

2. 隧道开挖

(1)开挖方法

挑顶改建隧道应由洞内向洞外进行、由围岩稳定性好的向稳定性差的地段进行、从干燥无水向有水的地段进行,可以有效地防止涌水、塌方;扩宽既有线隧道、抽换边墙、落底改建隧道增设或加深侧沟均应采用跳槽开挖,并根据不同情况采用不同的跨度,跳槽开挖可以控制围岩压力、预防塌方。

(2)爆破方法

一般采用控制爆破先拆除部分衬砌,再开挖围岩,在爆破的过程中要预防飞石冲击损坏轨道等行车设备、爆破后大量塌方、涌水涌泥、破坏临时衬砌、早爆或盲炮。

(3)施工支撑

爆破开挖前要检查既有隧道的完整性和稳定性,必要时采用钢拱支撑加固,爆破后要针对具体情况对围岩进行喷锚支护或钢拱支撑防护。

3. 出渣运输

出渣量比较大时,采用机车或重型轨道车运输;出渣量不大时,可以利用既有轨道用小车运输;出渣量小,可以利用单轨车运输。应设专人指挥装渣、运输和卸渣,专人检查运输道路、清理散落下来的石渣石块,养护维修运输道路,定期检查、维护运输车辆。

4. 开通线路

隧道改建施工爆破或者发生塌方、涌泥后,在开通线路前,要进行必要的检查,要检查是否符合放行列车条件,围岩有无松动,有无瞎炮和残余炸药,机具、材料和石渣是否侵限,爆破器材是否撤出洞外等。

9.4 邻近不良地质地段安全风险预报技术

9.4.1 邻近大型溶洞水体或暗河的主要前兆标志

(1)裂隙、溶隙间出现较多的铁染锈或黏土。

(2)岩层明显湿化、软化,或出现淋水现象。

(3)小溶洞出现的频率增加,且多有水流、河沙或水流痕迹。

(4)钻孔中的涌水量剧增,且夹有泥沙或小砾石。

(5)有哗哗的流水声。

(6)钻孔中有凉风冒出。

9.4.2　邻近断层破碎带的主要前兆标志

(1)节理组数急剧增加。

(2)岩层牵引褶曲的出现。

(3)岩石强度的明显降低。

(4)压碎岩、碎裂岩、断层角砾岩等的出现。

(5)邻近富水断层前断层下盘泥岩、页岩等隔水岩层明显湿化、软化,或出现淋水和其他涌突水现象。

9.4.3　邻近人为坑洞积水的前兆标志

(1)岩层明显湿化、软化,或出现淋水现象。

(2)岩层裂隙有涌水现象。

(3)开挖工作面空气变冷或发生雾气。

(4)有嘶嘶的水声。

(5)邻近煤层老窑积水的前兆是岩层中出现暗红色水锈或渗水中挂红。

9.4.4　大规模塌方的前兆标志

(1)拱顶岩石开裂,裂缝旁有岩粉喷出或洞内无故尘土飞扬。

(2)初支开裂掉块、支撑拱架变形或发生声响。

(3)拱顶岩石掉块或裂缝逐渐扩大。

(4)干燥围岩突然涌水等。

9.4.5　煤与瓦斯突出的前兆标志

(1)开挖工作面地层压力增大,鼓壁,深部岩层或煤层的破裂声明显、响煤炮、掉砟、支护严重变形。

(2)瓦斯浓度突然增大或忽高忽低,工作面温度降低,闷人,有异味等。

(3)煤层结构变化明显,层理紊乱,由硬变软,厚度与倾角发生变化,煤由湿变干,光泽暗淡,煤层顶、底板出现断裂、波状起伏等。

(4)钻孔时有顶钻、夹钻、顶水、喷孔等动力现象。

(5)工作面发出瓦斯强涌出的嘶嘶声,同时带有粉尘。

(6)工作面有移动感。

9.5　塌方风险预防与控制技术

在隧道工程重大事故中,塌方引起所占的比例约 50%,因此,对塌方进行预防避免事故发生以及塌方发生后进行有效、及时的处理以减少事故损失和引发次生灾害都是非常重要的工作。

9.5.1 塌方发生的原因

发生隧道塌方的原因是多方面的,有的是人为因素,有的是非人为因素,可以概括为四个方面:

(1)地质因素

在勘探和施工过程中对地质情况认识不清,造成施工时出现了塌方。

(2)设计因素

洞口的位置选择不恰当、设计的支护参数偏小、针对特殊不良地质地段的处理措施不当等。

(3)施工技术因素

1)根据局部地质状况,需要采取超前支护措施而未采取,或虽然已采取但其质量和效果未能达到要求;

2)开挖方法不正确,如应该采用半端面开挖而实际采用了全断面,应该采用分步开挖的而实际采用了全断面或半断面等;

3)初期支护未按设计的参数进行,如锚杆的长度、间距、喷射混凝土厚度等,使围岩的稳定性达不到要求;

4)隧道的爆破设计有问题,造成对围岩的扰动过大;

5)施作二次衬砌的时间太迟,围岩无法承受应力重分布后带来的直接作用而发生塌方;

6)采用长台阶法施工时,上、下台阶的间距太大,直接导致塌方的发生;

7)在软弱围岩的施工中,没有及时施作仰拱,未形成封闭的环状受力;

8)采用新奥法施工时,没有按时、按量的开展量测工作,或虽开展了量测工作,但未及时进行信息反馈,从而造成决策失误。

(4)管理因素

1)未经上级技术部门同意,擅自改变施工方法,如开挖方式、支护方式等;

2)不严格遵守设计文件、施工组织设计、隧道施工技术规范、隧道验收评定标准的要求和规定组织施工,达不到"均衡生产、有序施工"的要求;

3)安全、质量意识淡薄,在施工中存在侥幸心理、偷工减料、弄虚作假等,造成支护质量远远达不到设计要求;

4)由于不合理工期、不合理造价等宏观决策,引起施工过程中强行追求进度,造成支护强度达不到应有的要求,从而引发塌方。

9.5.2 塌方的综合预防措施

(1)工程地质方面

1)首先要了解设计上标注的地质情况及特点,并随时与现场的实际地质情况相对照,弄清设计意图,这一点对隧道防塌方工作极为重要。以往的事实说明,许多隧道塌方的发生,都是因为忽视隧道所处的地质条件或对地质条件发生变化熟视无睹造成的。

2)加强对地质的超前预防,主要的措施有超前钻孔、地质雷达、波速测试以及宏观的工程类比法等。

3)在软弱围岩地段,为了防止塌方,必须采取正确的开挖方法,如短台阶法、分部开挖法等,并确保初期支护质量,如果软弱围岩地段又同时处在浅埋和大跨度的情况下,此时是隧道施工安全最薄弱的地方。为了防止塌方，必须制定一整套的防塌方技术措施，内容包括：超前支护、加强初期支护、监控量测、二次衬砌紧跟等。

4)在隧道开挖过程中，突然遇到了较大的涌水、流沙、溶洞、断层及破碎带时，必须及时改变施工方法，增大支护参数，以及其他必要的技术处理手段，才能达到防塌方的目的。

(2)施工技术方面

1)为了尽量利用围岩的自承能力，减少对围岩的扰动，应尽可能地采用全断面的光面爆破技术；对于地质条件较差者，可采用半断面，同时采用弱爆破技术；对于大断面和特大断面，应采用分部开挖法进行，如CD法、CRD法等。

2)初期支护对于隧道的稳定起决定性作用，支护的目的就是提高围岩的自稳能力，延长其自稳时间，以保证在施作二次衬砌前不发生塌方，因此，必须确保初期支护的参数和质量达到设计要求。特殊情况下，还可以采用预应力锚杆、膨胀性锚杆、迈式锚杆，喷射混凝土可采用钢纤维喷射混凝土、碳纤维喷射混凝土等技术手段。

3)当围岩的自稳能力较差时，为了预防塌方，必须采用超前支护，其主要内容有：超前锚杆、小导管注架、管棚、全断面预注浆、深孔注浆、帷幕注浆以及在洞口浅埋段采用的地表注浆等。

4)二次衬砌不得严重滞后初期支护，软弱围岩地段应紧跟开挖，Ⅲ、Ⅳ级围岩需根据量测结果确定最佳施作时间。

5)量测工作在隧道的防塌方工作中，起着重要的作用，它是新奥法的三大核心之一。围岩的失稳破坏总有一定的先兆，通过将量测结果与设计给出的判断标准(也称为管理值)比较，即可得出围岩，包括初期支护是否稳定的结论。但是必须指出的是：量测结果超过标准值时，隧道并不一定发生塌方；相反，量测结果没有超过标准值时，隧道也并非一定安全稳定。

(3)现场管理方面

现场管理在目前隧道施工防坍中，是极其重要的环节，从隧道的开挖到支护、衬砌都需要严格地遵照设计文件、施工组织、施工规范、验收标准等要求进行。如果施工现场没有严格的管理，隧道塌方的发生就不可避免。再者，现在许多隧道的开挖甚至连支护部分都分包给民工进行施工，那种“包而不管”或“以包代管”的做法是引发塌方的另一直接原因。总之，在管理方面，必须加强以下几方面的工作：

1)严格遵守铁路、公路、水工隧道施工规范和隧道验收评定标准、设计文件以及施工组织设计的要求和规定；

2)未经上级部门同意，不得擅自改变施工过程中的开挖、支护方式；

3)认真进行支护作业，确保锚杆的长度、间距、喷射混凝土厚度、格栅拱架间距等参数达到设计要求；

4)必须坚持开展监控量测工作，并及时做到量测资料的收集、处理和信息反馈；

5)复杂地质条件下的隧道，必须开展地质预报工作；

6)必须贯彻和加强隧道施工期间的安全预测和风险管理。

9.5.3　塌方的技术处理措施

(1)洞口塌方的处理措施

1)对中小型塌方，应将坍体自上而下全部清除，根据塌方清除后的坡面情况，决定是否采用刷坡卸载的方法，同时对仰坡面自上而下进行喷锚网加固。其支护参数为：

喷射混凝土厚度:8～15 cm;

锚杆:ϕ >22 mm,长 3.0～5.0 m;间距(1.0 m×1.0 m)～(1.5 m×1.5 m);

钢筋网:ϕ6 mm～ϕ12 mm;网格间距(15 cm×15 cm)～(25 cm×25 cm)。

2)对于大型或特大型塌方,不必全部清除坍体,可采取挖台阶的形式清除一部分,然后进行喷锚网加固,并在仰坡上的适当位置设置浆砌片石挡墙作防护。

3)当塌方是因为洞口附近的山体滑动引起的,且塌方发生后,滑动体尚未稳定,此时必须先加固滑动体,然后再处理塌方。目前加固滑动体的技术措施主要有三种:

①采用长锚杆,长度须超过滑动面,一般为 8.0～20.0 m,并严格进行注浆。

②采用预应力锚索,其长度也必须穿过滑动面,一般为 12.0～40.0 m,并严格进行注浆。

③采用抗滑桩进行加固,其长度仍必须穿过滑动面,其断面大小一般为(2.0 m×2.0 m)～(4.0 m×4.0 m)。

4)仰坡加固完成后,对于洞口段已露空洞身时,可采用暗洞明做或改为明洞衬砌,拱圈上部回填土石或浆砌片石。

5)根据仰坡塌方的规模及处理后的稳定情况,对洞内二次衬砌进行适当加强,如增大衬砌厚度或采用钢筋混凝土、钢架混凝土衬砌等。

(2)洞内岩石类塌方

1)对于中、小型塌方,从坍腔口可观察到在坍壁稳定的情况下,是否可采用清渣的方法,同时根据坍腔的矢跨比(H/B),采取不同的处理措施:

①当坍腔的矢跨比 $H/B<0.7$ 时,采用 WNF 法进行处理。

利用围岩暂处于基本稳定状态,边清渣边处理,抓紧时间沿坍塌面采用喷锚支护技术加固未坍的地层,即“外层初期支护”,简称为“W”;然后沿二次衬砌外轮廓施作钢筋(钢架)混凝土支护壳体,即“内层初期支护”,简称“N”;同时用钢架将内、外层初期支护连成整体,待二次衬砌完成以后,沿内层初期支护的外轮廓依次设防水层、1.0 m 厚混凝土护拱及 1.0 m 以上的土层缓冲层,即“防护层”,简称为“F”。使用这种方法的特点是:工序多,处理周期较长,成本较高,但安全可靠。

②当坍腔的矢跨比 $H/B\geqslant0.7$ 时,采用 WF 法进行处理(W、F 的意义同上),即在塌方发生以后,利用围岩的自稳能力,抓紧时间沿坍塌面进行外层初期支护,即 W。不设(也难于设)内层初期支护,待洞内二次衬砌完成以后,设置与 WNF 法相同的防水层、1.0 m 厚的护拱及 1.0 m 以上厚度的土石缓冲层。与 WNF 法比较,WF 法不设内层初期支护以及内、外层初期支护之间的连接钢架,从而使成本大幅度降低,处理周期大大缩短,但因为矢跨比较大,再次塌方的可能性较小,仍能基本保证施工安全。由于设有 1.0 m 的混凝土护拱及 1.0 m 以上厚度的土石缓冲层,即使在隧道竣工后的运营时期,发生了一定规模的坍塌,其抗冲击能力仍可确保运营的安全。

2)对于大型塌方,一般不能采取清渣的方法。其理由是,清渣数量太大,时间太长,且处理费过大。而采取 Z 法,即“注浆+管棚”的整体加固处理方法。其主要内容为:

①设止浆墙:采用厚 1.0 m 的素混凝土或 2.0 m 厚的浆砌片石。

②预埋孔口管:直径 ϕ=50～150 mm,长度 L=2.0～3.0 m。

③注浆:以渗透注浆为主,注浆形式可采用全段一次性注浆、分段循环注浆和分段后退式注浆三种。

④施作管棚:根据注浆效果选择管棚的参数,当注浆效果很好时,也可以小导管代替管棚。

⑤开挖及支护:根据注浆及管棚的加固效果决定开挖和支护参数大小。

3)当岩石类塌方已坍至隧道上方地表,即“冒顶”时,应先处理地表坍后处理洞内塌方。地表塌方的处理内容如下:

①遮盖地表坍口,防止雨水渗入;

②坍口进行喷射混凝土封闭;

③根据情况,决定是否采用地表注浆加固技术,以防止塌方的继续发展和扩大;

④坍口四周施作截、排水沟;

⑤待洞内塌方处理完毕后,对地表坍口进行回填,回填一般采用不透水的黏土进行+回填高度应高出原地面0.5～1.0 m;

⑥当坍口数量较大,同时地表坍口附近取土困难时,可不进行回填,而改作坍腔四周刷坡,作成簸箕形。簸箕的底面应保证排水,一般坡度为3.0%～5.0%的斜坡即可。

(3)洞内土质类塌方

土质类塌方的围岩级别一般为Ⅳ～Ⅵ级,围岩以砂、土质或强风化的岩石为主,塌方呈土状,含有大量的砂、黏土(≥70%)以及少量的石屑和圆孤石,塌方范围以外的未坍塌部分呈相对不稳定状态。塌方规模一般较大,主要为大型和特大型塌方。

对于土质类塌方的处理,不能采用清渣的方法,而必须采用Z法进行,即“注浆+管棚”的方法,其主要内容与W岩石类塌方中Z法的内容基本相同。但须注意以下两点:

1)注浆应根据坍体中土质(或砂)的颗粒大小分别采用渗透注浆、劈裂注浆或化学注浆。其选择标准为:

$d \geq 1.0$ mm时,渗透注浆;

1.0 mm$>d\geq$0.1 mm时,劈裂注浆;

$d<0.1$ mm时,化学浆液;

其中,d为颗粒粒径。

2)施作管棚时,因在土质中钻孔、成孔困难,可采用跟管钻机进行。管棚安装完成后应利用管棚再行注浆,并在管棚内安放小钢筋笼并灌注水泥砂浆,以提高刚度。

当土质类塌方坍至地表(这种情况在浅埋时经常发生)时,应先对地表坍口进行处理,其处理的内容及步骤同岩石类塌方的相应内容。

(4)洞内塌方处理后的开挖及支护

1)采用WNF和WF法处理的塌方,由于坍体已全部清除,故开挖及支护是在未塌方的围岩中进行,因此应根据现场的地质情况、围岩级别以及地下水活动情况等因素综合考虑。在塌方影响的范围内,一般是塌方段的前后10.0～30.0 m,仍应遵守“短进尺,弱爆破,强支护”的原则组织施工。

2)对于采用Z法处理的塌方,其开挖和支护是在已注浆加固的坍体中进行,施工时应根据注浆效果合理选择开挖、支护方法,除在碎石类塌方且注浆效果十分理想的情况下,选择全断面一次开挖外,其他情况均应采用台阶法或分部开挖法,其开挖进尺一般为1.0～2.0 m;开挖后应及时支护,支护以喷锚支护为主,宜采用早强药包锚杆或自进式锚杆等尽早受力的锚杆,并根据现场注浆效果及管棚支护效果,决定是否设置钢架、钢筋网以及采用钢纤维喷射混凝土等。

9.6　逃生及救援

9.6.1　一般规定

隧道施工前,对下列可能发生重大安全事故的风险,必须进行危险源辨识和安全风险评估,并制定针对性的措施或应急预案。

瓦斯隧道、有突涌水风险的隧道,必须进行瓦斯防爆、防突及防突涌水的专项设计,制定专项施工安全技术方案及应急救援预案;隧道内火灾、坍塌等风险,应制定应急救援预案;其他自然灾害(大雨、强风、雪、雷、地震和海啸)可能造成安全事故的风险,应制定应急处理措施。

(1)应急救援预案应包括下列内容:

1)简述工程概况;

2)预测、辨识和评估紧急情况或事故灾害及其后果对内、外部造成破坏的可能性及严重程度;

3)规定应急救援各方组织的详细职责;

4)明确应急救援行动的指挥和协调;

5)应急救援资源配置要求;

6)建立分级响应机制;

7)制定具体详细的紧急情况或事故灾害发生时保护生命、财产和环境安全的应急措施。

参建各方必须建立应急组织机构及预警、指挥系统,指定专门的管理部门和人员负责应急救援预案管理工作。应与附近医院、消防队,邻近施工队伍及其他救援组织建立正式的互助协议,并做好相应的安排,确保在应急救援中及时得到外部救援力量和资源的援助。

隧道施工中必须配备必要的救援物资和设备器材,并设专人管理,对配备的应急救援机械设备、监测仪器、堵漏和清洗消毒材料、交通工具、个体防护设备、医疗设备和药品、生活保障物资等,应进行定期检查、维护和更新,确保应急救援物资和设备能随时投入使用。

隧道施工必须事先规划逃生路线,并在隧道适当位置设置避难、急救场所,避难处应准备足够数量的逃生设备、救护器械和生活保障品等。

隧道内交通道路及开挖作业等重要场所必须设置安全应急照明和应急逃生标志,应急照明应有备用电源并保证光照度符合要求。

(2)隧道施工期间各施工作业面必须安装警报装置,警报装置的设置应符合下列规定:

1)设置警报设备的场所,应有应急照明,并在停电时能够识别;

2)使用电源的警报设备应配备备用电源;

3)警报设备应采用手动警报设备、自动替报设备、旋转灯、广播设备用的扩音器及其他警报设备,组合使用,互为备用,保证其性能可靠。

(3)隧道施工期间通信系统必须保证畅通,必要时应采用远程监控系统,及时掌握现场情况。同时应满足下列要求:

1)必须在现场各应急组织相关部门、洞口值班室、开挖工作面及其他必要的地方设置通信设备;

2)使用带电源的通话装置应配备备用电源,保证停电时不影响使用;

3)通信设备应采用洞内有线电话,并保证其性能可靠。

根据现场实际情况,必须定期组织应急预案的桌面演练或模拟演练。演练前应结合施工环境改变和以往演练的情况制订计划,演练后应及时评审,并不断改进和完善应急救援体系。

(4)隧道内所有施工作业人员必须经过应急救援培训。应急救援培训应包括下列内容:

1)了解潜在危险的性质和对健康的危害;

2)熟悉应急救援程序;

3)掌握必要的自救及互救知识;

4)了解预先指定的主要及备用逃生路线、集合地点及各种避难急救场所位置；

5)了解各种警报含义，掌握警报设备、通信装置、避难器具等的使用方法。

9.6.2　应急救援

当隧道施工中发生险情时，应迅速作出判断，确定相应的响应级别，并按响应级别启动应急救援程序，同时根据下列各项要求，迅速开展事故的侦测、警戒、疏散、人员救助、工程抢险等有关应急救援工作。

值班人员和安全负责人应立即通过警报装置通知隧道内所有作业人员紧急撤离；现场最高管理者应负责指挥疏散撤离，各级调度人员应坚守岗位，保持通信畅通，及时反馈人员撤离及险情出现情况等信息；应及时上报地方政府或相关救助部门，请求紧急救援，做好相关配合工作；现场应采取安全警戒线或隔离措施，防止其他人员进入危险区域，避免灾害损失的扩大；进行事故原因分析，收集事故物证，调查引发事故的具体原因和相关责任人；制定相应的预防措施和工程处理措施，上报建设、设计、监理和相关单位，按批复的方案对事故进行处理。

隧道灾害事故处理和救援应按图 9-1 所示的工作程序进行。

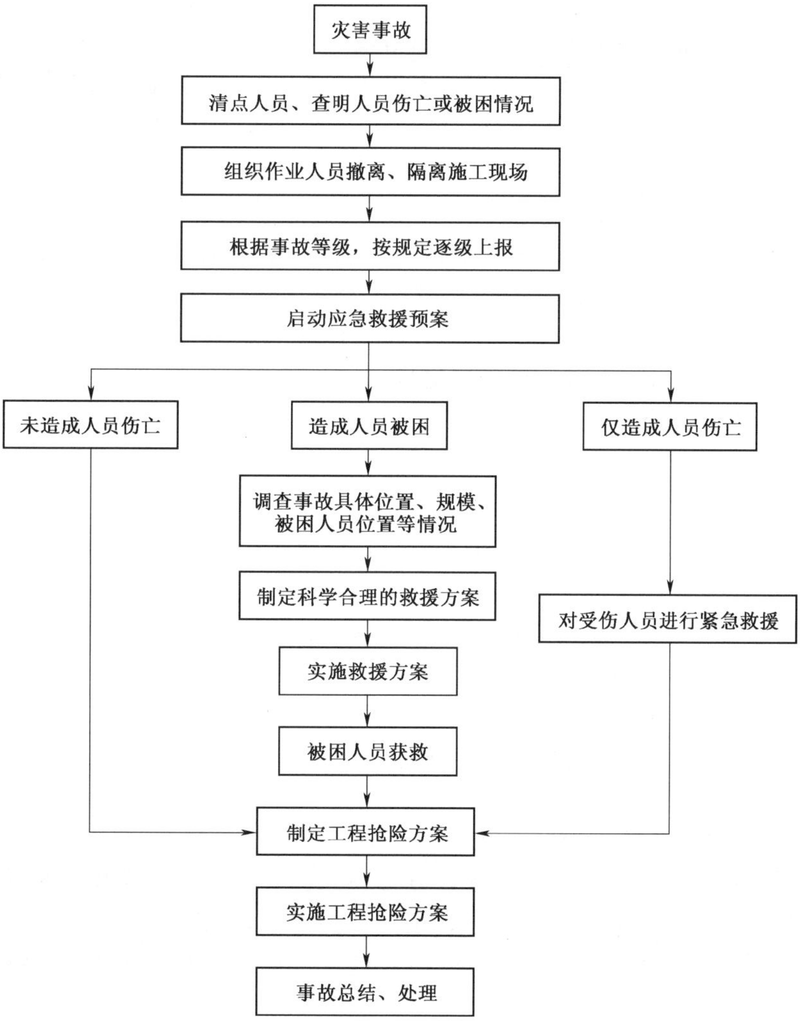

图 9-1　隧道灾害事故处理和救援工作程序

(1) 隧道内发生瓦斯燃烧、中毒、爆炸险情后,应采取下列措施:

1)立即切断洞内所有施工及照明线路电源;

2)立即停止施工,作业人员全部撤出,同时清点施工人数,确认人员伤亡情况;

3)立即报告应急抢险领导小组,并及时上报相关单位;

4)派专人封锁现场,防止无关人员进入危险区域;

5)应急抢险救援指挥组织人员现场勘察,立即对遇险、受伤人员组织急救;

6)非救护队成员不得进洞抢救,救护队在执行任务前,必须了解事故性质,并制定侦察工作的安全措施,方可进入事故区进行侦察,救护队必须在统一指挥下开展抢救工作,严禁个人单独行动;

7)可供临时处置的供氧呼吸机、清洗器具、急救箱、担架等医药卫生设备及时到位;

8)救助受困人员至安全地带、撤离施工设备;

9)事故处理救护基地,应设在安全区附近新鲜风流中的安全地带,对受伤的人员进行临时处治,防止伤势恶化;

10)应立即与当地医疗单位联系,将受伤人员就近转送医院治疗;

11)事故调查及处理。

(2)隧道内发生突涌水险情后应采取下列措施:

1)突然遇到大面积渗漏水时,应即令工人停止工作,撤至安全地点,同时应对出水部位、水量大小、变化规律、水的浑浊程度等进行观测记录,采取必要的防护措施,并上报监理;

2)在爆破作业后突然发生特大涌水,当洞内设有防水闸门时,作业人员应立即启动报警系统,关闭防水闸门,按既定的逃生路线进行洞内人员和机械设备的撤离,并利用防水闸门处安设的大功率抽水机对突涌水段进行抽排水;当洞内未设防水闸门时,作业人员应按既定的逃生路线立即撤出;

3)在开挖作业过程中发生特大突涌水,开挖工作面人员应立即沿逃生路线迅速向洞外或避难所撤离,同时启动报替系统,发出警报信号,迅速切断电源,启动应急照明,当涌水量较大时,人员可利用事先准备的救生圈、皮划艇等进行逃生;

4)及时上报相关单位;

5)对遇险、受伤人员组织急救;

6)突涌水保持稳定后,利用大功率抽水设备进行排水;

7)在涌水量及水压降低后进行机械设备的急救;

8)采取必要的措施对突涌水进行封堵及事故处理。

(3)当隧道发生塌方时应采取下列措施:

1)立即停止施工,作业人员全部撤出,同时清点施工人数;

2)必须按事故分级规定迅速向上级有关单位报告,并立即启动施工单位的应急预案实施救援;

3)组织无关人员撤离事故现场;

4)当隧道塌方造成人员被困时,参建各方必须在调查清楚塌方发生的部位、规模、被困人员避难位置等具体情况基础上,制定科学合理的救援方案,防止二次灾害发生,可选择从联络通道、隧道另一端、隧道侧面、洞顶等处快速开挖一个断面合适的小导洞,将被困人员尽快救出;

5)在开挖救援小导洞的同时,应利用高压风管等现有条件继续与洞内被困人员保持联系,并向洞内供风、供氧、供应食物及药品等；

6)被困人员救出后应由专业医护人员进行救治；

7)事故调查及处理。

(4)当隧道内发生火灾时应采取下列措施：

1)及时启动报警系统；

2)起火初期，当火势不大，未对人与环境造成较大威胁时，应运用平时培训演练的技能，就近采用灭火器、水管等消防器材，尽可能地在第一时间将火扑灭；

3)当火势失去控制时，应判明方向，迅速判断危险地点和安全地点，组织作业人员按逃生路线向洞外或附近避难所撤离；

4)及时上报相关单位；

5)对遇险、受伤人员组织急救；

6)事故调查及处理。

(5)在可能发生自然灾害的地区施工时，应有计划地采取下列相应的措施：

1)随时收集气象和地质资料。

2)可能发生自然灾害时，应立即停止施工，对施工现场进行警戒检查并采取防护措施。

3)在警报解除后，应确认无危险源方可进行作业。

4)为防止大雨造成的灾害，隧道施工应注意下列事项：

①当洞口地质地形可能因降雨引发泥石流时，应采取加固措施；

②机械设备应尽早向安全场所转移或进行拆除，防止水淹、倾倒；

③可能发生漫水、沉陷或垮塌的地方，应进行加固处理，并设警示标志。

5)在遇强风、暴风时，对各种大型机械应采取防止倾倒及滑跑措施，对临时设备、脚手架等应采取保护措施。

6)在跨冬季作业时，为了防止雪灾，施工时应注意下列事项：

①施工设施不应设在可能发生雪崩的地点；

②必须对相关道路和施工用地进行除雪，保护车辆及人员安全，防止临时设施倒塌；

③对道路、水路等，必须设置警示标志。

7)为防止雷击造成的灾害，应设置雷电报警器和避雷针。当有雷击危险时，隧道洞内外应立即停止爆破作业，作业人员应退避到安全场所。

8)为防止地震和海啸造成的灾害，应关注预报信息，加强避灾演练。地震发生时，应迅速组织作业人员退避到安全场所。

参 考 文 献

[1] 铁道部第二工程局．铁路铁路工程施工技术手册 隧道(上)[M]. 北京:中国铁道出版社,1995.
[2] 铁道部第二工程局．铁路铁路工程施工技术手册 隧道(下)[M]. 北京:中国铁道出版社,1995.
[3] TZ 204—2008,铁路隧道工程施工技术指南[S]. 北京:中国铁道出版社,2008.
[4] TB 10304—2009,铁路隧道工程施工安全技术规程[S]. 北京:中国铁道出版社,2009.
[5] 科技基〔2008〕21 号,铁路隧道防水材料暂行技术条件 第 1 部分 防水板[S]. 北京:中国铁道出版社,2009.
[6] 科技基〔2008〕21 号,铁路隧道防水材料暂行技术条件-止水带[S].
[7] 铁建设〔2007〕200 号,铁路隧道风险评估与管理暂行规定[S]. 北京:中国铁道出版社,2007.
[8] TB 10621—2009,高速铁路设计规范(试行)[S]. 北京:中国铁道出版社,2009.
[9] 经规标准〔2007〕119 号,铁路大断面隧道三台阶七步开挖法施工作业指南(试行)[S]. 北京:中国铁道出版社,2007.
[10] TB 10120—2002,铁路瓦斯隧道技术规范[S]. 北京:中国铁道出版社,2002.
[11] 铁建设〔2010〕241 号,高速铁路隧道工程施工技术指南[S]. 北京:中国铁道出版社,2010.
[12] 吴波．隧道施工安全风险管理研究与实务[M]. 北京:中国铁道出版社,2010.
[13] 雷升祥．瓦斯隧道施工技术与管理[M]. 北京:中国铁道出版社,2011.
[14] 关宝树,国兆林．隧道及地下工程[M]. 成都:西南交通大学出版社,2000.
[15] 本书编纂委员会．岩石隧道掘进机 TBM 施工及工程实例[M]. 北京:中国铁道出版社,2004.
[16] TZ 331—2009,铁路隧道防排水施工技术指南[S]. 北京:中国铁道出版社,2009.
[17] 铁建设函〔2008〕777 号,铁路隧道施工机械配置的指导意见[S]. 北京:中国铁道出版社,2008.
[18] TB 10121—2007,铁路隧道监控量测技术规程[S]. 北京:中国铁道出版社,2007.
[19] 铁建设〔2008〕105 号,铁路隧道超前地质预报技术指南[S]. 北京:中国铁道出版社,2008.
[20] TB 10223—2004,铁路隧道衬砌质量无损检测规程[S]. 北京:中国铁道出版社,2004.
[21] TB 10109—1995,铁路隧道辅助坑道技术规范[S]. 北京:中国铁道出版社,1995.
[22] GB 50496—2009,大体积混凝土施工规范[S]. 北京:中国计划出版社,2009.
[23] GB 50446—2008,盾构法隧道施工与验收规范[S]. 北京:中国建筑工业出版社,2008.
[24] 仇玉良．风积沙隧道设计与施工技术指南[M]. 北京:人民交通出版社,2013.
[25] 铁道部工程管理中心．客运专线铁路变形观测评估技术手册[M]. 北京:中国铁道出版社,2009.
[26] 徐则民,黄润秋．深埋特长隧道及其施工地质灾害[M]. 成都:西南交通大学出版社,2000.
[27] TB 10003—2005,铁路隧道设计规范[S]. 北京:中国铁道出版社,2005.
[28] 铁建设〔2007〕106 号,铁路隧道全断面岩石掘进机法技术指南[S]. 北京:中国铁道出版社,2007.